A

VER
DADE
DE

CADA UM

COSACNAIFY

A VERDADE DE CADA UM

AMIR LABAKI [ORG.]

AMIR LABAKI

Apresentação

Uma das características mais distintas e fascinantes do documentário em relação aos outros gêneros audiovisuais é a frequência com que os cineastas do real empregaram a pena, antes, durante e depois de empunharem a câmera (ou, em alguns casos, o microfone), para refletir sobre sua produção, seja genericamente (o gênero como um todo), seja especificamente (a criação de uma obra em particular). É claro que nem todos os documentaristas se dedicam ou se dedicaram à escrita, mas é marcante como uma proporção muito maior deles o fez, se compararmos com seus colegas dedicados, por exemplo, à ficção ou à animação.

Um elemento catalisador essencial dessa produção reflexiva parece ter sido o desafio inicial de tentar delimitar o novo território cinematográfico que acabou imprecisamente definido como "documentário". O fato é que, em diálogo com essa tradição ou por necessidade própria, a história da produção não ficcional tem sido enriquecida por esse fluxo de escritos.

Esta antologia busca, de maneira necessariamente incompleta, mas pioneira em português, mapear esses registros reflexivos, sem nenhuma pretensão de esgotá-los ou de resumir a complexa história do documentário. O foco concentrou-se sobre textos redigidos pelos próprios cineastas — foram deixadas de fora suas intervenções por meio de entrevistas ou de correspondências —, abarcando variações diversas, de ensaios autônomos a trechos de textos autobiográficos, de manifestos a credos.

Os escritos foram organizados seguindo duas linhas cronológicas quase sempre coincidentes: a data de nascimento dos autores-realizadores e os anos de aparecimento de suas primeiras produções documentais marcantes. De forma geral, as 32 contribuições aqui compiladas, traduzidas de sua língua original, englobam quase um século de produção e dividem-se em quatro grandes grupos.

O primeiro, representado por escritos quase todos publicados durante a aurora do gênero ainda no período do cinema silencioso, reúne intervenções dos pioneiros, de Flaherty a Chub, empenhados na definição ou na defesa da nascente produção não ficcional, na contracorrente do cinema "atuado" já hegemônico ao final da primeira década da invenção dos Lumière. A segunda parte, delimitada, *grosso modo*, pelos escritos do brasileiro Alberto Cavalcanti e do cubano Santiago Álvarez, surge dominada por reflexões empenhadas em definir ou exemplificar as particularidades de escolas ou movimentos mais amplos, como o documentarismo social-poético na Grã-Bretanha dos anos 1930-40, a renovação do filme etnográfico sobretudo a partir das obras de Jean Rouch na década de 1950, a afirmação do cine-ensaio por Chris Marker na mesma época, a revolução técnico-estética levada a cabo pelo grupo americano liderado por Robert Drew na virada dos anos 1950 aos 1960 e o simultâneo desenvolvimento do documentário social na América Latina com o gatilho da Escuela de Santa Fé do argentino Fernando Birri.

O terceiro grupo de escritos, do ensaio do holandês Johan van der Keuken ao único texto conhecido sobre a prática documental do brasileiro Eduardo Coutinho, flagra uma afirmação de convicções e trajetórias sobretudo individuais, ainda que em diálogo com modelos e escolas sustentados pelas contribuições do grupo anterior. Por fim, a quarta parte, formada por realizadores que se destacaram no último quarto de século, do canadense Peter Wintonick ao chinês Jia Zhangke, reafirma a vereda autoral, dentro de uma nova conjuntura definida notadamente por dois fatores: a expansão do documentário no formato de longa-metragem e o impacto dinamizador do surgimento da tecnologia digital.

Estabelecida essa seleção, surgiram de pronto cruzamentos transversais. O pioneiro Flaherty e seu *Nanook* inspiram reflexões tanto de seus contemporâneos como Grierson, como de Rouch, da geração imediatamente posterior, e de nosso contemporâneo João Moreira Salles. A centralidade da montagem para o cinema "não atuado" de Vertov pauta o desenvolvimento de uma nova teoria de montagem, quase meio século mais tarde, por Pelechian, sob a forma da "montagem distancial" (conforme a nossa nova tradução, diretamente do russo, do conceito batizado equivocamente como "montagem a contraponto" nas versões iniciais para francês e inglês). Também no âmbito da antiga União Soviética, complementam-se lindamente as reflexões, em momentos polares da experiência soviética, de Esfir Chub e Marina Goldovskaia.

Por outro lado, rupturas radicais apresentam-se sob formas distintas, por vezes entre contemporâneos, como Chub e Vertov, mais comumente entre gerações distintas como a do cinema autobiográfico-metanarrativo de Di Tella frente aos compromissos sociopolíticos da escola de seus conterrâneos Birri, Solanas e Getino. É evidente também o contraste entre as normas práticas defendidas por Cavalcanti aos jovens documentaristas dinamarqueses e os conselhos prioritariamente existenciais (na feliz definição de Eduardo Escorel) oferecidos sete décadas depois por Kossakovski a cineastas iniciantes em Amsterdã.

A publicação desta antologia acontece no contexto da celebração da 20ª edição do É Tudo Verdade – Festival Internacional de Documentários. São duas décadas de empenho em favor de uma compreensão melhor do passado e do presente do gênero. Este volume já terá cumprido seu papel se, na impossibilidade de elucidar definitivamente o que é o documentário, ao menos iluminar o que ele tem sido, segundo as palavras de inequívocos protagonistas de sua longa, rica e complexa história.

ROBERT FLAHERTY

Robert Flaherty (1884-1951) é considerado o "pai" do cinema documentário, sobretudo devido ao retumbante sucesso de seu filme de estreia, *Nanook, o esquimó* [*Nanook of the North*, 1922], para o qual não hesitou em recorrer a reencenações para levar às telas o cotidiano de uma família de esquimós inuítes. Diretor de uma dezena de obras (algumas em parceria) em um quarto de século de atividade, deixou ao menos mais uma obra-prima não ficcional absoluta: *O homem de Aran* [*The Man of Aran*, 1934], sobre o árduo cotidiano dos habitantes das ilhas no litoral irlandês.

Como filmei *Nanook, o esquimó*

Aventuras com os esquimós para obter imagens de sua vida doméstica e de suas batalhas com a natureza para conseguir alimento. A luta com a morsa.

[Publicado originalmente em *World's Work*, outubro de 1922, pp. 632-40. Traduzido por Fábio Bonillo.]

Em agosto de 1910, Sir William MacKenzie, cuja ferrovia transcontinental, a Canadian Northern, estava então nos estágios iniciais de construção, incumbiu este que escreve de empreender uma expedição à costa leste da baía de Hudson para inspecionar depósitos de certas ilhas sobre as quais se supunha ter sido localizado minério de ferro.

Ao todo fiz quatro expedições em nome de Sir William, durante um período de seis anos, ao longo da costa leste da baía de Hudson, através das terras áridas da até então inexplorada península de Ungava, ao longo da costa oeste da baía de Ungava e ao longo da costa sul da ilha de Baffin. Esse trabalho culminou na descoberta do arquipélago de Belcher na baía de Hudson – uma massa de terra que ocupa 12 950 quilômetros quadrados. Sobre essa massa de terra foram descobertos vastos depósitos de minério de ferro, ainda que de uma categoria inferior demais para ser de importância econômica. Como parte de meu equipamento de exploração, nessas expedições, havia uma aparelhagem de filme cinematográfico. A expectativa era de que filmássemos a vida do Norte e dos esquimós, o que se poderia se provar de grande valia para de alguma maneira ajudar a custear algumas despesas das explorações. Ao invernar na ilha de Baffin entre 1913 e 1914, fizeram-se filmagens da terra e dos nativos, tal como se fez também na subsequente expedição às ilhas Belcher. A filmagem, de 9 mil metros de negativos ao todo, foi levada com segurança, concluídas as explorações, a Toronto, onde, enquanto editava o material, sofri o infortúnio de perdê-lo todo para o fogo. Embora parecesse uma tragédia na época, pode ter sido sorte ele ter se queimado, pois era bem amador.

Meu interesse pelos filmes, a partir de então, cresceu.

Novas formas de filmes de viagem estavam surgindo e um filme sobre a ilha Johnson South Sea particularmente me pareceu ser uma garantia do que poderia ser feito no Norte. Passei a acreditar que um bom filme retratando os esquimós e sua luta pela existência no dramaticamente árido Norte poderia valer a pena. Para resumir a história, decidi ir de novo para lá – desta vez com o exclusivo propósito de fazer filmes.

O senhor John Révillon e o capitão Thierry Mallet da Révillon Frères[1] ficaram interessados e decidiram financiar meu projeto. Provou-se um feliz arranjo, pois entre o vasto sistema de entrepostos de peles da Révillon Frères que se encontram espalhados pelo norte do Canadá pude usar um como como base para meu trabalho. Esse entreposto ficava no cabo Dufferin, a nordeste da baía de Hudson e a cerca de 1200 quilômetros ao norte da fronteira ferroviária no norte de Ontário.
A jornada começou em 18 de junho de 1920. Com índios

1 Em 1928, a casa Révillon Frères era líder mundial do comércio de peles, com 125 entrepostos de comércio espalhados por todo o mundo, de Paris a Tóquio, o Ártico inclusive. [N. T.]

numa canoa, segui o rio Moose até Moose Factory na baía de James. Daí norte acima uma pequena escuna levou-me ao meu destino, aonde cheguei no meio de agosto. Os recursos do entreposto de comércio de peles da Révillon Frères em cabo Dufferin estavam à minha disposição. Um dos dois aposentos que compunham o entreposto era meu, e servia tanto de quarto quanto de laboratório de revelação de filmes.

Meu equipamento incluía quase 23 mil metros de negativos, um gerador de energia elétrica Haulberg, além de um projetor e duas câmeras Akeley e uma máquina de impressão para que eu pudesse fazer cópias do filme à medida que era revelado e projetar as imagens na tela a fim de capacitar os esquimós a ver e entender onde houvesse erros.

Dos esquimós que eram conhecidos do entreposto, selecionei uma dúzia para o filme. Destes, Nanook, um personagem famoso no território, era meu protagonista. Além dele, e muito para seu contento, selecionei três homens mais jovens como ajudantes. Isso também significava suas mulheres e famílias, aproximadamente 25 cães, seus trenós, caiaques e equipamento de caça.

Quis o acaso que o primeiro filme a ser feito fosse o da caça à morsa. Nanook foi quem me falou pela primeira vez da "Ilha Morsa", uma pequena ilha remota e inacessível aos esquimós durante a temporada de mar aberto, uma vez que é tão distante que não é possível vê-la da terra.

Na extremidade sul da ilha, numa praia demarcada pela arrebentação, no verão, segundo Nanook, havia muitas morsas, a julgar pelos sinais vistos no inverno por um grupo de esquimós caçadores de focas que, apanhados por um rompimento do gelo, foram forçados a lá viver até o fim da primavera, quando, ao construir um *umiak* [barco] com troncos e peles de foca e ao escavar as porções de gelo do mar aberto ainda não desobstruídas da costa, conseguiram chegar ao continente. Nanook estava muito ansioso pela minha partida, pois, como ele disse, "Faz muitas luas desde que cacei a morsa de verão".

Quando decidi fazer a viagem, toda a região ficou interessada. Não faltavam candidatos. Todos me deram alguma razão especial por que deveriam ser incluídos na expedição. Num bote de alto-mar de 7,5 metros de comprimento e guarnecido de uma vela bufante, nós zarpamos e para nos ver partir se reuniram na praia um tropel de esquimós, suas esposas, crianças e cães.

Algumas milhas além do entreposto alcançamos o alto-mar e durante três dias esperamos na costa por um tempo melhor a fim de empreender a travessia. Finalmente alcançamos a ilha um dia ao anoitecer e desembarcamos no que não passava de 2,5 quilômetros de pequenas ruínas de leitos rochosos e seixos e uma orla cercada de ressoantes arrebentações. Ao redor do luxo de uma fogueira de troncos (troncos são raros no continente) descansamos noite adentro, especulando principalmente sobre quais as chances de encontrarmos morsas. Quis o acaso que justo quando estávamos nos retirando subitamente viesse de Nanook uma exclamação: "Iviuk! Iviuk!", e o ganido de um bando de morsas ressoou pelo ar. Quando cedo, na manhã seguinte, fomos conferir, descobrimos para nossa grande decepção que o bando de morsas retornara ao mar, mas logo depois, uma a uma, as cabeças de um grande bando de morsas perto da orla despontavam acima do mar, suas cruéis presas reluzindo ao sol. Enquanto elas estivessem na água nenhum filme poderia ser feito, de modo que voltamos ao acampamento. Nos dois dias seguintes fizemos incursões quase que de hora em hora àquela praia antes de afinal as encontrarmos — um bando de vinte — adormecidas e estendidas na praia. Por sorte, elas jaziam num ponto no qual, ao nos aproximarmos, conseguíamos ficar protegidos da sua vista por um ligeiro relevo no solo. Atrás do relevo, montei a câmera, e Nanook, preparando seu arpão, começou a rastejar lentamente por cima do cume. Deste até o lugar em que elas jaziam não dava quinze metros e antes de Nanook arrastar-se até metade dessa distância na direção delas nenhuma se alarmou. Pelo resto do dia, sempre que a sentinela do bando levantava a cabeça para olhar ao redor, Nanook permanecia imóvel no chão. Então, quando a cabeça do animal despencava de sono, uma vez mais Nanook rastejava um pouco para frente. Eu poderia aqui mencionar que a morsa tem pouco alcance de visão em terra. Para proteção, elas dependem de seu nariz e, contanto que o vento seja favorável, é possível persegui-las até de perto. Quando estava quase se aproximando delas, Nanook escolheu o maior dos machos, levantou-se rapidamente e com toda sua força arremeteu seu arpão. O macho ferido, berrando de fúria, seu enorme volume mergulhando e açoitando o mar (pesava mais que novecentos quilos), os gritos dos homens empenhando suas vidas na tentativa de segurá-lo, o grito de guerra do bando que pairava próximo, a companheira do macho ferido, que nadou com as presas cerradas, numa tentativa de resgate — foi a maior luta que já vi. Por um longo tempo foi páreo a páreo — repetidamente a equipe pedia que eu usasse a arma —, mas a manivela da câmera era meu único interesse e eu fingia não entender. Finalmente Nanook arrastou a luta em direção à arrebentação, onde, martelado pelas fortes ondas, foi incapaz de obter uma vantagem. Por pelo menos vinte minutos aquele cabo de guerra continuou. Digo vinte minutos deliberadamente, pois eu rodei 365 metros de filme.

Nosso bote estava carregado de carne de morsa e marfim — a equipe que me levou de volta ao entreposto era uma equipe feliz, e lá Nanook e seus camaradas foram ovacionados. Sem perder tempo, revelei o filme e fiz o copião. Aquela luta com a morsa foi o primeiro filme que esses esquimós viram e, na linguagem do ramo, foi um "estouro".

O público lotou a cozinha do entreposto a ponto da sufocação; eles esqueceram completamente o filme — para aquelas pessoas a morsa era real e existia de verdade. As mulheres e crianças, com suas vozes intensas e estridentes, juntaram-se aos homens gritando reprimendas, advertências e conselhos a Nanook e sua equipe à medida que o filme se projetava na tela. A fama daquele filme espalhou-se por toda a região. E, durante todo o ano em que lá vivi, cada família que passava vagando pelo entreposto me implorava que eu exibisse o "*Iviuk Aggie*".

Depois disso não levou muito tempo para que meus esquimós vissem o lado prático dos filmes e logo abandonaram a antiga atitude de riso e zombaria diante do Angercak, isto é, o Mestre Branco que queria imagens deles — os objetos mais comuns em todo o mundo! Daquele momento em diante todos ficaram a meu lado. Quando em dezembro a neve caiu pesada no solo, os esquimós abandonaram seus *topecks* [casacos] de pele de foca e a vila de iglus de neve brotou ao redor de meu entreposto invernal. Eles rebocaram minha pequena cabana do chão até as cornijas com grossos blocos de neve. Tornou-se tão espessa quanto uma fortaleza. Minha cozinha era o ponto de encontro — no fogão havia sempre um balde de vinte litros de chá esquentando e biscoitos de bordo no barril. Meu pequeno gramofone, também, era propriedade comum. Caruso, Farrar, Ricardo-Martin, McCormick cediam lugar às orquestras de Harry Lauder, Al Jolson e Jazz King. Caruso no prólogo de *Pagliacci* com seu fim trágico era, para eles, a gravação mais cômica daquele lote. Levava-os às gargalhadas e os fazia rolar no chão.

As dificuldades de revelar e fazer copiões de filmes durante o inverno eram muitas. A conveniência da civilização da qual eu mais sentia falta era a água corrente. Por exemplo, na lavagem do negativo, eram necessários três barris de água para cada trinta metros. O poço de água, que então era de 27 metros de gelo, tinha de ficar aberto durante todo o inverno, e a água coagulada com partículas de gelo era então retirada, um barril por vez, de uma distância de mais de quatrocentos metros. Quando menciono que mais de 15 mil metros de negativos foram revelados ao longo do inverno sem nenhuma assistência salvo a dos meus esquimós e à lenta proporção de 240 metros por dia, podem-se entender mais ou menos os montantes de tempo e de trabalho envolvidos.

Tendo a caça à morsa se provado tão exitosa, Nanook aspirou a conquistas maiores. A primeira delas seria uma caça ao urso no cabo Sir Thomas Smith que jazia a cerca de 320 quilômetros norte acima de nós. "Lá", disse Nanook, "é onde a ursa se entoca no inverno. Eu sei, pois lá as cacei, e acredito que lá poderemos obter a melhor *aggie* (imagem)".

Ele prosseguiu descrevendo como no começo de dezembro o animal se entoca em enormes montes de neve esparsa. Não há nada que indique o covil, a não ser o minúsculo respiradouro ou orifício de ventilação que se abre com a temperatura corporal da ursa. Nanook comentou que não se deveria caminhar por ali porque o risco de queda era grande e, nesse caso, a ursa poderia ficar irritada! Seus companheiros ficariam à minha esquerda e à minha direita, rifles na mão, enquanto eu filmasse (ele iria garantir pelo menos a minha segurança). Com sua faca de neve, abriria o covil bloco por bloco. Os cães, nesse meio-tempo, seriam todos soltos e, como um círculo de lobos, se juntariam ao redor dele uivando para os céus. Uma vez aberta a porta do covil da sra. Ursa, Nanook, com nada além de seu arpão, estaria a postos e à espera.

Os cães atraindo a presa — alguns deles a ursa arremessaria pelos ares com suas patas fulgurantes —, Nanook dançando aqui e ali (ele imitou a cena no chão da minha choupana usando o arco do meu violino no lugar do arpão) à espera para investir num arremesso de perto — isso, ele me garantia, forneceria a melhor imagem (*aggie peerualluk*). Concordei com seu argumento.

Após duas semanas de preparação, começamos. Nanook com três camaradas, dois trenós pesadamente carregados e duas equipes de doze cães. Minha provisão de alimento compreendia 45 quilos de carne de porco e feijões que haviam sido cozidos em enormes caldeiras em meu entreposto, colocados num saco de lona e congelados. Esses feijões, cortados da massa com um machado, frutas secas, biscoitos de bordo e chá eram o meu suprimento de comida.

Nanook e seus camaradas alimentavam-se de foca e morsa além do meu chá e açúcar. O mais importante de tudo era o tabaco, o mais estimado tesouro do homem branco.

Partimos num dia terrivelmente frio — 17 de janeiro — com todo o perfil da paisagem borrado pela neve esparsa. Por dois dias fizemos bom progresso em razão de o terreno de viagem ser firme e protegido do vento. Na sequência, no entanto, uma forte ventania com queda de neve prejudicou nosso desempenho. Dia após dia nós lentamente abríamos o caminho. Dezesseis quilômetros eram a média de um dia de viagem. Esperávamos cobrir os 320 quilômetros até o cabo Smith em oito dias, porém, quando decorreram doze, descobrimos estar apenas a meio caminho. Estávamos desencorajados, os cães completamente exauridos, e, para piorar a situação, o suprimento de foca e comida para cães estava quase acabando.

A baixa linha costeira que contornamos por dias a fio era a confusa miragem pendendo do céu, de modo que Nanook não conseguia localizar sua posição e a nossa em relação ao cabo Smith. Constantemente enquanto viajávamos adiante naqueles dias monótonos, nossa proximidade com o cabo Smith tornou-se o assunto predominante em nossas cabeças. "Quão perto estamos?" – essa era a questão feita de hora em hora e que se transformou no flagelo do pobre Nanook. Nas poucas vezes que ele tentou fazer alguma predição, estava invariavelmente errado. Por fim, havíamos viajado até um ponto do qual o cabo, Nanook tinha certeza, estava a não mais que dois dias de caminhada; ele estava certo de ter espiado através da neblina e da geada a velha região de caça dos anos anteriores. Ao longo do dia, seus camaradas descobriram que ele mais uma vez se equivocara e não conseguiram conter sua impaciência e irritação. O pobre Nanook aborreceu-se e, à medida que continuávamos, ele manteve a cabeça desviada e firmemente se recusou a olhar de novo para aquele atordoante continente.

Estávamos já no fim de nossas forças no dia que afinal alcançamos o cabo Smith. Nossa cadela líder marrom, que pelos últimos três dias fora carregada em cima do trenó, na tentativa de salvá-la, estava quase morrendo de fome. Nanook sacrificou-a com seu arpão e, ao erguer a carcaça, disse: "Não sobrou nada nem para comida de cachorro".

Bem, de qualquer maneira havia focas no cabo, com as quais podíamos nos assegurar; além do mais, poderíamos estar lá em um dia, então mantivemos certa alegria. A grande massa de terra do cabo ascendendo plenos 550 metros postava-se audaciosamente diante de nós. Ao anoitecer alcançamos nossa terra encantada de ursos e focas em abundância. Estacamos diante do surgimento de um antigo local de acampamento de Nanook, e, abandonando os trenós e os cães, escalamos com avidez em busca de uma vantagem para a bem-vinda visão das terras das focas. Contemplamo-las por um momento ou mais antes de percebermos que o terreno das focas para o qual olhávamos era como todos os terrenos áridos que havíamos trilhado — um campo branco sólido sem nenhuma via para a caça às focas em águas abertas. Esquecemo-nos da caça aos ursos; por duas semanas e meia tentamos as focas, vagando dia a dia ao longo do sopé de gelo partido do cabo. Nesse ínterim duas pequenas focas foram mortas e só foram suficientes para manter vivos os cães. Por quatro dias, ficamos sem óleo de foca e nosso iglu permaneceu na escuridão. Os cães estavam completamente abatidos e dormiam no túnel do iglu. Sempre que eu precisava rastejar porta afora, tinha que levantá-los como sacos de farinha pois estavam fracos demais e indiferentes para dar passagem. A ironia de tudo isso era que os ursos estavam por toda parte; quatro deles haviam passado a uns trinta metros de nosso iglu uma noite, contudo, os cães estavam tão debilitados que não eram capazes de acuá-los ou fazê-los parar. Minha própria provisão estava se aproximando do fim. Por dias seguidos eu o havia compartilhado com os homens.

Nunca me esquecerei de uma amarga manhã, quando Nanook e seus homens estavam partindo para um dia de caça nos campos de gelo no mar. De repente eu descobri que nenhum deles havia tocado nos meus suprimentos no desjejum. Quando me queixei a Nanook, ele respondeu que estava com medo de que me faltasse comida!

No entanto, nossa sorte virou ao anoitecer daquele dia quando Nanook rastejou iglu adentro com um sorriso de orelha a orelha gritando as acolhedoras palavras "*Ojuk! Ojuk!*" (a foca grande). Ele matara uma foca grande que era "muito, muito enorme" e suficiente para nós e os cachorros durante toda a longa trilha sul que nos conduziria de volta para casa.

Que banquete aqueles homens tiveram no decor rer daquela noite memorável! Quando acabou, Nanook disse com profundo contentamento: "Agora estamos fortes de novo e aquecidos. A comida do homem branco nos deixou fracos e resfriados". A carne da foca certamente esquenta muito. Quando acordei na manhã seguinte, todos eles ainda dormiam; seus corpos foram cobertos pela geada e o vapor pairava sobre eles no ar do gelado iglu.

Embora o problema de nosso suprimento de comida estivesse resolvido, ainda não podíamos viajar, pois os cães precisavam ser alimentados. Enquanto isso, nós caçamos ao redor de gigantescos flancos do cabo em busca de sinais de covis de urso. Havia rastros por toda parte, mas de covis, somente um, e este fora abandonado. Se dispuséssemos de tempo, teria sido apenas uma questão de dias antes de encontrarmos um covil, contudo eu tinha muitas filmagens para fazer em meu entreposto de inverno e não poderia gastar mais tempo, então bastante relutantes deixamos o cabo e partimos trilha abaixo para casa.

Chegamos lá no décimo dia de março e assim encerramos os 965 quilômetros e os 55 dias de nossa jornada até a "melhor imagem" de Nanook. Mas nem tudo foi em vão: eu me enriquecera de um conhecimento mais pleno das excelentes qualidades de meus genuínos amigos, os esquimós.

JOHN GRIERSON

Apesar de diretor de um único documentário solo, *Drifters* [Pescadores, 1929], sobre os trabalhadores dedicados à pesca de arenque, poucos fizeram tanto para estabelecer o documentário como gênero autônomo do que o escocês John Grierson (1898-1972), sobretudo em escritos pioneiros e como produtor à frente da escola britânica dos anos 1930 e no trabalho subsequente junto ao National Film Board do Canadá (1939-1945).

[Publicado originalmente como "First Principles of the Documentary" (1932), em *Grierson on Documentary*. Londres: Faber & Faber, 1946. Reproduzido com a permissão de Jonh Grierson Archive, University of Stirling. Traduzido por Fábio Bonillo.]

Primeiros princípios do documentário

"Documentário" é uma descrição desajeitada, mas deixe estar. Os franceses que usaram o termo pela primeira vez pretendiam apenas dizer "relato de viagem". Dava-lhes uma boa e extravagante desculpa para as impetuosas (e também divagantes) excentricidades do Vieux-Colombier.[1] Enquanto isso, o documentário seguiu seu rumo. Depois de impetuosas excentricidades, passou a incluir filmes dramáticos, tais como *Moana* [Robert Flaherty, 1926], *Terra* [*Zemlya*, Aleksandr Dovzhenko, 1930] e *Turksib* [Victor Turin, 1929]. E oportunamente incluirá outros tipos de filmes tão diferentes de *Moana* na forma e na intenção, quanto *Moana* o era de *Voyage au Congo* [Marc Allégret, 1927].

Até agora consideramos integrantes da categoria todos os filmes feitos a partir de "material natural". O uso desse tipo de material costuma ser visto como uma distinção vital. Onde quer que a câmera tenha filmado *in loco* (quer tenha filmado para cinejornal, para noticiários, curtas discursivos, curtas dramatizados, filmes educativos, filmes científicos propriamente ditos ou aqueles similares a *Chang* [Ernest B. Schoedsack, 1927] ou *Rango* [Ernest B. Schoedsack, 1931]), isso era considerado documentário. Essa variedade de espécies com certeza é bastante indócil à crítica, e devemos fazer algo a respeito. Todas elas representam diferentes tipos de observação e de intenções de observação, além de, é claro, terem capacidades e ambições muito diferentes em relação à etapa de organização do material. Proponho, portanto, depois de discorrer brevemente sobre as formas menores, empregar a descrição "documentário" exclusivamente para as maiores.

O cinejornal dos tempos de paz é apenas um acelerado passar e repassar de cerimônias completamente insignificantes. Sua habilidade reside na velocidade com que o balbuciar de um político (fitando a câmera com austeridade) é transportado a 50 milhões de ouvidos relativamente indispostos em um período de aproximadamente dois dias. As produções para revistas (uma por semana) adotaram o modelo de observação original do *Tit-Bits*.[2] A competência que ostenta é puramente jornalística. As novidades são descritas de maneira romanesca. Com seu olho de fazer dinheiro (talvez o único que têm) atento, assim como os cinejornais, a vastas e aceleradas audiências, eles evitam, por um lado, levar em conta material consistente e escapam, por outro, da consistente consideração de qualquer material. Dentro desses limites,

1 Teatro parisiense gerido de 1913 a 1924 pelo dramaturgo Jacques Copeau e usado desde os anos 1990 pela Comédie--Française. [N. T.]

2 Popular tabloide semanal britânico que circulou entre 1881 e 1984. [N. T.]

os filmes são com frequência feitos de modo brilhante. Mas assistir a dez deles em sequência causaria um tédio mortal em qualquer um. Sua tentativa de aproximação a um quê de irreverente ou popular é tão fora de alcance que acaba por provocar deslocamentos. Possivelmente do gosto; possivelmente do senso comum. Você pode fazer sua escolha nesses cineminhas a que é convidado a ir para dar voltas no mundo em cinquenta minutos. Leva apenas esse tempo — nestes dias de grandes invenções — para ver quase tudo.

Os curtas propriamente ditos se aperfeiçoam fortemente a cada semana, embora só Deus saiba por quê. O mercado (em particular o britânico) está todo contra eles. Uma vez que o programa de dois longas é a regra, não há nem espaço para o curta *e* para a Disney *e* para a revista, nem dinheiro que sobre para pagar pelo curta. Porém de bom grado alguns locadores inserem um curta com o longa. Esse considerável ramo de esplendor cinematográfico tende, por conseguinte, a ser o brinde que acompanha o chá numa compra; e como todos os gestos da mentalidade de um merceeiro, não é muito provável que custe tanto. Daí meu espanto com o aprimoramento da qualidade. Considere-se, no entanto, a beleza muito frequente e a habilidade muito grandiosa de exposição em curtas da Universum Film AG (UFA) tais como *Turbulent Timber* [1931], nos curtas esportivos da Metro-Goldwyn--Mayer, nos curtas *Secrets of Nature* [1922] de Bruce Woolfe e nos relatos de viagem de Fitzpatrick. Juntos eles levaram a instrução popular a uma posição inimaginável, ou mesmo impossível nos tempos das lanternas mágicas. Nisso nós progredimos.

Estes filmes, é claro, não gostariam de ser chamados filmes educativos, mas, apesar de todos os seus disfarces, é isso que são. Não dramatizam, não dramatizam nem mesmo um episódio: descrevem e até mesmo expõem, contudo, em qualquer que seja o senso estético, apenas raramente revelam. Nisso reside seu limite formal, e é improvável que venham a dar alguma contribuição significativa à plena arte do documentário. De fato, como poderiam? Sua forma silenciosa é reduzida ao comentário, e as tomadas são dispostas arbitrariamente para indicar as *gags* ou as conclusões. Isso não chega a ser motivo de queixa, pois o filme educativo deve ter um crescente valor no entretenimento, na educação e na propaganda. Mas é igualmente importante estabelecer os limites formais dessa espécie.

Trata-se, com efeito, de um limite particularmente importante para registrar, pois é além dos homens de notícias, dos homens de revistas e dos palestrantes (cômicos, interessantes, animadores ou apenas retóricos) que se começa a peregrinar no mundo do documentário propriamente dito, no único mundo em que o documentário pode esperar alcançar as virtudes usuais de uma arte. Aqui passaremos das simples (ou fantasiosas) descrições de material natural para arranjos, rearranjos e formações criativas.

Primeiros princípios. (1) Acreditamos que a capacidade do cinema em deslocar-se, observar e selecionar recortes da vida propriamente dita pode ser explorada numa forma de arte nova e vital. Os filmes de estúdio ignoram largamente essa possibilidade de abrir a tela ao mundo real. Eles registram histórias encenadas com planos de fundo artificiais. O documentário registra a cena viva e a história viva. (2) Acreditamos que o ator original (ou nativo), e a cena original (ou nativa), são os melhores guias para uma interpretação do mundo moderno projetada em tela. Eles dão ao cinema maior provisão de material. Eles dão poder a mil e uma imagens. Eles potencializam a interpretação a acontecimentos do mundo real mais complexos e surpreendentes do que a mentalidade do estúdio pode invocar ou o mecânico do estúdio recriar. (3) Acreditamos que os materiais e as histórias extraídos da realidade bruta podem ser melhores (mais reais num sentido filosófico) do que as obras encenadas. O gesto espontâneo tem valor especial na tela. O cinema tem uma capacidade sensacional de salientar o movimento que a tradição ou o tempo tornou ameno. Seu retângulo arbitrário revela sobretudo movimento; rende-lhe sua amostra máxima no espaço e no tempo. Acrescente-se a isso que o documentário pode alcançar uma intimidade de conhecimento e resultado impossíveis à coreografada mecânica do estúdio e às imaculadas interpretações do ator metropolitano.

Não pretendo neste pequeno manifesto de crenças sugerir que os estúdios não possam à sua própria maneira produzir obras de arte para surpreender o mundo. Não há nada (exceto as intenções mercantis[3] daqueles que os administram) capaz de impedir aos estúdios ascender tão alto à maneira do teatro ou à maneira do conto de fadas. Minha alegação particular para o documentário é simplesmente a de que em seu uso de material vivo *também* existe oportunidade para a realização do trabalho criativo. Quero dizer também que a escolha do documentário como meio é tão clara quanto a escolha entre poesia e prosa. Lidar com material diferente é, ou deveria ser, lidar com ele tendo em vista questões estéticas diferentes daquelas dos estúdios. Faço essa distinção a fim de asseverar que o jovem diretor não pode, naturalmente, trabalhar ao mesmo tempo com os documentários e com os estúdios.

3 No original, "Woolworth intentions", referência à primeira e talvez a mais predatória rede de lojas de departamentos a se expandir no fim do século XIX em todo o mundo. [N.T.]

Numa referência anterior a Flaherty, comentei como um grande expoente abandonou os estúdios; como ele se dedicou à história fundamental dos esquimós, depois à dos samoanos, mais tarde à do povo das ilhas de Aran; e a que altura o diretor de documentários que havia nele divergiu das intenções dos estúdios de Hollywood. O ponto principal da história era este: Hollywood queria impor uma forma dramática padronizada no material bruto. Queria que Flaherty, numa completa injustiça ao drama vivo *in loco*, construísse com seus samoanos um drama de fachada cheio de tubarões e com beldades se banhando. Fracassou no caso de *Moana*; conseguiu (pelas mãos de Van Dyke) no caso de *Deus branco* [*White Shadows in the South Seas*, 1928] e (pelas mãos de Murnau) no caso de *Tabu* [*Tabu: A Story of the South Seas*, 1931]. Nos últimos casos, conseguiu à custa de Flaherty, que desfez sua associação com ambos.

Com Flaherty, tornou-se um princípio absoluto que a história devia ser extraída da locação, e que fosse (o que ele considerava ser) a história fundamental da locação. Seu drama, portanto, é um drama de dias e noites, da passagem das estações do ano, das lutas fundamentais que dão o sustento ao povo, ou tornam possível vida comunitária, ou conferem a dignidade da tribo.

Tal interpretação do tema reflete, é claro, a filosofia particular de Flaherty em relação às coisas. Um bem-sucedido expoente do documentário não está obrigado de maneira alguma a correr até os confins da terra em busca da simplicidade dos velhos tempos e das antigas dignidades humanas sob o céu. De fato, caso eu possa no momento representar a oposição, espero que o neorrousseauísmo no trabalho de Flaherty feneça com sua excepcional individualidade. Teorias sobre a natureza humana à parte, ele representa um escapismo, um olhar embaciado e distante, que tende ao sentimentalismo quando em mãos menos hábeis. Não obstante fosse filmado com o vigor da poesia lawrenciana, sempre falharia em desenvolver uma forma adequada aos materiais mais imediatos do mundo moderno. Pois não apenas os tolos voltam os olhos para os confins da terra. Às vezes também o poeta: às vezes até mesmo um grande poeta, como Cabell em *Beyond Life* nos comunica brilhantemente. Este, no entanto, é exatamente o poeta que em toda clássica teoria da sociedade desde Platão até Trótski deveria ser completamente removido da República. Amante de todas as Eras menos a própria, e de toda Vida menos a sua, ele evita dedicar-se ao trabalho criativo na medida em que este diz respeito à sociedade. Quando se trata de ordenar a maior parte do caos atual, ele não usa seus poderes.

Questões de teoria e prática à parte, Flaherty ilustra melhor que qualquer um os primeiros princípios do documentário. (1) O documentário deve dominar seu material *in loco* e, a partir da convivência com ele, vir a ordená-lo. Flaherty embrenha-se durante um ano, talvez dois. Vive com seu povo até que a história se conte "por si mesma". (2) O documentário deve seguir Flaherty em sua distinção entre descrição e drama. Penso que iremos descobrir que há outras formas de drama, ou, mais precisamente, outras formas de filme, do que aquela que ele escolhe; entretanto, é importante fazer a distinção primordial entre um método que descreve apenas os valores superficiais de um objeto e o método que revela mais explosivamente a realidade dele. Fotografa-se a vida natural, mas também, pela justaposição de detalhes, cria-se uma interpretação dela.

Estabelecida a intenção criativa final, vários métodos são possíveis. Pode-se, tal como Flaherty, adotar um formato narrativo, passando, à maneira antiga, do indivíduo ao ambiente, ao ambiente transcendido ou não transcendido, às consequentes honras do heroísmo. Pode-se também não estar tão interessado no individual. Pode-se pensar que a vida individual não é mais capaz de seccionar a realidade em camadas transversais. Pode-se acreditar que suas cólicas particulares não são de nenhuma importância num mundo governado por forças complexas e impessoais, e concluir que o indivíduo como figura dramática autossuficiente está fora de moda. Quando Flaherty nos diz que lutar por comida no deserto é uma coisa diabolicamente nobre, pode-se, com alguma justiça, observar que estamos mais preocupados com o problema de as pessoas lutarem por comida em meio à abundância. Quando ele atrai nossa atenção para o fato de que a lança de Nanook está grave em seu ângulo quando apontada para cima, e belamente rígida em sua bravura quando apontada para baixo, pode-se, com alguma justiça, observar que nenhuma lança, por mais corajosamente que seja erguida por um indivíduo, irá dominar a louca morsa da finança internacional. De fato, pode-se sentir que no individualismo há uma tradição bárbara largamente responsável pela nossa anarquia atual e negar ao mesmo tempo tanto o herói dos heroísmos decentes (Flaherty) quanto o herói dos indecentes (estúdio). Neste caso, pode-se sentir que queremos o drama em termos de algum corte transversal da realidade que irá revelar a natureza essencialmente cooperativa ou massificante da sociedade: deixar que o indivíduo encontre suas honras na investida das forças sociais criativas. Em outras palavras, é provável que abandonemos o formato narrativo e procuremos, como o expoente moderno da poesia, da pintura e da prosa, um assunto e um método mais satisfatórios à mentalidade e ao espírito da época.

Berlim – Sinfonia da metrópole [*Berlin: Die Sinfonie der Grosstadt*, Walter Ruttmann, 1927] iniciou a mais moderna maneira de encontrar material para documentários logo à nossa porta: em eventos que não trazem a novidade do desconhecido, ou o idílio do bom selvagem numa paisagem exótica, a recomendá-los. Representou, escassamente, o retorno do romance para a realidade.

Alegou-se de diversas maneiras que *Berlim* fora feito por Ruttmann, ou começado por ele e finalizado por Freund; decerto foi começado por Ruttmann. Em tomadas suaves e belamente cadenciadas, um trem corre por alvoradas suburbanas rumo a Berlim. Rodas, trilhos, detalhes de motores, cabos telegráficos, paisagens e outras imagens simples escoam em desfile, com repetições similares ocasionalmente entrando e saindo do movimento geral. Há uma sequência de tais movimentos que, na totalidade de seu efeito, cria com muita imponência a história de um dia berlinense. O dia começa com uma procissão de trabalhadores, as fábricas iniciam o expediente, as ruas enchem-se; a manhã da cidade torna-se uma confusão de pedestres emaranhados e bondes. Há a pausa para comer: uma pausa com contraste entre ricos e pobres. A cidade volta a funcionar, e um aguaceiro torna-se à tarde um evento significativo. A cidade para de funcionar e, com mais procissões febris em bares, cabarés, pernas dançando e anúncios luminosos, encerra-se o dia.

Na medida em que o filme estava preocupado principalmente com movimentos e com a construção de imagens separadas em movimento, Ruttmann tinha justificativa para chamá-lo de sinfonia. Significava uma ruptura com a história emprestada da literatura e com a peça emprestada dos palcos. Em *Berlim*, o cinema caminhou de acordo com seus poderes mais naturais: a criação de um efeito dramático a partir da acumulação cadenciada de observações singulares. *Nada além das horas* [*Rien que les heures*, 1926] de Cavalcanti e *Ballet mécanique* [1924] de Léger vieram antes de *Berlim*, cada um numa tentativa similar de combinar imagens numa sequência de movimentos emocionalmente satisfatória. Eles eram muito desencontrados e não haviam dominado a arte de cortar suficientemente bem para criar a noção de "marcha" necessária ao gênero. A sinfonia da cidade de Berlim foi ao mesmo tempo mais grandiosa em seus movimentos e mais grandiosa em sua visão.

Houve uma crítica a *Berlim* que, devido à apreciação de um belo filme e de uma forma nova e atraente, os críticos falharam; e o tempo não justificou a omissão. Apesar de todo o seu afã de trabalhadores, fábricas, turbilhão e movimentação de uma grande cidade, *Berlim* não criou nada. Ou, caso tenha criado, foi aquele aguaceiro à tardinha. As pessoas da cidade despertam esplendidamente, passam por 5 milhões de provações impressionantemente, retiram-se para dormir; e nenhuma outra manifestação divina ou humana emerge além daquele súbito e salpicado derramamento de água nas pessoas e nas calçadas.

Saliento essa crítica porque *Berlim* ainda provoca a mente dos jovens, e a forma da sinfonia é ainda sua persuasão mais popular. A cada cinquenta roteiros apresentados pelos novatos, 45 são sinfonias de Edimburgo, de Ecclefechan, de Paris ou de Praga. Raia o dia — as pessoas vão ao trabalho — as fábricas abrem — os bondes estrepitam — é chegada a hora do almoço e de novo as ruas — esportes, se é tarde de sábado — certamente vêm a noite e o salão de dança local. E assim, nada tendo acontecido e nada tendo sido dito de bom sobre qualquer assunto, vão para a cama; embora Edimburgo seja a capital de um país e Ecclefechan, por alguma força interna, o local de nascimento de Carlyle, de certa maneira um dos maiores expoentes dessa ideia de documentário.

Os pequenos afazeres diários, por mais belamente sinfonizados que sejam, não bastam. Deve-se ir além da prática ou do processo de criação em si, antes de atingir as altas esferas da arte. Nessa distinção, a criação indica não a produção de coisas, e sim a produção de virtudes.

E eis o cerne da questão para os novatos. A apreciação crítica do movimento, podem-na construir facilmente a partir de seu poder de observação, e seu poder de observação, podem-no construir a partir de seu próprio bom gosto, porém o verdadeiro trabalho começa apenas quando aplicam fins à sua observação e ao movimento. O artista não necessita determinar os fins — pois esse é o trabalho do crítico —, mas os fins precisam estar lá, informando sua descrição e dando finalidades (além do espaço e do tempo) ao recorte de vida que ele escolheu. Para esse efeito maior, deve haver o poder de poesia ou de profecia. Fracassando em um ou em ambos em maior grau, deve haver ao menos o sentido sociológico implícito na poesia e na profecia.

O melhor dos novatos sabe disso. Eles creem que a beleza virá em bom momento para fixar-se numa declaração que seja honesta, lúcida e sentida profundamente e que seja capaz de satisfazer os melhores fins da cidadania. Eles são sensíveis o bastante para conceber a arte como o subproduto de uma tarefa de trabalho concluída. O efeito oposto de capturar o subproduto antes (a busca autoconsciente da beleza, a busca da arte pelo bem da arte, excluídos as tarefas de trabalho e outros começos prosaicos) foi sempre um reflexo de riqueza egoísta, lazer egoísta e decadência estética.

A noção de responsabilidade social torna nosso documentário realista uma arte atormentada e difícil, sobretudo num tempo como o nosso. O objetivo do documentário romântico é fácil, em comparação: fácil no sentido de que o bom selvagem já é figura de romance e as estações do ano já foram articuladas na poesia. Suas virtudes essenciais já foram declaradas e podem ainda mais facilmente ser de novo declaradas, e ninguém irá negá-las. Mas o documentário realista, com suas ruas, cidades, cortiços, feiras, comércios e fábricas, deu-se ao trabalho de fazer poesia onde poeta algum jamais pisou, e onde nenhum fim, suficiente aos propósitos da arte, é facilmente observado. Requer-se, além de gosto, inspiração, ou seja, um verdadeiro esforço criativo muito laborioso e com visão e empatia aprofundadas.

Os sinfonistas encontraram uma maneira de construir tais temas da realidade comum em sequências bastante agradáveis. Usando cadência e ritmo, e uma integração em grande escala de efeitos individuais, eles capturam o olhar e impressionam a mente da mesma maneira que uma tatuagem ou um desfile militar o fazem. Contudo, devido à sua concentração nas massas e no movimento, tendem a evitar o trabalho criativo mais abrangente. O que seria mais atraente (para um homem de bom senso visual) que o ir e vir de rodas e pistões na martelante descrição de uma máquina, quando ele tem pouco a dizer sobre o homem que a controla e menos ainda sobre o produto de estanho que a máquina cospe? E o que seria mais confortável do que, no próprio âmago, escapar do problema do trabalho mal remunerado e da produção inútil? Por essa razão sustento que a tradição cinematográfica da sinfonia é um perigo e que *Berlim* é o modelo de filme mais perigoso a seguir.

Infelizmente, a moda reside no escape que *Berlim* representa. Os intelectuais exaltam a sinfonia por seu belo visual e, sendo eles, na maioria, almazinhas ricas bem abrigadas, alegremente absolvem-na de outras intenções. Outros fatores convergem para obscurecer o julgamento em relação a isso. A geração pós-1918, na qual toda a inteligência do cinema reside, está inclinada a encobrir uma sensação de desilusão particularmente violenta, e uma primeira reação muito natural de impotência, mediante qualquer maneira inteligente de escapar que esteja à mão. A busca da forma bela que esse gênero certamente representa é o mais seguro dos asilos.

A objeção permanece, no entanto. A rebelião que passa da tradição de "quem-fica-com-quem" do cinema comercial para a tradição da forma pura no cinema tampouco pode ser considerada um grande abalo. O dadaísmo, o expressionismo, as sinfonias estão todos na mesma categoria. Apresentam novas belezas e novos formatos; falham em apresentar novas persuasões.

A abordagem imagista ou mais definitivamente poética pode ter levado nossa consideração do documentário um passo adiante, mas nenhum grande filme imagista surgiu para imprimir personalidade a esse avanço. Por imagismo entendo a narração de uma história ou o esclarecimento de um tema mediante imagens, assim como a poesia é uma história ou um tema narrado por imagens; entendo por imagismo a adição de referências poéticas à "massa" e à "marcha" da forma sinfônica.

Drifters foi uma simples contribuição nesse sentido, mas somente uma simples contribuição. Seu tema pertencia em parte ao mundo de Flaherty, pois tinha um quê do bom selvagem e certamente um bom punhado dos elementos da natureza para justapor. Usou, entretanto, vapor e fumaça e combinou, em certo sentido, os efeitos de uma indústria moderna. Olhando em retrospecto para o filme agora, eu não sublinharia os efeitos de cadência que construiu (porque tanto *Berlim* como *O encouraçado Potemkin* [*Bronenosets Potemkin*, Serguei Eisenstein, 1925] vieram antes dele), tampouco os efeitos rítmicos (embora eu creia que hajam superado o exemplo técnico de *Potemkin* nesse sentido). O que parecia possível desenvolver no filme era a integração entre imagens e movimento. O navio ao mar, os homens pescando com as redes, os homens no arrasto, não eram vistos apenas como funcionários fazendo alguma coisa. Eram vistos como funcionários a partir de cinquenta maneiras diferentes, e cada uma tendia a acrescentar algo ao esclarecimento e à descrição deles. Em outras palavras, as tomadas foram reunidas não só em busca de apresentar descrição e cadência, mas também de realizar comentários a respeito de tudo aquilo. Ficamos impressionados com todo aquele trabalho árduo, contínuo e honrado, e o sentimento moldou as imagens, determinou o plano de fundo e proveu os detalhes extras que davam cor ao todo. Não trago a tona o exemplo de *Drifters*, mas pelo menos em tese o exemplo está lá. Se a grande bravura do trabalho honrado apareceu no filme, tal como espero que tenha, foi devido não à história em si, mas às imagens a ela associadas. Faço esta colocação não em louvor ao método, mas como uma simples análise deste.

A forma sinfônica preocupa-se com a orquestração de movimento. Vê a tela em termos de fluência e não permite que se interrompa o fluxo. Episódios e eventos, caso sejam incluídos na ação, são integrados no fluxo. A forma sinfônica também tende a organizar o fluxo em termos de diferentes movimentos, por exemplo, o movimento do crepúsculo, o movimento dos homens rumo ao trabalho, o movimento das fábricas operando com carga total etc. etc. Essa é uma primeira distinção.

A forma sinfônica é como um equivalente da forma poética de, digamos, Carl Sandburg em "Skyscraper", "Chicago", "The Windy City" e *Slabs of the Sunburnt West*. O tema é apresentado como uma integração de muitas atividades. Ganha vida por meio das muitas associações humanas e do ritmo das várias sequências de ação que o cercam. Sandburg assim o diz com variações de cadência em sua descrição, variações de ritmo ânimo em que cada faceta descritiva é apresentada. Não exigimos histórias pessoais de tais poemas, pois a imagem é completa e satisfatória. Não precisamos exigir o mesmo de um documentário. Essa é uma segunda distinção que diz respeito à forma sinfônica.

Feitas essas distinções, é possível que a forma sinfônica varie de modo considerável. Basil Wright, por exemplo, está quase que exclusivamente interessado no movimento e o constrói a partir de uma fúria de desenhos e nuanças de desenhos; e para aqueles cujo olho é suficientemente treinado e suficientemente apurado, ele transmite emoção mediante centenas de variações sobre um tema tão simples quanto o transporte de bananas (*Cargo from Jamaica,* 1933). Alguns tentaram relacionar esse movimento à pirotecnia da forma pura, mas essa monstruosidade jamais existiu. (1) A qualidade do senso de movimento de Wright e de seus padrões é distintivamente própria a ele e reconhecidamente delicada. Assim como sucede com os bons pintores, há personalidade em seu traço e atitude em sua composição. (2) Há em sua obra uma conotação que – após aparentar tratar-se apenas de monotonia – torna sua descrição singularmente memorável. (3) Seus padrões invariavelmente tecem – sem aparentar fazê-lo – uma atitude positiva ante o material, o que se pode conceber como referente a (2). Os padrões de *Cargo from Jamaica* eram mais um comentário mordaz sobre o trabalho que rendia dois pence para cada cem cachos (ou o que fosse) do que uma mera crítica sociológica. Seus movimentos – (*a*) com facilidade para baixo; (*b*) horizontais; (*c*) com esforço 45 graus para cima; (*d*) para baixo novamente – ocultam, ou talvez edifiquem, um comentário. Flaherty uma vez sustentou que o perímetro leste-oeste do Canadá era um drama em si mesmo. Era exatamente uma sequência de descida, horizontalidade, 45 graus para cima e descida novamente.

Uso Basil Wright como exemplo do "movimento em si mesmo" – embora o movimento nunca esteja em si mesmo – sobretudo para distingui-lo daqueles que acrescentam elementos de tensão, elementos poéticos ou elementos atmosféricos. Considerei-me no passado um expoente da categoria da tensão, preterindo as demais. Eis um simples exemplo de tensão extraído de *Granton Trawler* [A traineira de Granton, Edgar Anstey e John Grierson, 1934]. A traineira opera em meio a uma tempestade. Os elementos de tensão são construídos com ênfase no arrasto das águas, nos fortes solavancos do navio, nos febris aparecimentos de pássaros, nos febris aparecimentos de rostos em meio a ondas, solavancos e esguichos. A rede de arrasto é rebocada a bordo com o esforço dos homens, dos equipamentos e da água. Ela é aberta num movimento que liberta igualmente homens, pássaros e peixes. Não há pausa no fluxo de movimento, mas algo como um confronto entre duas forças opostas ficou registrado. Numa descrição mais ambiciosa e profunda, a tensão poderia ter incluído elementos mais intimamente e mais fortemente descritivos do ruidoso peso do equipamento, do esforço no navio, da operação do motor debaixo d'água e rente ao solo, das estrepitosas miríades de pássaros levantando voo no meio da ventania. A forte fúria do navio e o tempo fechado poderiam ter sido utilizados para chegar ao âmago do homem e do navio. No arrasto, o simples fato de uma onda quebrar sobre os homens, retroceder e deixá-los pendurados como se nada houvesse acontecido teria levado a sequência a um clímax apropriado. A soltura da rede poderia ter se associado a imagens de, digamos, pássaros revoluteando alto, levantando voo do navio, e de reações contemplativas, ou seja, mais íntimas nos rostos dos homens. O drama teria se aprofundado muito mais mediante uma maior imersão nas energias e reações envolvidas.

Apliquemos essa análise à primeira parte de *O desertor* [*Dezertir*, Vsevolod Pudovkin, 1933], que passa de uma sequência de silêncio mortal para uma de esforço e fúria da greve (e de suas consequências); ou apliquemo-la à sequência da greve propriamente dita, que passa do silêncio mortal para o esforço e a fúria da repressão policial (e de suas consequências). Assim, teremos uma indicação de como o formato sinfônico, ainda fiel a seus próprios métodos, pode servir à questão dramática.

A abordagem poética é mais bem representada por *Romance sentimental* [*Romance sentimentale*, Serguei Eisenstein e Grigori Aleksandrov, 1930] e pela última sequência de *Êxtase* [*Ekstase*, Gustav Machatý, 1933]. Há aqui uma descrição sem tensão, contudo a descrição do movimento é transmitida por uma sequência rítmica de trabalho, embora haja também imagens essenciais de uma mulher e uma criança, de um jovem homem posicionado no alto do quadro, do céu e da água. A descrição dos vários ritmos de *Romance sentimental* é transmitida inteiramente por imagens: numa sequência de um interior doméstico, numa outra sequência de manhã nublada, nas águas plácidas e na fraca luz solar. A criação do ritmo, essencial à forma sinfônica, pode ser feita unicamente em termos de cadência, no entanto é mais bem-feita quando imagens poéticas lhe dão cor. Numa descrição da noite no mar, há elementos suficientes a bordo de um navio para construir um ritmo calmo e eficaz, mas um efeito mais profundo poderia fazer menção ao que está acontecendo debaixo d'água ou ao estranho espetáculo dos pássaros que às vezes, em fantasmagóricas revoadas, se movem silenciosamente para dentro e para longe do alcance das luzes do navio.

Uma sequência num filme de Rotha indica a distinção entre três diferentes tratamentos. Ele descreve o abastecimento de uma caldeira de aço e constrói um ritmo soberbo a partir dos movimentos que os homens realizam com as pás. Criando atrás deles uma sensação de fogo, brincando com as contrações momentâneas do fogo que se dão com esses movimentos das pás, ele poderia ter incluído elementos de tensão. Poderia daqui ter prosseguido até passar uma imagem quase assustadora daquilo que o trabalho com o aço implica. Por outro lado, sobrepondo o ritmo com, digamos, figuras simbólicas imponentes ou contemplativas, tal como Eisenstein inserira em seu material para *Que viva México!* [*Da zdravstvuyet Meksika!*, inacabado], ele teria acrescentado elementos da imagem poética. A distinção reside entre (*a*) um método musical ou não literário; (*b*) um método dramático com forças conflitantes; e (*c*) um método poético, contemplativo e completamente literário. Esses três métodos podem todos aparecer num único filme, não obstante suas proporções dependam naturalmente da personalidade do diretor — e de suas esperanças particulares de redenção.

Não pretendo sugerir que uma forma seja mais elevada que a outra. Há prazeres peculiares ao exercício do movimento que em certo sentido são mais árduos — mais clássicos — do que os prazeres da descrição poética, por mais atraentes e por mais louvados que estes possam ser. A introdução da tensão dá realce a um filme, mas muito facilmente lhe confere apelo popular, por causa de seu compromisso primitivo com questões físicas, embates e lutas. As pessoas gostam de lutas, até mesmo quando estas são apenas sinfônicas, mas não está claro se uma guerra com elementos da natureza é um tema mais ousado do que o desabrochar de uma flor ou, aliás, a abertura de um cabo. Isso nos remete de volta aos instintos de caça e aos instintos de luta, mas estes não necessariamente representam os campos de apreciação mais civilizados.

É crença comum que a grandeza moral na arte somente se pode atingir, à maneira grega ou shakespeariana, após uma apresentação geral dos protagonistas, e que não há cabeça altiva que não seja sanguinolenta. Trata-se de uma vulgaridade filosófica. Em anos recentes, ela recebeu a bênção de Kant em sua distinção entre a estética do padrão e a estética da realização, e a beleza foi considerada, de certa forma, inferior ao sublime. A confusão kantiana deve-se ao fato de que ele pessoalmente possuía um senso moral ativo, mas não um senso estético ativo. Caso contrário, não haveria traçado essa distinção. No que tange ao gosto comum, deve-se assegurar que não misturemos a satisfação dos desejos primitivos, e as vãs dignidades que se subordinam a essa satisfação, com as dignidades que se associam ao homem enquanto ser imaginativo. A aplicação dramática da forma sinfônica não é, *ipso facto*, a mais profunda ou a mais importante. A consideração de formas nem dramáticas nem sinfônicas, mas dialéticas, revelará isso com mais clareza.

DZIGA VERTOV

Talvez nenhum cineasta tenha feito mais ou melhor para forjar a arte fílmica do documentário do que Dziga Vertov (1896-1954), diretor de clássicos como *Um homem com a câmera* [*Chelovek s kino-apparatom*, 1929] e *Entusiasmo* [*Entuziasmo (Simfoniya Donbassa)*, 1931]. No auge do filme silencioso, quando o cinema parecia ter sido capturado definitivamente pela ficção, Vertov defendeu, em obras e panfletos, a superioridade do cinema não ficcional em relação ao "atuado".

Pronunciamento em um debate [na sala de cinema Málaia Dmítrovka]

[Transcrição de um debate – "Vai existir uma cinematografia russa?" – que aconteceu na sala de cinema Málaia Dmítrovka em Moscou, no dia 26/09/1923. Traduzido por Luis Felipe Labaki.]

Nós afirmamos,

Apesar do período comparativamente prolongado de existência do conceito de "cinematografia";

Apesar do grande número de dramas psicológicos, pseudocotidianos, pseudo-históricos e policiais lançados,

Apesar das incontáveis salas de cinema que foram abertas, que a cinematografia em sua forma verdadeira não existe, que suas tarefas básicas não foram compreendidas e que não existe, não foi feita e nem exibida nas telas uma única Cine-coisa.

Nós ousamos afirmar isso depois de um prolongado e sério estudo dos filmes que chegam até nós vindos do Oeste e da América.

Nós ousamos afirmar isso com base nas informações de que dispomos sobre os trabalhos e pesquisas no nosso país e no exterior.

Qual é o problema

O problema é que a cinematografia esteve e está no caminho errado, o que foi feito e o que se faz pela centésima vez nos dias de hoje, eu repito, é 100% errôneo e diretamente oposto àquilo que deveria ter sido feito.

O problema é que a cinematografia do passado e dos dias de hoje é apenas um assunto comercial, o caminho de desenvolvimento da cinematografia foi ditado unicamente com vistas ao lucro, e não há nada de surpreendente no fato de o amplo comércio de filmes, ilustrações de romances e romanças, de séries pinkertonianas,[1] ter cegado os olhos dos produtores e os engolido.

Cada filme, cada um deles, é apenas um esqueleto literário recoberto por uma cine-pele.

Na melhor das hipóteses, sob a pele (como nos filmes de ação estrangeiros) crescem cine-gordura e

1 Nat Pinkerton era um personagem americano de histórias policiais, bastante popular também na Rússia, inclusive no período pós-revolucionário. [N. T.]

cine-carne, mas nós nunca vemos cine-esqueletos porque – que ninguém considere isso uma ofensa pessoal – cada um de nossos filmes é somente carne convencional sem ossos empalada em uma estaca de madeira, em uma pena de ganso do literato. Em resumo:

NÃO HÁ CINE-COISAS.

Existe o concubinato de cine-ilustrações com o teatro, a literatura, com a música, com quem e com o que se quiser, por quanto tempo e quando se quiser.

Eu gostaria que os senhores me compreendessem corretamente. Nós não protestamos contra as ramificações da cinematografia pela literatura, pelo teatro, nós saudaríamos de coração aberto a utilização do cinema no auxílio a todas as áreas do conhecimento humano, porém definimos as potencialidades do cinema como funções secundárias, ilustrativas. Contudo, não esquecemos quem somos nem por um minuto e lembramos que uma cadeira é feita de madeira, e não do verniz que a cobre.

Temos plena consciência de que uma bota é feita de couro, e não da graxa que a faz brilhar.

Isto que é horrível, é nisto que consiste a falha incorrigível: os senhores até hoje consideraram ser sua tarefa (e continuam fazendo isso) limpar com graxa cinematográfica as botinas literárias (no caso dos filmes de ação, os sapatos franceses de salto alto) dos outros.

Há pouco tempo, parece que em uma exibição do décimo sétimo *Kino-Pravda* [Dziga Vertov, 1923], certo cineasta — espero que ele se encontre aqui — , declarou: "Isto é um disparate. São sapateiros, e não cineastas". Em resposta, o bom espectador cinematográfico da república, o construtivista Aleksiêi Gan, então presente, observou com razão: "NOS DÊ MAIS SAPATEIROS COMO ESTES E TUDO FICARÁ BEM".

Eu, em nome do autor de *Kino-Pravda 17*, tenho a declarar que ele se sente muito lisonjeado por seu indiscutível reconhecimento como

O PRIMEIRO SAPATEIRO DA CINEMATOGRAFIA RUSSA.

Isso é melhor que "artista da cinematografia russa",

Isso é melhor que "diretor de filmes de ficção".

Para o diabo com a graxa. Para o diabo com as botas feitas de brilho. Que sejam feitas botas de couro! Alinhem-se com os primeiros Cine-sapateiros russos — os Kinocs.[2]

Nós, sapateiros da cinematografia, falamos aos senhores, engraxates. Nós não reconhecemos nenhum tempo de serviço dos senhores na produção de Cine-coisas. E se é possível apontar que tempo de serviço é vantagem, então a vantagem é inteiramente nossa, por direito.

O pouco que nós realizamos na prática já é mais do que os muitos anos de NADA dos senhores.

Nós fomos os primeiros a fazer CINE-COISAS com as próprias mãos, mesmo que rudes, desajeitadas, sem brilho, talvez com algumas falhas, mas de todo modo necessárias, indispensáveis, apontadas na direção da vida e exigidas pela vida.

Nós definimos uma CINE-COISA com as seguintes palavras: O "VER" DA MONTAGEM.

Uma CINE-COISA é um *estudo de visão perfeita* finalizado, detalhado e aprofundado por todos os dispositivos óticos existentes e, principalmente, pela câmera cinematográfica, que experimenta no espaço e no tempo.

O CAMPO DE VISÃO: A VIDA.

O material para a construção da montagem: a vida.

O cenário: a vida (cidades, povoados e vilarejos).

Os atores: a vida (todas as pessoas e coisas animadas e inanimadas).

O roteiro, nós não queremos nem ouvir falar dessa porcaria; o diretor, nós estamos acostumados a ouvir esse substantivo sendo empregado para emendar um roteiro impossível de emendar e para agradar celebridades caprichosas:

"ME SEGUREM, NÃO RESPONDO POR MIM MESMO".

Mas, se não houver ninguém para agradar ou nada a emendar, é evidente que o diretor não terá o que fazer.

"Nem é preciso dizer que os *artistas* não têm o que fazer aqui; se não querem ir para a vida, que partam para o teatro, para a pantomima, que por fim ajudem a fazer esses manuais literários de dramas cinematográficos."

E como eu gostaria de refrescar o batido slogan sobre a religião do campanário de Elias, refazendo-o:

"O DRAMA CINEMATOGRÁFICO É O ÓPIO DO POVO".

Cito com frequência algumas linhas — nas quais escarraram nossos escrevinhadores do cinema – do

2 *Kinoc* (em russo, *kinok*) é um neologismo criado por Vertov derivado das palavras *kino* (cinema) e *oko* (termo arcaico para *glaz*, "olho"). Assim eram chamados os membros de seu grupo de trabalho e, de maneira mais geral, todos aqueles que seguiam os princípios de seu método de realização cinematográfica, o "Cine-Olho" (*Kino-Glaz*). [N. T.]

artigo "Nosso ponto de vista", incluído com ressalvas no número 157 do jornal *Pravda*:

"O QUE É NECESSÁRIO?"

Nikolai LIÊBEDEV, em um artigo sobre os kinocs, arranca os próprios cabelos e exclama com tristeza: "FORA COM A ARTE. NADA ALÉM DE CINEJORNAIS".

Aqui, sob a aparência de sinceridade, há um recurso literário. Nikolai LIÊBEDEV não é bobo, mas finge ser.

Nós, é claro, não proibimos e não podemos proibir que artistas pintem seus quadros, que compositores componham para piano e que poetas componham para as damas........................... Deixemos que eles se divirtam.

Mas isso são brinquedos, ainda que realizados com talento, e não o principal.

Enquanto estiverem aplicadas à vida, forem necessárias à vida, suas manifestações visíveis serão fixadas pelo Cine-Olho em sua corrida visual à velocidade da luz, e a música — entre outras coisas que ouvimos — será incluída sob a bandeira de "Rádio-Ouvido" em um estudo-escuto de montagem.

Uma das principais acusações dirigidas a nós, os kinocs, é a de que somos incompreensíveis para as massas.

Até mesmo se aceitarmos que alguns de nossos trabalhos são de difícil compreensão, isso quer dizer que não deveríamos realizar nenhum trabalho sério, não fazer nenhuma pesquisa?

Se as massas precisam de panfletos de agitação fáceis, isso quer dizer que os artigos sérios de ENGELS, LÊNIN e TRÓTSKI não são necessários? Pode ser que surja hoje entre os senhores o LÊNIN da cinematografia russa, e os senhores não o deixariam trabalhar, porque os resultados da sua produção pareceriam à primeira vista inovadores e incompreensíveis.

Mas a situação do nosso trabalho não é nem mesmo essa. Nós, eu afirmo, não realizamos nem um único trabalho mais incompreensível para as massas do que qualquer drama cinematográfico. Pelo contrário, ao estabelecermos ligações visuais entre os assuntos, nós enfraquecemos consideravelmente a importância dos intertítulos e ligações literárias, e dessa forma aproximamos nosso trabalho dos semianalfabetos e dos completamente analfabetos, o que é especialmente importante no atual momento.

E assim, como que zombando das babás literárias dos operários e camponeses, estes últimos se mostraram mais espertos do que suas babás não solicitadas.

Os senhores me perguntam por que o crítico – a babá do operário, do camponês – compreende menos do que o próprio operário ou camponês.

Esse aparente absurdo se explica de maneira bastante simples. O operário ou camponês, *especialmente aqueles analfabetos*, sem se apoiar nem por um segundo nos intertítulos, os quais eles não leem, recebem aquilo que mostramos na tela como se fosse a vida visível, como uma cidade desconhecida, e caem sob a influência da ligação visual de um assunto com o outro e compreendem tudo correta e rudemente, correta e desajeitadamente, apenas na essência, mas correta e profundamente.

Para o crítico-babá ou outro sugador de romances e novelas com educação formal etc., é claro, é difícil renunciar ao maldito hábito de ler um filme por seus intertítulos, e não vê-lo com os olhos.

E são esses mesmos críticos de aparência inteligente que aconselham:

1) Destruir a ligação visual entre os assuntos (que é, definitivamente, uma "cine-esperteza dos intelectuais");

2) Fortalecer os intertítulos explicativos, ou seja, tornar o filme compreensível. E para quem é que o tornaremos compreensível? Para os operários analfabetos ou para os críticos desmiolados?

Eu declaro em nome do Conselho dos Três[3] e, através dele, em nome de todas as espécies de kinocs existentes na natureza:

Nós nos recusamos a alimentar os operários e camponeses com uma papinha mastigada.

Pessoas padronizadas, com seus cérebros padronizados, sugerem que sejamos colocados em um hospício, e aqueles mais mansos se limitam a nos rotular de "intelectuais".

POIS BEM. Nós vamos ficar no hospício.

E OS SOLÍCITOS CRÍTICOS-BABÁS vão refinar a papinha para os operários com seus próprios sucos gástricos.

E que tipo de comida vai ser entregue aos operários e camponeses? Esterco líquido.

Dziga Vertov

3 O "Conselho dos Três" do grupo dos Kinocs era formado por Dziga Vertov, seu irmão e fotógrafo Mikhail Kaufman e Elizaviêta Svílova, montadora e esposa de Vertov. [N. T.]

Cedo ou tarde, os operários entenderão isso e fustigarão suas babás estúpidas.

Aqui estão presentes dois pontos de vista extremos.

Um é o dos kinocs, que perseguem a organização da vida visível com a ajuda da câmera cinematográfica: "CINE-OLHO, MONTAGEM DA PRÓPRIA VIDA".

O outro é o ponto de vista dos restantes, orientados em direção ao drama ficcional de agitação com emoções e aventuras.

Todo o capital governamental e privado, todos os meios técnicos e materiais estão equivocadamente despejados hoje sobre o segundo, no lado da balança das agitações ficcionais.

E mesmo assim, com as mãos abanando, nós nos agarramos ao trabalho e esperamos confiantemente nossa vez de nos apoderar da produção e vencer!

JORIS IVENS

Com uma obra que se estende pelo século XX e pelos cinco continentes, o holandês Joris Ivens (1898-1989) foi um dos pioneiros do documentário e, sobretudo, um dos grandes consolidadores e difusores do gênero, influenciando novos documentaristas pelo mundo inteiro, dos Estados Unidos ao Vietnã. Sua extensa filmografia se abre (*A ponte* [*De Brug*, 1928]) e se fecha (*Uma história do vento* [*Une Histoire de vent*, 1988, codireção de Marceline Loridan]) com marcado acento poético, tendo ao centro uma produção militante de raro poder (*Terra espanhola* [*The Spanish Earth*, 1937]; *O paralelo 17* [*Le 17ème parallèlle: La guerre du peuple*, 1968, codireção de Marceline Loridan]).

[Artigo elaborado a partir de uma palestra não publicada realizada no Moma, Nova York, em 13/12/1939, na programação de um curso na Universidade Columbia sobre "A história do filme cinematográfico". Publicado originalmente como "Documentary: Subjectivity and Montage", em Kees Bakker (org.), *Joris Ivens and the Documentary Context*. Amsterdã: Amsterdam University Press, 1999, pp. 250-61. Traduzido por Fábio Bonillo.]

Documentário: subjetividade e montagem

Acredito que o filme documentário em geral, penso eu, é uma forma muito notável. Os primeiros filmes eram usualmente feitos a partir de fatos, e a raiz permanece nos documentários factuais. De um lado, tem-se a ficção ou filme encenado, e de outro, o cinejornal; entre ambos, está o campo coberto pelo documentário.

Vocês sabem que nós cobrimos um campo amplo. Estamos numa nova arte, num novo campo de expressão, de criação humana, portanto é difícil dar uma definição, de fato, para o documentário. Ora, eu disse que cobrimos um campo amplo. Há *The March of Time* [A marcha do tempo, cinejornal, 1930], *Terra espanhola*, *The River* [O rio, Pare Lorentz, 1938], todos pertencentes ao nosso campo, e há quem inclua entre eles *Confissões de um espião nazista* [*Confessions of a Nazi Spy*, Anatole Litvak, 1939].

Como sabem, o documentário não surgiu aqui nos Estados Unidos, mas na Europa, por volta de 1927. Era parte do movimento da vanguarda atribuir valores artísticos e educacionais aos filmes. O documentário é parte daquele grande movimento que atravessou o oceano por volta de 1927. No princípio, era muito baseado na estética, e muitos de nós nos opúnhamos fortemente a Hollywood. Pensávamos, especialmente antes de surgirem os filmes sonoros, que eles enfatizavam o viés sentimental de histórias baratas e o viés sexual. Pensávamos que eles estavam muito longe da realidade. Essa era uma reação muito forte e lógica de parte dos estudantes, artistas e jovens da Europa, que pensavam que deveríamos ir contra esse tipo de coisa e fundamentar nosso trabalho na realidade. Esse foi o começo do documentário.

Acredito que o documentário teve um desenvolvimento salutar, e que Hollywood aprendeu alguma coisa com os cineastas independentes. Por um tempo havia um antagonismo entre o documentário e o chamado filme de ficção, mas ele diminuiu com o passar do tempo. No princípio, porém, havia um considerável grupo combativo ao filme de ficção, e mesmo hoje é possível encontrar algum tipo de protesto contra o tratamento sentimental daqueles a que chamei filmes de ficção.

Hoje somos considerados uma arte jovem e um instrumento de educação, e isso pode ser provado, penso eu, pelo fato de o Museum of Modern Art Film Library exibir diferentes programações de documentários.

O filme documentário deve ser muito grato à Film Library porque, pela primeira vez na história, pode-se assistir a vários documentários em uma só programação.

No princípio — isto é, por volta de 1927 ou 1928 —, pertencíamos à vanguarda. Tínhamos grupos na Alemanha, França, Holanda e Inglaterra, e o caráter nacional caracterizava o tipo de filmes então produzidos. Pode-se ver a mentalidade alemã nos filmes de Ruttmann, e pode-se ver René Clair em seus filmes — quero dizer, o René Clair da vanguarda. Na porção holandesa e belga do documentário, há grande realismo. Quase se pode dizer que a tradição de Rembrandt, a sensibilidade do povo holandês e a do povo belga para o realismo foram trazidas para o documentário.

Logo descobrimos que precisávamos ir além da abordagem estética pura, porque isso torna o conteúdo e a forma insípidos. Eu não sei se todos concordariam com isso, mas creio que sim. Uma abordagem estética pura leva a arte a um beco sem saída. Para mim, um filme é muito mais importante quando está conectado a um movimento social, quando tem a ver com a vida. Não demorou muito até sentirmos que nós, como artistas, tínhamos que tomar partido na vida social, na vida econômica de nosso país; que toparíamos com uma parede lisa caso permanecêssemos no lado abstrato do esteticismo. O afastamento disso pode ser ilustrado pela comparação entre *A ponte* e *A nova terra* [*Nieuwe gronden*, 1933], e entre *A nova terra* e *Terra espanhola*.

Éramos grupos independentes, na maioria. Odiávamos aquilo que chamávamos de "grande indústria". Não gostávamos de trabalhar para o grande capital; o que mais queríamos era fazer trabalhos independentes. Queríamos ser capazes de fazer nossos filmes conscientemente, porque acreditávamos ser essa a mídia artística do educador. Nossos patrocinadores são muito especiais: nosso governo, nossas organizações sociais, nossos sindicatos etc. Eram essas pessoas que financiavam nossos filmes.

Por causa disso, é claro, éramos imediatamente estiiatizados como propagandistas, e, de certo modo, eu aceito esse estiia. De certo modo, ele é verdadeiro.

Digo que o mesmo vale para vários artistas. É o caso de Rembrandt novamente. Parece-me que um artista como Rembrandt teve que tomar um partido, e o fez muito decididamente.

Há um vasto campo para os estudantes no documentário. É uma nova forma de arte. Bruegel, por exemplo. Se estivesse vivo, estou certo de que seria um excelente homem de documentários. Creio que daria um ótimo estudo — a relação entre arte e propaganda, nos filmes e nas artes plásticas.

Surge um grande problema aqui, que é o da objetividade e da subjetividade do diretor. É preferível ver os dois lados da Guerra Civil Espanhola a vê-la a partir da visão legalista e fascista em filmes diferentes? Vocês gostariam de ver um homem abordando os dois lados, tentando fornecer um ponto de vista objetivo?

Em relação a dilemas tão profundos quanto vida e morte, democracia e fascismo, não existe objetividade para um artista. Nela, ele se enfraquece demais. Deve-se deixar o artista odiar e amar, concordar e discordar, porque isso irá refletir em seu trabalho. Seu trabalho tem que ser muito emocional. Podemos dizer que o documentário é uma apresentação emocional de fatos. O espectador pode tentar ser objetivo, mas não o diretor.

O documentário deveria ser considerado uma representação de um fato; mas, se insistem que se trata de uma forma de arte, até mesmo de uma boa forma educacional, temos o direito de ser subjetivos sobre os temas que abordamos. Na verdade, vocês irão ver que estamos mudando nosso estilo. A tendência no momento é fazer filmes documentários de modo a aproximá-los das pessoas. Os filmes devem ter elementos de poder de convencimento. O fato de serem feitos em campo, com as próprias pessoas que passaram por determinada situação, é formidável. Fornece um toque convincente que o filme de ficção não possui. Ao assistir a *Nanook, o esquimó* [Robert Flaherty, 1922], ou a um filme que estou fazendo numa fazenda em Ohio,[1] a sensação é de que se está vendo algo real.

1 *Power and the Land* [O poder e a terra, 1940]. [N.O.]

Estou filmando para o United States Film Service a eletrificação de uma fazenda em Ohio. Nós vivemos ali por dois meses, e podemos seguramente convidá-los a ir até lá e conferir por si mesmos, caso não acreditem no nosso filme. Se tivéssemos nos inclinado para a ficção, ou se tivéssemos contratado atores, teríamos perdido algo que é vital ao filme documentário.

Este é o perigo no futuro do documentário: o trabalho com não atores. Isso é extremamente importante, e também interessante. O perigo reside, é claro, em concentrar-se em não atores em muitas cenas reencenadas. Os realizadores de documentários deveriam encarar o fato de que não estão lidando com atores completos. O intuito é ser real; o intuito é ser convincente.

Agora eu gostaria de me concentrar na montagem, uma vez que o trabalho na sala de montagem é de vital importância. Irei ilustrar isso com alguns dos meus trabalhos, porque estou mais intimamente familiarizado com eles. Espero que me perdoem, embora eu queira declarar que sou bastante crítico em relação a meu trabalho.

A ponte

O primeiro filme que quero mencionar é *A ponte*. Ele está bem perto do meu coração, porque foi meu primeiro filme. Eu o fiz em 1928. Eu era engenheiro químico e fazia filmes microscópicos. Em meu tempo livre, trabalhava com uma camerazinha que eu comprei, sempre pensando nos filmes que estavam surgindo em Hollywood, Londres e Paris, em como eram irreais, e em como eu gostaria de fazer algo real.

Em música, é preciso saber o significado da harmonia entre as notas. Em cinema, temos que saber sobre a harmonia entre os movimentos. Pensei numa ponte, nos navios que passavam debaixo dela, no constante movimento. Eu queria estudar o abecedário dos movimentos. Ruttmann, na Alemanha, estava tentando descobrir a harmonia do movimento com seus filmes abstratos. Preferi assumir um objeto real para descobri-la. Em *A ponte* é possível ver uma montagem visual muito simples. Não há som nesse filme, mas é possível ver a montagem. É muito simples, nada psicológico.

É claro, tal cinematografia era atraente em 1928, era algo novo. Eu tentei saber mais sobre a cronometragem, sobre o tempo em que uma audiência manteria seu interesse. Tentei descobrir os pontos interessantes e importantes num quadro e trabalhar a partir daí até a tomada seguinte. Também tentei ser fiel às funções da ponte.

A nova terra

Outro bom exemplo de montagem vem da parte central de *A nova terra*. Esse filme, sobre o golfo Zuiderzee, foi feito para o governo holandês. Não entrarei no assunto, mas gostaria de comentar os cortes e a edição. Talvez os cortes e a edição de *A ponte* despertem mais interesse do que a importância social desse outro filme. É possível ver o desenvolvimento desses cortes visuais. Em *A nova terra* há dois elementos. No fechamento da grande represa, vê-se a luta entre dois elementos, água e terra, brigando como numa luta de boxe. Fica-se ansioso para ver a terra vencer, e isso é parte do componente dramático do filme. É elementar a expressão visual do fechamento da represa.

A ponte é estático, mas *A nova terra* me forneceu algo mais com que trabalhar, pois tive que lidar com dois elementos. Ainda assim, é um corte muito visual; não há nada de psicológico nele. É mais complicado, composto de um punhado de tomadas, mas consegue manter o ritmo do fechamento da represa, contra todo o poder do mar. Para cada tomada, há uma espécie de tempo crítico. Como um montador experiente, é preciso detectar por quanto tempo uma audiência consegue permanecer sentada sem se entediar. O tempo crítico é muito importante – é ele que dita o ritmo do filme. Também é possível notar que a atenção está focada em determinado lugar, e construo a tomada seguinte a partir dali. Em outras palavras, tentei fazer a segunda tomada crescer de dentro da primeira, onde originalmente estava a atenção da audiência. Os olhos não correm por toda a tela. Eu uso essa atenção, em uma parte, para desenvolver minha próxima cena. Talvez se possa dizer que um quadro seja o núcleo do quadro seguinte.

As duas coisas importantes que se devem notar em *A nova terra* são, primeiro, que há um tempo crítico para cada tomada; segundo, que tentei trabalhar no principal interesse dos olhos do público. Caso estivesse no canto esquerdo, então eu construía minha próxima tomada a partir do canto esquerdo. Ou, se eu quisesse atiçá-los, talvez eu tenha feito justamente o contrário. Caso eu quisesse instigá-los com a terra e a água, eu construía minha próxima tomada a partir do outro canto. Eu sempre tentava ter uma razão para guiar os olhos do espectador.

A nova terra também foi o primeiro filme em que usei música, na tentativa de seguir o escorrer da água com certa melodia. Esse foi meu primeiro esforço em combinar música com um documentário.

Terra espanhola

O próximo filme cuja edição eu gostaria de discutir é *Terra espanhola*. Hemingway e eu fomos para a Espanha, onde ficamos por cinco meses com as tropas legalistas durante a defesa de Madri. Fizemos um filme lá. John Ferno, que era o cinegrafista, trouxe-o para cá, onde foi montado e tomou sua forma pelas mãos de Helen Van Dongen, em Nova York. O arranjo musical foi feito por Virgil Thompson e Marc Blitzstein.

Há dois elementos principais nesse filme: a irrigação da terra e a luta por sua liberdade. Os caminhões, carregados de comida, indo para Madri, então cortamos de volta para a irrigação da terra. Há um homem atirando, e novamente a irrigação. Recebe-se uma espécie de corte audacioso, eu poderia dizer. Com funções — a irrigação e a luta no *front* não são mais um corte elementar e visual. Elementos psicológicos surgem no corte.

Em uma sequência há um longo canal avançando pela tela e, imediatamente depois, veem-se os caminhões rumo a Madri. No corte, é importante ter três ou quatro encadeamentos. Um encadeamento muito elementar é aquele da água caindo, e a atenção principal do espectador está na parte frontal da água. Então, quando corto para o caminhão, eu o faço de uma maneira que ele comece exatamente onde a água desaparece. Como em *A nova terra*, onde quer que esteja concentrada a atenção do espectador, é nesse ponto que começo a tomada seguinte.

Também há uma intenção mais profunda no ato de ver as pessoas trabalharem para conseguir a irrigação. Quando se vê a água, tem-se um sentimento de felicidade. É possível sentir quão maravilhoso é a terra espanhola receber essa água. E é por isso que mostro os caminhões se dirigindo para Madri, para levar felicidade ao público, com o conhecimento de que as pessoas terão comida. O espectador irá se lembrar de como eu encadeei a luta pela terra, os homens que lutam pelo seu país e aqueles que irrigam a terra pela qual estão lutando. Eu tentei dar uma nota de otimismo a isso, nos caminhões de alimento indo para Madri e na irrigação da terra pela qual estão lutando.

Em outras palavras, um homem luta por seu país e ao mesmo tempo ele o irriga — sem conceber que irá perdê-lo. Julgo isso importante. E não conheço melhor otimismo para exibir que a irrigação da própria terra pela qual se está lutando. Foi isso que tentei obter no corte, processo que nada tem a ver com a pura edição simbólica, como se verifica às vezes em filmes russos. Um homem na prisão, por exemplo; de repente ele fica feliz e se veem flores de macieira. Tudo isso está correto, porém é o puro corte simbólico. Estou tentando com muito afinco transmitir meu ponto de vista, já que é tão importante. O tipo de corte não é apenas simbólico; ele vai muito além. Faz parte do tema do filme. Ele é otimismo.

Há outro exemplo ilustrativo, também de *Terra espanhola*. Pulemos para o meio do filme, só uma pequena parte do bombardeio de uma aldeia. Em primeiro lugar, quero comentar o valor emocional do som; segundo, quero lhes mostrar a diferença entre problemas de edição e corte num filme de ficção e num documentário.

Naturalmente, filmes de ficção são baseados em enredo e diálogo. Tirando o som, o que se tem é um punhado de pessoas mudas, parecendo imbecis. Se elas não falam, fica engraçado, para dizer o mínimo. No documentário, estamos ainda muito concentrados no visual e no corte silencioso. A música apenas o torna mais eloquente.

Até mesmo sem som, a sequência do bombardeio da aldeia passa a sensação de tensão. Naturalmente, o som nos dá outras qualidades. Começamos com um som muito natural de um bombardeio, mas depois, quando a criança surge pela porta, mudamos para uma espécie de estilo operístico, para indicar a felicidade, a vida que segue. Creio ser muito mais eficaz essa sensação de continuidade da vida do que os sons do bombardeio. Eles são muito deprimentes, para dizer o mínimo.

Outra coisa interessante é a maneira como fazemos o corte, elementar e visual, com o som. Nossa primeira ideia foi utilizar o som real e em seguida um efeito de ópera, para dar a sensação de felicidade e também para suavizar um pouco para o público. Um bombardeio é algo bastante terrível, então tentamos nos afastar dele tanto quanto possível. A ideia de que a vida continua, nós julgamos importante mantê-la permeando todo o documentário. A sensação de fluência, eu poderia dizer, é muito importante num filme documentário. Creio que o filme tem um ritmo visual muito bom, e que não faz o espectador saltar de uma coisa para a outra. Nós tentamos deixá-lo suave.

Há uma cena durante o bombardeio em que uma mulher não tem ideia de como proceder, pois não sabe se a criança está gravemente ferida. Nós a vemos atravessando a aldeia, e então, subitamente, surgem algumas pessoas por um buraco numa parede. O corte lógico que desejei foi o da mulher na janela. Você já a pressente, antes de vê-la. O salto se torna muito suave. Aquela mulher é esperada porque já vimos outras mulheres e mães antes.

Num dado momento, uma mulher olha pela janela, de modo que se pode facilmente cortar para a parede, e em seguida para o homem ferido, porque se sabe que essa mulher está olhando em busca de morte e destruição. Esse é fio condutor do enredo, e o da lógica visual se dá quando, da janela, se olha para o outro lado e o que vemos é uma parede.

Por que o diretor cortou aqui ou ali? Bem, há a mulher na aldeia bombardeada, a destruição, no entanto a vida tem que continuar. Então há as crianças. Há a mulher olhando para a parede, e você se desloca até as crianças. E o que o montador poderia ter feito? Ele poderia ter pulado algumas dessas imagens e dado somente os detalhes mais crus. Mas, afinal de contas, o mais importante numa guerra é que a vida ainda está lá, a vida continua. Nós ficamos muito felizes de ter aquelas crianças ali, para dar ao espectador uma sensação de vida jovem.

Não apenas isso. O diretor quer lhes mostrar que as crianças estão lá, mas também que os homens mais velhos estão preparados para lutar por aquela vida, então o espectador depara com o homem com o rifle. Isso lhe sugere que algo pode e deve ser feito. Quando cessamos a canção, mostramos aviões e um deles é abatido. Vocês ficariam surpresos de saber como as pessoas aplaudiram isso, nas sessões que frequentei. Naturalmente, num mesmo público tem-se uma divisão de sensações. Alguns sustentam um lado da história, e há quem sustente o outro.

Mencionei anteriormente a objetividade do diretor. Pode-se ter uma parede com buracos e mostrar dez pessoas mortas. Pode-se mostrar a mãe em prantos e o bombardeio, da mesma forma; contudo, queríamos mostrar que a vida ainda assim continua. Queríamos essa nota de otimismo. Seria terrível exibir o bombardeio e todas as pessoas mortas jazendo ao redor. Onde está a esperança? Foi por isso que mostramos o avião inimigo sendo abatido, para acentuar essa esperança. Naturalmente, minha ideia era ver Madri livre de novo. Fui sincero sobre isso. Queria que o público visse meu ponto de vista. Há muitas coisas que poderiam ter sido feitas. O filme poderia ter sido feito de maneira bastante horripilante, para aqueles que odeiam a guerra. Poderia ter sido feito de maneira bastante sentimental. Tudo depende da abordagem.

Depois, nós mostramos aquilo que as pessoas chamam de propaganda honesta, quando exibimos o alemão caindo. Havia algo muito interessante a respeito do comentarista. Como sabia que algumas pessoas não entenderiam as extensas palavras alemãs, eu prolonguei a cena um pouco mais, para irritá-las, e em seguida fiz o comentarista dizer: "Eu também não entendo alemão". Em outras palavras, às vezes é preciso antecipar os sentimentos do seu público.

Teria sido possível fazer de tudo com essas imagens, dependendo da abordagem desejada. Muito do que eu coloquei poderia ter sido removido, desde que se seja sincero em relação àquilo que estão fazendo.

Os 400 milhões[2]

A música para esse filme chinês foi concebida muito cuidadosamente pelo compositor Hanns Eisler, e foi seguida de perto por todos que trabalharam no filme. Em outras palavras, há uma relação muito próxima entre a música e a imagem. Estivemos na China por cerca de oito meses para realizar esse filme sobre a resistência do povo chinês contra a invasão japonesa.

Gostaria de chamar a atenção para a harmonia e a estreita colaboração entre música, montagem e corte. Helen Van Dongen e eu trabalhamos nesse filme com quatro bobinas de som diferentes. Após ouvir o filme espanhol e em seguida esse filme chinês, pode-se imaginar que a banda sonora não é muito simples. Ela é composta basicamente de quatro ou cinco trilhas, todas reunidas naquilo que chamamos de regravação. No caso do filme chinês, havia momentos em que dispúnhamos de cinco trilhas de som, porque havia falas chinesas em uma delas.

Tentamos fazer algo mais com a música. Às vezes não é muito complicado, mas na batalha ficamos um pouco mais animados. Com a chegada do trem, a música se torna pesada e forte. Não gosto de engrandecer a guerra porque é algo terrível – uma espécie de profissão de açougueiro. Hanns Eisler e eu decidimos não tornar a música heroica. Eu queria, ao lado de coisas tristes, o sofrimento do povo, mas também o dever, a força de lutar por sua independência. Tentamos mostrar a horrível tragédia do povo chinês. Nem sempre conseguimos fazer o que queremos, porém lutamos para esse fim utilizando a música.

Cheguei ao fim do que queria dizer sobre edição e corte. Espero ter sido capaz de lhes mostrar quão amplo é o campo que o filme documentário tem a cobrir. Espero, também, ter sido claro sobre as abordagens objetiva e subjetiva do diretor em relação a seu trabalho. Por fim, espero ter destacado que tentamos fazer algo mais que um corte visual e elementar.

2 *The 400 Million* [Joris Ivens e John Ferno, 1939]. [N.O.]

ESFIR CHUB

Originalmente montadora, a ucraniana Esfir Chub (1894--1959) foi pioneira no subgênero do "filme compilação" ou "documentário de arquivo". Entre suas principais obras como diretora incluem-se *A queda da dinastia Romanov* [*Padenie dinastii Romanovykh*, 1927], *Komsomol* [*K.S.E. – Komsomol Shef Elektrifikatsii*, 1932] e *Espanha* [*Ispaniya*, 1939].

Cinema documentário

[Publicado originalmente como *Zhizn Moya – Kinematogra* [1959]. Moscou: Iskusstvo, 1972, pp. 183-94. Traduzido por Luis Felipe Labaki.]

Escrever sobre pessoas notáveis da arte, sobre seus contemporâneos, é excitante e interessante. Especialmente sobre aqueles que surpreenderam pela beleza de sua alma, pelo talento, bondade humana, coragem, dignidade pessoal e por sua singularidade. Eles me fizeram entender que se deve tratar a arte com um cuidado incorruptível e um amor intenso.

O plano cinematográfico mais próximo da minha vida se passou em meu trabalho no cinema documentário. Ao cinema documentário foram dados todos os anos produtivos da minha vida. Esse trabalho se tornou seu conteúdo fundamental. E quanto me deu, esse trabalho! Não houve nem um único minuto em que eu tenha me arrependido de ter escolhido essa especialidade e de não ter ido trabalhar no teatro, na literatura, no cinema atuado. Os dirigentes do cinema, quando recebi o título de diretora, insistiram para que eu passasse a fazer filmes de ficção, atuados. Não posso dizer que fui me ocupar de cinejornais porque me considerassem insuficientemente preparada para a realização de filmes com atores. Não, eu mesma escolhi esse caminho.

O caminho da minha geração que foi trabalhar no cinema não esteve relacionado a uma formação de ensino superior em cinematografia. Simplesmente não havia onde recebê-la.

Por isso, minhas universidades foram outras – a mesa de montagem, os fotógrafos, os diretores do cinema atuado e Dziga Vertov. Mas, com o passar do tempo, eu e ele nos afastamos cada vez mais. Nós discutimos muito e intensamente. Eu reconhecia seu talento e travava com ele uma disputa de princípios, me posicionando contra os manifestos dos *Kinocs*. Assim se chamava o grupo de Vertov. Eu não aceitava sua recusa em trabalhar com base em um roteiro.

Já escrevi sobre o quanto me ensinaram os fotógrafos Eduard Tissé e Aleksandr Levítski. Os fotógrafos-documentaristas do cinema contemporâneo mereceriam um livro. A trajetória artística de outros fotógrafos, como Karmén, Bobróv, Efímov, Levitan[1] e outros, mereceria monografias inteiras. Lamento não ter a possibilidade de escrevê-las.

Nós sabemos que, em todos os tipos de arte, a verdadeira maestria de um artista pode se manifestar de maneira penetrante não apenas em obras monumentais e telas enormes, mas também em miniaturas, croquis, em curtos *études* musicais improvisados, em uma canção ou em um pequeno conto. Em muitas obras, ao lado do protagonista, frequentemente são desenhados com a mesma força artística personagens que aparecem por pouco tempo e desaparecem para não mais voltar.

No cinema, o principal é a habilidade de criar imagens de pessoas concisamente. O artista que possui essa habilidade é sem dúvida talentoso. Ela caracteriza o diretor e o fotógrafo não somente do cinema atuado, como também do documentário.

Quem deve trabalhar no cinema documentário, fazê-lo avançar, são as pessoas talentosas, inovadoras.

Houve um tempo em que ainda se debatia o papel do fotógrafo e do diretor no cinema documentário. Esses debates ainda ocorrem. Parece-me que isso é uma discussão vazia. Na minha opinião, qual diretor e qual fotógrafo... Sei muito bem que um diretor talentoso do documentário contemporâneo sempre leva em consideração o fotógrafo que trabalha com ele, lhe dá liberdade para ter iniciativa. Um diretor assim não se vê como um comandante, ele dá ouvidos aos conselhos do fotógrafo. É em casos como esse que nasce uma cooperação criativa.

Um diretor sem talento acredita ser imprescindível "dar instruções", cheio de si, ao fotógrafo, apesar de nas

1 Gueórgui Makárovitch Bobróv: fotógrafo cinematográfico. Filmou filmes de ficção — "Prospiériti", *Prostói slútchai* [Um caso simples], *Rvánie bachmakí* [Sapatos rasgados], *Provintsiálny Román* [Romance provinciano], entre outros. Trabalhou longa e frutiferamente em cinejornais. Suas filmagens foram incluídas em uma série de documentários do período da grande guerra patriótica (*Razgróm nemiétskikh vôisk pod Mosvkôi* [Derrota dos soldados alemães em Moscou], entre outros). Diretor de fotografia do filme *Iúnost míra* [A juventude do mundo], sobre o Primeiro Festival Mundial da Juventude. Evguêni Ivánovitch Efímov (nascido em 1915): fotógrafo de cinejornais. Filmou *Esli závtra voiná* [Se amanhã houver guerra] e outros. Participou, com outros fotógrafos, da filmagem do concerto cinematográfico em homenagem aos 25 anos do Exército Vermelho. Arkádi Iuliánovitch Levitan (nascido em 1911): fotógrafo cinematográfico e documentarista. Participou da realização dos filmes *Diên nôvogo mira* [Dia de um novo mundo],

Bítva za Kavkaz [Batalha pelo Cáucaso, 1943], *Bítva za Berlin* [Batalha por Berlim, 1945], *Bolgaria* [Bulgária, 1946], *Na strajé mira* [Em guarda pela paz, 1948], *Sláva trudu* [Glória ao trabalho, 1949], dos documentários biográficos *Púchkin* [1949] e *Maiakóvski* [1950] e muitos outros. Foi o diretor de fotografia dos documentários dedicados aos festivais da juventude em Varsóvia e em Moscou. [Nota da edição original.]

2 Cinejornal soviético existente entre os anos de 1944 e 1992. Foi como diretor de algumas edições do *Nôvosti Dniá* que Dziga Vertov encerrou sua carreira, trabalhando no cinejornal de 1944 até sua morte, em 1954. [N. T.]

filmagens ele mesmo ser completamente impotente e, no melhor dos casos, desconsiderável. E é necessário dizer, para lhes fazer justiça, que os nossos fotógrafos são pessoas educadas: em situações como essa, eles assumem um ar respeitoso e ouvem com atenção, a despeito de saberem muito bem que a filmagem não ocorrerá de acordo com essas determinações.

No que diz respeito aos cinejornais, o êxito de um material filmado, via de regra, depende do fotógrafo, especialmente se a filmagem tiver o caráter de reportagem. Não há tempo para conversas em filmagens desse tipo.

Uma qualidade valiosa distingue a maioria dos fotógrafos de documentários. Eu adorava as sessões diárias de materiais do *Nôvosti Dniá*[2] [Notícias do Dia] e de copiões de longas-metragens. Durante o exame do material, os fotógrafos com frequência ouviam críticas bastante duras, atentamente, sem se ofenderem. É impossível conversar assim com diretores — logo começam discussões, ofensas. E essa capacidade dos fotógrafos de documentário, de proceder dessa maneira em relação às críticas, e de aceitar um elogio com emoção, alegremente, sem esconder isso, me ensinou muito. Fez-me respeitar o coletivo de fotógrafos e me deu vontade de ter grandes companheiros entre eles. Essa é a recordação mais alegre que retive do estúdio de documentários.

Vou falar brevemente sobre um dos fotógrafos que deram início a uma atitude inovadora em seu trabalho.

MIKHAIL KAUFMAN — aluno de Vertov — atualmente trabalha como diretor no estúdio de filmes científico-populares. Que fotógrafo de imensa força! Por conta das frases esquerdistas dos *Kinocs*, que obscureciam suas inovações, Kaufman não foi compreendido de imediato, e ele mesmo não compreendia ainda em quê consistia sua força. E sua força estava na filmagem de pessoas, na habilidade de transmitir suas características memoráveis. Ele filmava pessoas de diferentes idades, de diferentes condições sociais. Tudo o que faziam em quadro os adultos, os velhos e as crianças, a expressão de seus olhos, o movimento das mãos, sorrisos, lágrimas, a maneira de trabalhar — tudo isso ajudava a compreendê-los, a guardá-los na memória. Seus planos médios e próximos eram maravilhosos. Foi assim que pela primeira vez apareceram nos cinejornais pessoas filmadas com vivacidade. Não foi o "cine-olho", mas o olho de Kaufman, sua capacidade de utilizar a objetiva da câmera, que determinaram tal êxito.

Mobilidade, eu diria até dinamicidade, um risco conhecido no momento da filmagem — é isso que distingue o trabalho de Kaufman, um artista-fotógrafo de estatura mundial. Com a individualidade que lhe era característica, ele filmou lindamente a natureza, os meios urbanos e industriais, os *kolkhoz* e *sovkhoz*,[3] neve e chuva, nevascas e vento, mas de maneira ainda mais magnífica ele filmou pessoas. Nossos fotógrafos do cinema documentário pegaram o bastão daquilo que Kaufman iniciou, e muito foi feito por eles para o desenvolvimento desse ofício. E não apenas por nossos fotógrafos.

Assim como Kaufman, em termos de trabalho criativo, combinado com a atividade sociopolítica, considero próximo de mim JORIS IVENS.[4]

Ele chegou até nós vindo do Ocidente ainda muito jovem, de um país que àquela época não tinha cinematografia própria — a Holanda.

Ivens queria saber nossa opinião a respeito de alguns filmes que ele trouxera consigo e, principalmente, queria se aproximar da única cinematografia revolucionária do mundo, a do País dos Sovietes.

Militante do cinema documentário, ele já havia confirmado isso com seus primeiros trabalhos.

Ele nos trouxe filmes com temas ligados à construção, principalmente: *Zuiderzeewerken* (quatro partes, 1930), *Svai* (uma parte), *A ponte* (uma parte, 1928) e o cine-estudo *Chuva* [*Regen*,1929]. Parece pouco. Mas não. Eram trabalhos que atestavam o talento indubitável do jovem Ivens.

Ele filmava com uma Kinamo e demonstrava grande domínio do trabalho fotográfico. Em suas mãos a Kinamo se tornava, para os padrões da época, uma perfeita câmera de filmar. O plano era expressivo e dinâmico, sem truques, sem nenhuma beleza pela beleza. Suas filmagens lembravam o trabalho de Mikhail Kaufman, mas se distinguiam, talvez, por uma austeridade maior.

3 *Kolkhoz* (acrônimo de *kollektívnoe khozyáistvo*, propriedade coletiva) e *sovkhoz* (acrônimo de *soviétskoe khozyáistvo*, propriedade soviética) são modelos de propriedade rural implantados a partir de 1918 na União Soviética. No primeiro caso, a administração de cada propriedade ficava a cargo de uma cooperativa local de camponeses; no segundo, a propriedade era gerida pelo governo, que empregava mão de obra assalariada na produção. [N. T.]

4 Ver texto de Joris Ivens neste volume, p. 41 [N. O.]

Como autor-diretor, ele alegrou seus filmes com uma escolha correta dos objetos da filmagem. A natureza, o meio técnico, os processos de trabalho e sobretudo as pessoas, seu comportamento – tudo era escolhido expressiva e emocionalmente.

O tratamento de montagem do material filmado, em especial do cine-estudo *Chuva*, era bastante complexo, e mesmo assim não se tratava de formalismo, como alguns pensavam na época. Não. A interpretação do que havia sido feito dava a clara sensação de vida autêntica , e não "cinematizada".

Claro, seus primeiros trabalhos não se destacavam pela importância social, intrínseca aos documentários soviéticos, mas nós acreditávamos que isso chegaria a Joris Ivens, e ele justificou nossa confiança em seus filmes posteriores.

Seus filmes sobre Magnitka [na Rússia], a Espanha e a China, sobre o congresso dos defensores da paz na Polônia e seu último filme, que infelizmente ainda não pude ver, lhe conferiram reconhecimento universal. Seu ativismo social me alegra, e minha mão está sempre camaradamente estendida a ele.

Hoje a importância do cinema documentário é reconhecida por todos. Ele nasceu na União Soviética. E apenas entre nós, em nenhum outro lugar, ele poderia ter surgido. Isso foi reconhecido por diretores do Ocidente e da América. E quais foram os eventos da vida soviética, filmados nos primeiros anos da revolução, que nosso espectador viu? Ele viu os acontecimentos emocionantes da época da guerra civil e dos primeiros anos de construção socialista, com novas condições de trabalho, a emancipação da mulher, os solenes dias de festa, as tempestuosas manifestações das massas em protesto contra os inimigos internos, contra a contrarrevolução internacional. Na tela apareceram os contemporâneos desses acontecimentos, pessoas soviéticas reais, e isso era o mais emocionante.

Infelizmente, nós filmamos pouco o grande Vladímir Ilítch Lênin e seus companheiros de luta. Mas, de todo modo, há planos que preservam sua imagem viva para as gerações vindouras.

Nós, os primeiros diretores do cinema documentário, nos esforçamos para dar aos nossos filmes a forma de obras acabadas. Hoje para mim é claro não apenas o caráter inovador disso, mas também os erros que deixamos passar.

A própria natureza do nosso trabalho, as tarefas e objetivos que se colocam diante de nós, exigem um conhecimento detalhado e uma compreensão correta da nossa realidade. É indispensável que saibamos de tudo, porque a força da documentação não está somente na filmagem de fatos da vida: ela está presente na escolha dos acontecimentos, na habilidade de selecionar aquilo particularmente capaz de cativar e emocionar o espectador, e também na relação com o que foi filmado, na sua compreensão. Esse trabalho, a princípio, em nada difere do trabalho de um pintor ou de um músico, que escolhe a partir de uma diversidade de sons ou tintas justamente aquelas, e não outras.

Um documentário deve ser uma obra completa e acabada. O material filmado deve dar ao diretor a possibilidade de escolher justamente aqueles planos que na montagem podem se elevar até uma generalização do fato fixado por eles. Transmitir não apenas os acontecimentos dos nossos dias, mas também imagens vivas de pessoas. Imagens vivas de pessoas soviéticas: isso é o mais importante e o mais emocionante.

Hoje já não é mais necessário provar que um documentário — histórico ou contemporâneo — é um fenômeno artístico, um fenômeno da arte. Contudo, ainda não aprendemos a filmar nossos contemporâneos de uma maneira nova, e apenas isso pode alterar a monotonia dos documentários. É preciso resolver as questões dos filmes biográficos de um modo completamente diferente. Eles devem ser sobre pessoas que já partiram, e igualmente sobre pessoas do presente, vivas. Filmes sobre figuras políticas, operários, trabalhadores dos *kolkhoz*, doutores, professores, pessoas da arte, deveriam ser resolvidos de outra forma. Acho que nessa direção podemos esperar grandes descobertas. É preciso sermos corajosos, então conseguiremos expressar mais vivamente a nossa época socialista, e veremos nossa cultura, arte e natureza de uma maneira diferente.

Os documentários devem ser montados de forma simples e conceitualmente clara. O espectador deve conseguir ver bem as pessoas e os acontecimentos e também memorizá-los. Deixem-me apenas relembrar aos amantes dos efeitos baratos de montagem que montar de forma simples e conceitualmente clara não é fácil — na verdade é muito difícil. Tudo deve ser feito com uma capacidade artística de persuasão.

Um documentário deve, antes de tudo, emocionar o espectador, e a montagem é um dos mais importantes meios para isso. É necessário saber renunciar a tudo o que for supérfluo, e a experiência da montagem ensina a fazer uma seleção rigorosa, ensina a "filtrar" muitas vezes o que foi selecionado.

À primeira vista pode parecer paradoxal minha afirmação de que não apenas a forma jornalística é característica aos documentários, mas também as formas épica e trágica. É evidente qual papel deve desempenhar nisso a intenção do artista e que tal filme de maneira alguma pode ser uma colagem de bom gosto de planos cinematográficos.

Um diretor de documentários deve saber montar. Não se pode transferir a responsabilidade desse trabalho para um assistente. Quantas soluções inesperadas surgem quando se tem a película nas próprias mãos! É como a palavra — ela nasce para o escritor na ponta da pena.

E nossa crônica! Eu afirmo que ela aguarda um estudo urgente e, uma vez feito isso, os diretores não vão repetir os mesmos planos de um filme a outro, e não haverá mais planos tirados de filmes já realizados e o despedaçamento destes. Os diretores vão se esforçar para que os planos escolhidos por eles estejam aparecendo pela primeira vez.

Sim, a crônica dos anos soviéticos é nosso passado. Mas não só. Ela é também nosso presente e nosso futuro.

Minha vida artística de muitos anos no cinema documentário não foi fácil, tomada pela luta pelo caminho que me parecia o único correto. Houve também acontecimentos curiosos. Lembro, por exemplo, da campanha do diretor da Administração Central de Cinema e Fotografia, Boris Chumiátski, contra o cinema documentário, que à época foi expressa em uma polêmica "teórica" e se refletiu na produção.

Em 1935, eu apresentei o requerimento para o filme *Straná soviétov* [O país dos sovietes][5] e logo em seguida surgiu uma ordem com o seguinte conteúdo:

> 20 de maio de 1935.
>
> Sob minha direta supervisão artística e de produção (roteiro, seleção de planos já filmados, escolha e filmagem de novos, montagem, trilha musical e formulação gráfica), começar a preparação, para o lançamento até o final do presente ano, de um filme artístico-documental que reflita a grandeza da construção socialista.
>
> Anuncio a composição da equipe criativa:
>
> 1. Direção artística — B. Chumiátski.
>
> 2. Autor do roteiro de filmagem e de montagem — B. Chumiátski.
>
> 3. Fotógrafos — B. Makasêev e M. Ochurkôv.
>
> Apresentação do roteiro em 20 de agosto do presente ano.
>
> O filme deve ser extremamente conciso. No caso de abundância de material, sua metragem total não deve ser maior do que 1500 metros. Diretor da GUKF do SNK da URSS[6] (B. Chumiátski).[7]

Essa ordem despertou risos entre todos os trabalhadores artísticos. Era evidente que o diretor da GUKF não iria realizá-la. Simplesmente não haveria tempo, sem falar de outras coisas... e habilidades.

Isso foi inventado para me afastar do trabalho. Os colegas, ao me encontrarem, davam risada. Eu também ria, mas, para falar a verdade, não via a menor graça.

Meus colegas, diretores de filmes atuados, criaram um Conselho Artístico, ao qual compareceu o diretor da GUKF, Boris Chumiátski. Todos os membros do conselho exigiram que eu fosse a realizadora do filme. Chumiátski foi combatido. Ele teve que recuar, e o filme foi confiado a mim e a B. Agápov,[8] como roteirista.

Eu tive sorte. Os diretores de filmes atuados, com poucas exceções, eram pessoas autenticamente apaixonadas por sua arte, talentosas, doavam-se de corpo e alma à criação do cinema soviético. E, embora divergissem muito entre si, todos se dirigiam a mim com respeito,

5 *Straná soviétov*, oito partes, 1945 metros, Mosfilm, 1938, roteiro: Boris Agápov e Esfir Chub, autora-diretora: Esfir Chub, registro musical: L. P. Shteinberg e N. N. Kriukov, montagem: L. B. Felonov, canção e textos de Mikhail Svetlov, música da canção de N. Kriukov, fotógrafos: E. Tissé (Ucrânia e Geórgia), B. Krylov (Crimeia), D. Feldman (Moscou). [Nota da edição original.]

6 GUKF: Administração Central de Cinema e Fotografia [*Glávnoe Upravlênie Kino i Foto*]. SNK: Conselho dos Comissários do Povo [*Soviét naródnykh komissarov*]. [N.T.]

7 A cópia da ordem de Boris Chumiátski está preservada no arquivo de Esfir Chub. [Nota da edição original.]

8 Boris Nikoláievitch Agápov (nascido em 1899) – famoso escritor e jornalista soviético, autor do roteiro dos documentários *Straná soviétov* [O país dos sovietes], "*Ural kuiôt pobiédu* [O Ural forja a vitória], *Vozrojdênie Stalingrada* [O renascimento de Stalingrado], *Diên pobedívchei strany* [O dia do país vitorioso, 1948],

nunca me convenceram a fazer filmes atuados, mas me escolheram como membro do Conselho Artístico do Mosfilm.

A relação deles comigo foi determinada também pelo fato de eu ter começado meu trabalho no cinema como montadora de filmes de ficção, e por ter montado os primeiros trabalhos de alguns deles.

Trabalhei por dezessete anos no estúdio de filmes atuados e lá realizei meus longas-metragens, com exceção de *Po tu stôronu Araksa* [Do outro lado do Arax, 1947],[9] feito no estúdio de Baku.

Isso me deu a oportunidade de observar de perto o trabalho artístico de notáveis diretores (especialmente Serguei Eisenstein), que trouxeram glória mundial ao cinema soviético.

Essa foi uma escola maravilhosa para mim.

Por conta do meu trabalho, tive também que me encontrar com grandes escritores soviéticos. Eles escreveram roteiros para mim; eu filmei muitos escritores e de alguns me tornei amiga.

Os diretores e escritores soviéticos buscavam expressar por meio de suas obras a grandeza da nossa época — a época da construção do socialismo, e os filmes criados por eles eram expressivos no tocante à forma e avançados em termos de conteúdo. Havia o que aprender com eles. Serguei Mikháilovitch Eisenstein — um inovador do cinema — incansavelmente repetia, para que eu me lembrasse, que o cinema é uma arte, uma nova arte. E um documentário deve ser criado como tal.

A todos nós inspirava também o fato de que Lênin atribuía imensa importância ao cinema. O Partido, desde o primeiro dia de Outubro, em tudo nos ajudou.

Meu período de dezessete anos de trabalho no estúdio de filmes de ficção em muitos casos e muito objetivamente me deu a possibilidade de estabelecer uma inter-relação e uma influência mútua entre o cinema atuado e o documentário. Foram de grande importância os encontros pessoais com mestres...

Agora me recordo...

Café "Natsional", no centro da cidade. Desde às três da tarde lotado até não poder mais. Havia muitos clientes. Eles almoçavam. E até tarde da noite bebiam

Soviétskaia Látvia [Letônia soviética], *Tchekhoslovákia*, *Albania*, *Moskôvskski Avtomobíl'ni* [Automobilística de Moscou], *Nezabyváemie Gôdy* [Anos inesquecíveis, em conjunto com I. Gorelik] e outros. [Nota da edição original.]

9
Po tu stôronu Araksa, seis partes, 1496 metros, Estúdio Cinematográfico de Baku, 1947; autora do roteiro e diretora-realizadora: Esfir Chub, diretor de produção: I. Efendiev, fotógrafos: M. Dalychev e O. Badalov, autor do texto da narração: N. Chpikóvski, leitura da narração: L. Khmara, compositor: Niyázi. [Nota da edição original.]

vodca, vinho, dançavam o *fox-trot*... Ao meio-dia, aqui ainda estava silencioso, ensolarado, limpo, com a Praça Vermelha visível através das janelas. Trata-se de um local de encontro de escritores com diretores. Sente-se o aroma perfumado do café preto. Em mesinhas pequenas, Kataev, Afinoguénov, Oliécha,[10] o jovem e vagaroso Khatsrévin — seus olhos asiáticos e alongados, muito negros, parecem ainda mais longos por conta de seu hábito de alongar com um dedo ora um olho, ora o outro. Cabelos pretos, lisos como madeira envernizada. A fala um pouquinho irônica, o sorriso bondoso.

"Lapinekhatsrévin"[11] — é assim, quase grudados, que se pronunciavam os sobrenomes desses dois amigos. Lápin raramente aparecia. Ele era míope, sempre em algum lugar fora do tempo e do espaço, falava de um jeito confuso, de imediato não se entendia o que ele queria dizer.

Que pessoas maravilhosas e talentosas eles eram! Desde o primeiro dia da guerra os dois estiveram no *front*. E morreram honradamente.

Vinham também outros escritores.

Ininterruptamente apareciam diretores que precisavam ver um escritor, conversar com ele sobre um roteiro. Era um local de encontro para conversas de trabalho. Com frequência vinha aqui Ladynina, ainda muito jovenzinha. Seu jeito de menina, com olhos claros e tristes. Vinham a bailarina Olga Lepechínskaia e Iliá Trauberg, que então encabeçava o departamento de roteiros do estúdio Mosfilm.

Aqui foi pensado por mim, na companhia de Boris Lápin, o roteiro de uma novela sobre o destino das mulheres soviéticas. O roteiro, escrito por Lápin, era vibrante e original. A protagonista era uma mulata, repórter de um jornal americano. Ela conduzia um estudo sobre mulheres soviéticas. O resultado era uma reportagem mordaz. Aqui também Iúri Oliécha propôs que eu fizesse uma comédia-documentário sobre o tsar Nicolau. Toda a premissa do roteiro era extremamente espirituosa, original, crítica. Mas não foi possível levar a cabo tais projetos.

As conversas entre escritores e diretores eram sobre literatura, dramaturgia, poesia, sobre as atualidades políticas. Havia também interessantes recordações pessoais.

10
Aleksándr Nikoláievitch Afinoguiénov (1904-1941) – dramaturgo soviético, autor das peças *Tchudák* [O excêntrico, 1928], *Strákh* [Medo, 1930], *Daliôkoe* [Longínquo, 1935], *Saliut, Ispaniya!* [Saudações, Espanha!, 1936], *Máchenka* [1940], *Nakanune* [Na véspera, 1941]. Morto durante os bombardeios de Moscou por aviões fascistas. Iúri Kárlovitch Oliécha (nascido em 1899) – escritor soviético, autor dos romances *Závist'* [Inveja, 1927], *Trí Tolstiaká* [Os três balofos, 1928] e da peça *Spísok blagodeianii* [Lista de boas ações, 1931], entre outras. [Nota da edição original.]

11
Boris Lápin (1905-1941) e Zakhar Khatsrévin (1903-1941), escritores soviéticos. A partir dos anos 1930 trabalharam quase sempre juntos. Suas vidas foram um exemplo de amizade humana e criativa. Ambos foram mortos na batalha por Leningrado em 1941, quando Lápin tentava tirar Khatsrévin do fogo, ferido e moribundo. Sua última manifestação literária preservada foi um relatório publicado no trigésimo número da *Ogoniôk* em

1941, *Nótch u Dniépra* [Noite no Dniépr]. Os cineastas estimavam em Lápin e Khatsrévin especialmente seu conhecimento da vida. Correspondentes da imprensa central, eles moraram no Extremo Oriente e no Tadjiquistão e, durante as batalhas de Khalkhin-Gol, estavam na Mongólia. Os dois viajaram por todo o nosso país. Lápin e Khatsrévin são autores de uma série de livros de diferentes gêneros, tanto para leitores adultos como para jovens: contos, novelas, ensaios e também roteiros. Lirismo, capacidade de observação aguda e de transmitir traços interiores do homem soviético distinguem seus trabalhos. [Nota da edição original.]

12
Elena Kiríllova Sokolôvskaia: à época, vice-diretora do departamento de ficção do estúdio Mosfilm. [Nota da edição original.]

Quantos projetos nasceram desse contato! Muitos foram realizados e passaram a viver na tela.

Uma vez se juntou a nós a nossa diretora E. K. Sokolôvskaia,[12] para ver o que se passava nesse departamento não oficial de roteiro do estúdio.

Relembrando esse período, lamento que hoje não haja um lugar em que escritores e diretores possam, em silêncio, por trás de uma xícara de café, conversar um com o outro.

O filme *Straná soviêtov* foi concluído por mim dentro do prazo, mas não apareceu nos grandes cinemas... Houve boas resenhas no *Pravda* e no *Izvêstia*, uma resenha maravilhosa de Serguei Eisenstein na *Literatúrnaia Gaziêta* etc.

Eis o que escreveu a respeito disso A. Fadêiev, na *Literatúrnaia Gaziêta*:

> A diretora soviética E. Chub realizou o maravilhoso filme *Straná soviêtov*. O filme recebeu críticas muito elogiosas de toda a imprensa soviética. O *Pravda* do dia 28 de novembro de 1937 escreveu sobre ele: "O êxito da diretora E. Chub e do roteirista B. Agápov consiste, antes de tudo, em terem conseguido, a partir de uma quantidade massiva de valioso material factual, escolher o mais típico, o mais expressivo, o mais envolvente. Alguns planos em particular relembram ao espectador a imensa luta e trabalho dos povos da URSS, que, sob o comando do Partido Bolchevique, promoveram a transformação socialista do país. E, principalmente, são mostradas pessoas, pessoas soviéticas... É possível afirmar com convicção que o documentário *Straná soviêtov* irá desfrutar de grande êxito entre as mais largas camadas de espectadores soviéticos. O filme é ótimo, singular, necessário...
>
> Realmente, o filme de E. Chub é um acontecimento extraordinário da arte cinematográfica soviética. Utilizando os mais valiosos materiais de cinejornais, a camarada Chub, que o espectador soviético conhece muito bem por seus notáveis trabalhos anteriores na mesma linha *A queda da dinastia Romanov*,

> *Liév Tolstói*), com excepcional senso de medida e tato realizou um cinepoema inesquecível. É um filme de grande maestria. Diferentemente de seus trabalhos anteriores, a camarada Chub complementou em parte considerável o material dos cinejornais com material filmado por ela em diversas regiões do país, em correspondência com o grande plano conceitual do filme. Para alguém não familiarizado com o ofício cinematográfico, é até difícil determinar de que maneira, a partir dessa enorme quantidade de material factual, de pedaços e pedacinhos separados, filmados em diferentes épocas por diferentes pessoas, foi composto um filme de tão extrema integridade, que corre como uma torrente impetuosa.
>
> ... Mas... em virtude de razões incompreensíveis para nós, o filme *Straná sovjêtov* foi colocado na "categoria" de segunda classe e lançado em telas de importância de segunda classe. Dessa forma, o filme não passará nos melhores cinemas de Moscou e de outras cidades da nossa pátria. Milhões de espectadores soviéticos não o assistirão.
>
> Em nome dos interesses de quem trabalha o burocrata responsável pela distribuição dos filmes, ao esconder de milhões de espectadores um maravilhoso cinepoema que canta o heroico caminho da luta e vitória do nosso povo, do nosso partido?

As boas resenhas na imprensa soviética e a declaração de A. A. Fadêiev não ajudaram. Mas eu não me entreguei.

Não, nada pôde me forçar a fazer filmes com atores. Interessavam-me pessoas reais, que não interpretassem nenhum papel. Observá-las. Notar seu comportamento, escolher para a filmagem aqueles momentos em que mostrassem suas características efetivas — nisso consistia minha felicidade, quando a filmagem dava certo, e meu desgosto, caso a objetiva freasse o comportamento natural delas. A atividade dessas pessoas, sua participação na vida social, seu trabalho falavam sobre nossa época mais vivamente do que qualquer outra coisa. Foram eles que, sob a liderança do partido e do grande Lênin, criaram um novo mundo, foram eles que realizaram sua marcha da vitória rumo ao socialismo.

Quantas pessoas notáveis eu filmei — operários e camponeses, a juventude e a infância soviéticas, pessoas da arte e da ciência, a *inteligentsia* soviética. Como isso enriqueceu a minha vida! No entanto, o fato de eu raramente fazer filmes propriamente ditos limitava minha ânsia de filmar pessoas reais.

Penso sempre que uma pessoa como R. Karmén,[13] que passou grande parte da vida na estrada, em muitos países do mundo, e em todas as partes filmou pessoas reais, escreveria seu melhor livro se descrevesse aquelas pessoas que de alguma maneira o fascinaram. Sua pena afiada de jornalista o ajudaria a fazê-lo com brilho.

Para mim isso é difícil. De todo modo, porém, tenho vontade de registrar meus encontros com algumas pessoas notáveis.

13 Román Karmén (1906-1978) foi um dos principais documentaristas e cinegrafistas do período soviético (1919-1991). Sua especialidade foi o registro de guerra, captando várias das imagens tornadas icônicas de conflitos como a Guerra Civil Espanhola (1936--1939), o cerco nazista a então Leningrado (1941-1944), entre outros. Parte do material por ele rodado na luta dos republicanos contra as tropas de Franco foi o ponto de partida para *Espanha*, dirigido e montado por Chub. [N.O.]

ALBERTO CAVALCANTI

O mais cosmopolita dos cineastas brasileiros, Alberto Cavalcanti (1897-1982) imprimiu sua marca na história do cinema nos mais diversos gêneros, principalmente na escola experimental francesa dos anos 1926 (*Nada além das horas* [*Rien que les heures*, 1926]) e sobre o documentário britânico dos anos 1930, do qual foi um dos motores criativos, como diretor (*Rosto de carvão* [*Coal Face*, 1935]) e produtor (*Correio noturno* [*Night Mail*, 1936]).

Notas aos jovens documentaristas

[Publicado originalmente em *DF Bulletin*, Copenhague, 1948.]

Não tratem de temas gerais; vocês podem escrever um artigo sobre a organização dos correios, mas, se fazem um filme, deverão pegar apenas uma carta como assunto.

Não esqueçam que o valor de um filme repousa sobre três aspectos: social, poético e técnico.

Não negligenciem seus roteiros e não contem com a sorte durante a filmagem. Filmem uma vez terminado o roteiro, senão deverão retomar do zero quando começarem a filmar.

A descrição da ação não deve repousar sobre os intertítulos. Suas imagens e o acompanhamento sonoro delas serão suficientes. Os intertítulos são entediantes, e os intertítulos espirituais mais ainda.

Não esqueçam, durante a filmagem, que cada tomada pertence a uma cena e que cada cena faz parte de um todo: um belo plano isolado do conjunto é pior do que a mais maçante das imagens.

Não inventem truques de câmera se não têm razão de ser. Ângulos apoiados podem irritar e comprometer um tom. De jeito algum a montagem curta, um ritmo vivo pode tornar-se tão monótono quanto o mais pomposo dos *largo*.

Meçam a intervenção da música. Se a inserem demais, ela não terá mais efeito sobre o espectador, que não prestará mais atenção nela. Não exagerem nos efeitos de sincronização sonora. O som jamais é melhor que quando é alusivo. Um som utilizado de maneira complementar produz a melhor pista sonora.

Não alinhem muitos efeitos óticos complicados. *Fondu enchaîné*,[1] abrir e fechar no preto pertencem aos meios de pontuação de seu filme. São seus pontos e pontos e vírgulas. Não façam grandes planos em demasia: reservem-nos para o momento forte do filme. Eles se inserirão de maneira natural num conjunto bem equilibrado. Se numerosos, ficam pesados e perdem toda força de expressão.

1
Fusão. Em francês no original. [N. O.]

Não tenham medo de abordar o homem. Sua existência, suas características, suas relações são tão belas quanto as manifestações das outras espécies, ou as máquinas e paisagens.

Não percam o fio da argumentação: um assunto concreto deve ser tratado claramente e com simplicidade. Mas a clareza e a simplicidade não excluem forçosamente um tratamento dramático.

Não percam a chance de fazer experiências. Foi graças à experimentação que o cinema documentário ficou reconhecido. Sem experimentação, o cinema documentário não teria sentido. Sem experimentação, não haveria mais o cinema documentário.

JEAN ROUCH

Etnológo e cineasta, o francês Jean Rouch (1917-2004) foi um revolucionário em ambos os campos, na ciência e na arte, contribuindo pioneiramente para tornar porosas as fronteiras entre pesquisador e objeto, autor e sujeito, documentário e ficção. Entre suas principais obras encontram-se o curta etnográfico *Os mestres loucos* [*Les Maîtres Fous*, 1955], o longa antropológico híbrido *Eu, um negro* [*Moi, un noir*, 1958] e o pioneiro do "cinema-verdade" *Crônica de um verão* [*Chronique d'un été*, codireção de Edgar Morin,1960].

O filme etnográfico

[Publicado originalmente como "Le Film ethnographique", em Jean Poirier (org.), *Ethnologie générale*. Paris: Gallimard, 1968, col. Pléiade. Traduzido por Hugo Mader.]

A observação dos fatos humanos passou a utilizar racionalmente as técnicas audiovisuais somente de uma dezena de anos para cá, como se o etnógrafo ou o sociólogo receassem utilizar recursos sobre os quais não tinham controle nem domínio. A filmagem e a gravação de sons, portanto, foram durante muito tempo consideradas acessórios, não raro acessórios perigosos, que implicavam o risco de privilegiar as aparências em detrimento do essencial. Quando muito, filmes e fitas magnéticas podiam ser ilustrações necessárias, sem dúvida, porém simplesmente complementares das pesquisas conduzidas segundo os meios clássicos: observação, entrevistas, questionários... E se alguns pioneiros insistiam em trazer imagens animadas de suas expedições, admitia-se que fossem projetadas duas ou três vezes a título de entretenimento durante as conferências científicas, mas não se tolerava de bom grado que um pesquisador perdesse seu tempo montando as imagens e, menos ainda, tentando difundi-las mais amplamente. Ainda hoje, em muitos meios das ciências humanas, a palavra "cinema" faz sorrir, quando não desperta suspeita... Foi nesse contexto de desconfiança generalizada que nasceu o filme etnográfico. E foi preciso o desenvolvimento considerável da tecnologia e dos diferentes tratamentos da informação para que os responsáveis pelas nossas disciplinas descobrissem seu atraso e tentassem superá-lo.

Negligenciados ou rejeitados ontem, não correriam os meios audiovisuais, em contrapartida, o risco de se transformar amanhã na "ferramenta milagrosa" capaz de subverter os próprios fundamentos das ciências humanas? É preciso, desde o início deste ensaio, recolocar as coisas no seu lugar: câmeras e gravadores, por mais aperfeiçoados que venham a ser, não substituem e jamais substituirão as modalidades clássicas da pesquisa etnográfica.

"Quando os cineastas fazem filmes etnográficos, pode ser que sejam filmes, mas não são etnográficos; e quando os etnógrafos fazem filmes, pode ser que sejam etnográficos, mas não são filmes..." Não se tratava de uma definição; quando muito, a constatação de uma carência, a qual teve o mérito de exprimir com exatidão a situação e alertar os antropólogos para a necessidade de dar vida nova às comissões cinematográficas dos congressos etnográficos, que existiam apenas em teoria.

Assim, em 1952, por ocasião da segunda assembleia geral da Comissão Francesa do Filme Etnográfico, Marcel Griaule, Henri Vallois, Georges-Henri Rivière, Patrick O'Reilly, Léon Pales, Germaine Dieterlen e alguns especialistas tentaram definir o filme etnográfico: "Pelo visto, pode-se dizer que um filme é etnográfico quando ele combina o rigor da investigação científica com a arte da narrativa cinematográfica". Essa definição abrangia igualmente:

- as notas cinematográficas do etnógrafo (o bloco de apontamentos em película, de Marcel Griaule);
- a descrição autêntica de um grupo ou de uma situação num filme de ficção (a exemplo da utilização de certos filmes franceses — como *O boulevard do crime* [*Les Enfants du paradis*, Marcel Carné, 1945] — pelos sociólogos da equipe de Margaret Mead e Geoffrey Gorer, nas pesquisas que realizaram sobre os franceses nos anos 1940);
- o filme etnográfico *stricto sensu*, que implica a escolha de um tema perfeitamente coerente e de reconhecido valor ou interesse (roteiro espontâneo

e complexo, registrado em sons e em cores, segundo uma gramática estrita, montado e comentado como uma síntese dos fenômenos observados – Léon Pales).

As definições ulteriores vieram apenas ratificar esta última; à classificação um pouco sumária enunciada acima se seguiram tentativas de tipologia: a análise sistemática dos filmes etnográficos resultou na sua classificação sob rubricas específicas, que praticamente correspondem aos principais capítulos de um tratado teórico de etnologia (pré-história, organização política, tecnologia, organização social, vida econômica, religião), embora também levem em consideração as categorias filmográficas (curta e longa-metragem, reportagem ou reconstituição, além de: "cinema direto", "filme-inquérito", psico ou sociodrama etc.).

Assim, a noção de "filme etnográfico" deixou de ser reservada a alguns especialistas e passou a designar um gênero específico de filmes, sobre os quais escrevíamos em novembro de 1955 na revista de cinema *Positif*:

> Que filmes são esses, por que nome bárbaro eles se distinguem dos outros? Será que existem mesmo? Ainda não sei nada disso, mas sei que há certos momentos, muito raros, em que o espectador compreende subitamente uma língua desconhecida sem a mediação de nenhuma legenda, participa de cerimônias estranhas, circula por aldeias ou por paisagens que jamais viu, mas que ele reconhece perfeitamente...
>
> Só o cinema é capaz de produzir esse milagre, embora nenhuma estética específica possa lhe fornecer o mecanismo, nenhuma técnica especial possa provocá-lo: nem o engenhoso contraponto de uma planificação, nem o emprego de uma variedade qualquer de cinerama estereofônico é capaz de suscitar tais prodígios. No mais das vezes, em meio ao filme mais banal, em meio à rústica colcha de retalhos dos cinejornais, nos meandros do cinema amador, um contato misterioso se estabelece: o primeiro plano de um sorriso africano, um piscar de olhos mexicanos

> para a câmera, um gesto europeu tão banal que não ocorrera a ninguém filmá-lo, provocam o surgimento da face comovedora da realidade. É como se não houvesse mais aparelho de filmagem, nem gravador de sons, nem célula fotoelétrica, nem a multidão de acessórios e de técnicos que formam o grande ritual do cinema clássico. Mas os realizadores de hoje preferem não se aventurar por caminhos tão temerários; e somente os *mestres*, os loucos e as crianças ousam apertar botões proibidos.[1]

Alguns anos depois, em 1962, ao fazer o balanço dos filmes "etnográficos e sociológicos", Luc de Heusch tentava discerni-los com mais rigor em seu ensaio, hoje clássico, *Cinéma et sciences sociales*:

> Aquilo que as ciências sociais procuram apreender e definir por meio de técnicas complexas poderia ser assimilado pelo cinema? [...] Mas, em primeiro lugar, de que cinema e de que realidade se trata? Brandir o conceito de *filme sociológico*, isolar este último em meio à vasta produção mundial, não seria um esforço acadêmico e quimérico? A própria noção de sociologia é vaga, variável conforme o país e as tradições científicas locais. Ela não se aplica às mesmas investigações na União Soviética, nos Estados Unidos, na Europa... Por outro lado, não sofreria o nosso tempo da mania aflitiva de querer catalogar, de querer decompor em categorias arbitrárias o maia confuso de ideias, valores morais e pesquisas estéticas de que se nutrem com extraordinária avidez os artistas que são os criadores de filmes?[2]

O que concluir dessas diferentes tentativas de definição? Simplesmente, que o cinema etnográfico existia antes de ser definido, que a ligação algo escandalosa (e temida por muitos) entre as ciências humanas rigorosas e a arte algo frívola do cinema está na origem de obras *a priori* ilegítimas, embora revelassem a este o rigor e àquelas o sorriso. Para citar Luc de Heusch mais uma vez:

> Ao que tudo indica, o contato imediato com o homem, que a câmera restabelece, está destinado a se tornar um

1 Jean Rouch, "À propos des films ethnographiques". *Positif*, n. 14-15, nov. 1955, pp. 144-49.

2 Luc de Heusch, *Cinéma et sciences sociales: panorama du film ethnographique et sociologique*. Paris: Unesco, 1962. Todas as citações de Luc de Heusch que se seguem são provenientes desse texto.

> dos elementos importantes da comunicação sociológica. Sob esse aspecto, o filme aparece desde já como um contrapeso salutar à expansão desordenada e, por vezes, exorbitante do jargão sociológico atual. Um sorriso, a crispação de um rosto resgatam na tela a presença sensível do homem, soterrado debaixo dos áridos tratados que nós todos somos culpados de escrever.

É o histórico desse fenômeno bastante singular que tentaremos traçar, antes de apresentar os principais problemas e as principais tendências do cinema etnográfico atual.

Panorama histórico do filme etnográfico

A história do filme etnográfico está intimamente ligada à história da etnografia e à história do cinema. Curiosamente, de resto, há uma correlação entre ambos: contemporâneos de nascimento, etnografia e cinema ora se correspondem, ora se ignoram mutuamente.

Etnografia e cinema parecem ter evoluído independentemente, ainda que apareçam ligados por certas convergências que fornecerão a trama deste ensaio histórico, o qual cobrirá as seguintes etapas:

- os profetas de 1900 (Regnault e Lumière);
- os precursores geniais do entreguerras (Flaherty e Vertov);
- a renovação dos anos 1940.

Os profetas de 1890-1914 (*Regnault, Azoulay, Lumière*)

Pode-se dizer, paradoxalmente, que o filme etnográfico nasceu antes da invenção real do cinema. Após a invenção da película flexível e móvel por Eastman[3] em 1888, Marey[4], no mesmo ano, aperfeiçoou uma "espingarda cronofotográfica" que permitia tomar de uma a cinco imagens fotográficas instantâneas por segundo. Como todos seus precursores, Marey pretendia desenvolver um aparelho científico que, a exemplo do microscópio, permitisse aos cientistas estudar melhor os fenômenos da natureza.

Assim, a "espingarda" de Marey possibilitou o estudo científico "da natureza em movimento, do voo

3 George Eastman (1854-1933) – empresário e inventor americano. [N. O.]

4 Étienne-Jules Marey (1830-1904) – médico, inventor e fotógrafo francês. [N. O.]

dos pássaros, do galope do cavalo, da corrida do homem".[5] Dois dos melhores discípulos de Marey, os doutores Félix Regnault e Charles Comte, entusiastas da antropologia, decidiram, em 1893, utilizar a técnica revolucionária da cronofotografia em certos âmbitos da nascente ciência antropológica atacando, muito simplesmente, o estudo dos comportamentos. Esses antropólogos "behavioristas" realizaram, pois, um estudo comparado dos comportamentos elementares observados em diversas etnias.

5 Étienne-Jules Marey, *Du Mouvement dans les fonctions de la vie: leçons faites au Collège de France*. Paris: Baillière, 1868.

Em 1895, aproveitando o ensejo da exposição etnográfica da África Ocidental que se realizava embaixo da torre Eiffel, Regnault e Comte realizaram as seguintes fitas cronofotográficas:

- *Atitudes*: modo de se acocorar de um peul, um uolofe e um diúla;

- *Andadura*: modo de andar simples, modo de andar com uma carga sobre a cabeça, modo de andar com uma criança às costas, com um palanquim (mesmas etnias, além da malgaxe);

- *Galgar*: diversas maneiras de galgar uma árvore (mesmas etnias);

- *Técnicas*: fabricação de potes de barro sem torno (mulher uolofe).

Essas poucas fitas de 1895, reproduzidas em fac-símile no *Bulletin de la Société d'Anthropologie* (Paris, 1895) e posteriormente na revista *La Nature*, em 1922, constituem, na verdade, os primeiros filmes etnográficos.

Entretanto, o dr. Regnault não se limitou a esses poucos experimentos. Já em 1900, ele logrou a aprovação da seguinte moção pelo Congresso Internacional de Etnografia, então reunido em Paris: "Os museus de etnografia deveriam incorporar cronofotografias às suas coleções. Não basta possuir um tear, um torno, lanças etc., é preciso conhecer também o modo de utilizá-los; ora, só é possível conhecer isso de forma precisa mediante a cronofotografia...".

Um colega de Regnault, o dr. Azoulay, realizou à mesma época as primeiras gravações sonoras antropológicas (cilindros "fonográficos" de cera, de Edison).

Já em 1900, Regnault e Azoulay concebiam o projeto de um verdadeiro laboratório "audiovisual" de etnografia. Durante uma sessão da Sociedade de Antropologia (ata das sessões, ano 1900), Regnault declarava:

> Se se acrescentarem coleções de fonogramas às coleções de cronofotografias, como o dr. Azoulay propôs e se acha em via de realizar, tereis um conjunto de certeza absoluta.
>
> Assim, caso se queira realizar um estudo sobre a música entre todos os povos, seria preciso contar com:
>
> - os instrumentos musicais desses povos;
> - fonogramas que nos reproduzam os sons e as melodias;
> - cronofotografias que nos mostrem o modo de utilizá-los.
>
> Assim, teremos um conjunto de documentos que permitirá transformar a etnografia numa ciência precisa.

Cerca de vinte anos mais tarde, em um número de *La Nature* (1922), Regnault esclarecia suas ideias sobre o papel fundamental do registro visual e sonoro no desenvolvimento científico da etnografia:

> Até o final do século, a etnografia se contentava com relatos de viajantes, industriais, militares, missionários etc. Por mais íntimo e prolongado que tivesse sido o seu contato com os povos que descrevem [...], todos esses coletores de documentos não logram recolher senão testemunhos subjetivos, uma vez que os apreciam e os avaliam antes de dá-los a conhecer, e sabe-se até que ponto o espírito pode deformá-los — deformações que resultam do exagero, do esquecimento, do menosprezo por detalhes que julgam insignificantes... enfim, da imperfeição dos nossos sentidos, que não são capazes de analisar os sons demasiado breves ou os movimentos demasiado rápidos. Ora, graças a dois instrumentos prodigiosos, o fonógrafo e o cinema, a etnografia se converte numa ciência positiva que, de hoje em diante, dispõe de documentos objetivos.

Entretanto, com exceção de algumas cronofotografias dos anos 1895-1900 e dos frágeis cilindros fonográficos do dr. Azoulay, esse programa de vanguarda não tinha tido nenhuma aplicação concreta até os últimos anos. Não obstante, era preciso frisar aqui a profecia dos pioneiros que, testemunhos do nascimento do cinema e da etnografia, souberam prever com tanta exatidão a futura aliança de ambos.

O papel dos irmãos Lumière é bem mais conhecido, uma vez que suas descobertas permitiram passar do estágio experimental do registro das imagens animadas para a sua projeção diante de um público considerável. Sabe-se como, partindo da espingarda de repetição cronofotográfica de Marey (1888) e do aparelho óptico com visor individual e alimentação contínua de Edison (1891), os irmãos Lumière inventaram o sistema de avanço intermitente do filme: a imobilização da imagem diante da fonte luminosa acrescia-lhe consideravelmente a luminosidade e tornava possível a sua projeção pública: sem o saber, os Lumière transformaram um instrumento de laboratório em espetáculo.

O objetivo dos Lumière, naturalmente, ainda era registrar os fenômenos da natureza a fim de melhor estudá-los; ao enviar operadores cinematográficos para todas as partes do mundo, o que eles tinham em vista era sempre a coleta de documentos científicos, de "filmes etnográficos". Como escreve Luc de Heusch,

> os arquivos em filme daquele século começam com essas primeiras realizações primitivas. Estaria o cinema destinado a ser o instrumento objetivo capaz de registrar de modo espontâneo o comportamento do homem? A deliciosa ingenuidade dos operários saindo da fábrica, da refeição do bebê, da pesca do lagostim, levava a crer nisto.

Contudo, é preciso constatar com Henri Agel que, "de 1898 a 1902, o cinema se nutriu do registro direto da realidade. Em seguida, dada a necessidade de ver melhor, de ver mais, de ver tudo, o cineasta superou o estágio do decalque infantil" (Luc de Heusch).

É então que surgem os ilusionistas. Não se trata, aqui, de opor ciência e arte (e é verossímil que, se não tivesse passado de instrumento de pesquisa, o cinema jamais teria conhecido desenvolvimento técnico tão prodigioso), mas simplesmente de constatar que, recém-inventado, o cinema foi desviado de sua vocação primitiva. Quando Georges Méliès, genial diretor de espetáculos, descobriu as possibilidades ilimitadas da trucagem, ele transformou um aparelho de registro da realidade num aparelho de fabricação de sonhos:

> Os ilusionistas haviam arrebatado aos cientistas essa nova espécie de microscópio e o transformaram em brinquedo, reatando com a tradição do teatro de sombras e dos manipuladores de lanternas mágicas... (Luc de Heusch).

Na verdade, dois caminhos teriam podido se abrir para o cinema nascente, o da realidade e o da ficção, porém nada disso ocorreu: o atrativo do espetáculo levou o público a preferir *O assassinato do duque de Guise* [*L'Assassinat du duc de Guise*, André Calmettes e Charles Le Bargy, 1908] às cenas de rua, e a preferir viajar à Lua com Méliès a partir com uma câmera para a descoberta dos antípodas. Para retomar a expressão de Edgar Morin, o cinema foi desviado de sua finalidade científica para ser "tragado" pelo espetáculo.

Apesar disso, os Lumière, Pathé e mesmo Méliès não deixaram, naturalmente, de enviar seus operadores a todas as partes do mundo para buscar imagens em movimento. Não restaram desses chassis senão fraıentos ingênuos ou terríveis (*Le Cake-Walk du nouveau cirque* ou *A execução de um bandido em Pequim*), lampejos que mal sugerem o que poderiam ter sido os arquivos filmados do início do século, caso os operadores simplesmente tivessem se dado conta do valor insubstituível dos registros que colhiam (uma vez que, à época, a montagem do filme era feita praticamente durante a filmagem). Foram necessários todo o talento e a paciência de Nicole Vedrès para que esses documentos truncados fossem classificados e remontados, de modo a transformá-los num verdadeiro filme, *Paris 1900* [1947]. Ao ver as imagens surpreendentes de uma Paris esquecida, de ruas quase vazias, tráfego diminuto, transeuntes displicentes, o sociólogo depara com uma compilação certamente ordinária, porém insubstituível, de uma cidade que ele não reconhece mais.

Vez ou outra, algumas dessas imagens perdidas, como aquelas rodadas por Hubert Ponting durante a expedição de Robert Scott ao polo Sul em 1910, revelam o que poderiam ter sido os registros documentais da época, sendo consideradas por certos historiadores do cinema como o primeiro filme documentário jamais realizado. É possível que ainda existam fraıentos desconhecidos do filme no recesso de alguma cinemateca, mas tirando o brilho fulgurante dessas imagens tão nítidas e precisas de um mundo que já nos parece tão antiquado, acho que não houve nenhuma obra cinematográfica concreta, nenhum registro documental que se possa comparar aos filmes de ficção rodados à mesma época, os quais já deixavam antever as obras-primas de uma nova arte.

Os precursores geniais do período 1918-39
(*Vertov, Flaherty, a escola documental*)

Foi preciso a tormenta de 1914-18, a contestação de todos os valores, a Revolução Russa e a revolução intelectual do pós-guerra para que o cinema redescobrisse algo de sua seriedade. Dois precursores dominam esse período; nenhum deles era etnólogo ou sociólogo, mas simplesmente cineastas ávidos por registrar a aventura dos homens: um faz sociologia sem saber, o soviético Dziga Vertov; o outro faz etnografia também sem saber, o americano Robert Flaherty. Eles nunca se encontraram, e é provável que jamais tenham visto os filmes um do outro. Eles não tiveram nenhum contato com os etnólogos ou sociólogos de seus países, e os sociólogos e etnólogos que inventavam a sua nova ciência não se deram conta da existência e da importância desses filmes senão muito mais tarde. No entanto, ambos desempenharam um papel fundamental tanto no cinema etnográfico e sociológico como na evolução da arte cinematográfica *tout court*.

Dziga Vertov. O "cinema-verdade". Nascimento do cinema sociológico

Dziga Vertov, cujo verdadeiro nome era Denis Kaufman, de origem polonesa, tinha 21 anos em 1917. Ele havia estudado psicologia, era apaixonado por ficção científica e pesquisas musicais. Já então, utilizando um velho fonógrafo e buscando inspiração nas escolas futuristas da época, Vertov havia inventado a "música concreta"; criou "poemas de ruídos" assim como Apollinaire criava "poemas-conversas":

> Adolescente, comecei a me interessar pelos diversos métodos de registro documental do mundo dos sons, pela montagem de estenogramas e fonogramas. No meu "Laboratório da audição", comparava montagens de ruídos, montagens de notas musicais e literárias.
>
> As perspectivas oferecidas pelo aparelho de filmagem no âmbito da crônica, a possibilidade de fixar em película fraıentos da vida real, eventos fortuitos que jamais se repetiriam, despertavam grande interesse em mim.[6]

Desde 1918, Vertov participava da produção dos primeiros cinejornais soviéticos, experiência que lhe ensinou a montar cenas rodadas por operadores com os quais não tinha nenhum contato. Além disso, ele tinha produzido filmes sobre a guerra civil e a revolução a partir de materiais de arquivo. Em 1922, ele propôs a realização de uma série de "jornais filmados" acerca de determinados temas, os *Kino-Pravda* ou "Cine-Verdade", tendo realizado 23 números em três anos.

Pela primeira vez, um realizador de filmes "de atualidades" superava as limitações do filme informativo para tentar todos os gêneros, "o ensaio, o panfleto, o poema cinematográfico, o cinerretrato, o filme histórico ou de propaganda", experimentando todas as gramáticas cinematográficas;

> a estrutura cinematográfica dos jornais filmados respondia à preocupação de aprofundar a significação das imagens, cujo registro até então tinha em vista somente as finalidades da crônica – a estrutura dos filmes se conformava a uma vontade temática. Dziga Vertov, de modo pioneiro, acompanhava os cinegrafistas aos locais de filmagem, fornecendo uma orientação criativa já na filmagem. Ele analisava seus temas, decompunha-os em

6
Citado por Nikolaï Pavlovitch Abramov, *Dziga Vertov*. Lyon: Serdoc, 1965, col. Primer Plan. As citações seguintes são provenientes da mesma obra.

> planos para a montagem e cuidava para que se fizessem tomadas de diferentes pontos do espaço. Os fraientos assim obtidos se prestavam naturalmente à montagem e possuíam uma força expressiva incomparavelmente maior do que... a das fitas ainda filmadas "à moda antiga" por um sem-número de operadores que permaneciam fiéis ao modelo das atualidades Pathé.

Adepto do experimentalismo, Vertov era também um teórico: a câmera se convertera no seu sexto sentido, seus amigos e discípulos formavam um novo grupo, os *Kinocs*.[7]

> Sou o cine-olho, sou o olho mecânico, sou a máquina que vos mostra o mundo como só ela é capaz de ver. Já não me tolhe a imobilidade humana. Estou em perpétuo movimento. Ora me aproximo, ora me afasto das coisas, deslizo sob elas, penetro-as, transporto-me até o focinho do cavalo de corrida, atravesso multidões a toda velocidade, antecipo-me aos soldados no assalto, decolo junto com os aeroplanos, viro de ponta-cabeça, caio bruscamente e me retiro enquanto os corpos caem e tornam a se levantar.[8]

Com esse aparelho, os *Kinocs* pretendiam revolucionar tudo aquilo que se chama de artes expressivas. Extraio do mesmo manifesto algumas frases ilustrativas do pensamento exaltado desses pioneiros.

Condenação do filme de ficção. "Após examinar os filmes que nos chegam do Ocidente e da América, diante das nossas objeções a esses trabalhos e das objeções do estrangeiro a nós, cheguei à seguinte conclusão: a sentença de morte pronunciada em 1919 pelos *Kinocs* contra todos os filmes interpretados, sem exceção, continua a vigorar... Hoje, no cinema, já não há necessidade de dramas psicológicos ou policiais, já não há necessidade de espetáculos teatrais filmados..."

Exaltação de uma nova arte: o cinema-verdade. "O drama cinematográfico é o ópio do povo... Abaixo os roteiros! Viva a vida como ela é!" (manifesto de 1928); "O cinema-verdade é uma nova categoria da arte, a própria arte da vida" (manifesto de 1922).

7 Ver nota 2 na página 38 deste volume. [N. O.]

8 *Les Kinoki, une révolution*, Manifesto de 1923 citado por Abramov (op. cit.) e em *Cahiers du Cinéma*, Paris, jun. 1963.

O cinema como o modo mais eficaz de percepção do mundo. "Obrigo os espectadores a ver deste ou daquele modo, a aceitar da forma que julgo mais vantajosa este ou aquele fenômeno visual." Vertov cita o exemplo de um filme de balé que, em lugar da "série de sensações díspares e distintas para cada espectador", escolhe, mediante uma montagem governada por regras estritas, as fases essenciais do balé, "dirigindo o olhar do espectador do filme para os detalhes sucessivos que precisam ser vistos..." (manifesto de 1922).

A montagem cinematográfica como organização do mundo visível: "Para os *Kinocs*, contrariamente aos demais cineastas, a montagem como princípio fundamental do cinema-verdade devia comportar as seguintes etapas:

- montagem durante a observação;
- montagem após a observação;
- montagem durante a filmagem;
- montagem após a filmagem;
- exame do material para estabelecer as sequências;
- montagem final (manifesto do *Kino-Glaz* ou "cine-olho").

A vida captada de improviso. "A noção de *vida captada de improviso* tinha sido desenvolvida por Mikhail Kaufman (irmão de Dziga Vertov e seu cinegrafista de 1922 a 1929) [...] A ideia de que é possível capturar 'a vida de improviso', sem que a pessoa focalizada se dê conta, teria ocorrido a Mikhail Kaufman já nos anos de ginásio (antes de 1914), quando ele utilizou um aparelho Kodak para fotografar alguns de seus colegas à revelia deles".[9] Daí a necessidade de utilizar câmeras escondidas e teleobjetivas, de "emboscar-se em meio à folhagem como os caçadores de animais selvagens"...[10]

O registro dos sons. O rádio-ouvido, complemento do cine-olho. "O ouvido não está à escuta, o olho não está à espreita. Partilha das funções. Rádio-ouvido é a montagem dos *eu ouço*. Cine-olho é a montagem dos *eu vejo*" (manifesto de 1923); "Já naquela época, quando o cinema ainda estava longe de se tornar sonoro, quando a radiodifusão na União Soviética dava, a duras penas, seus primeiros passos, Vertov tinha previsto a futura utilização conjunta da imagem e do som, 'a necessidade de criar um contraponto audiovisual'" (Krasiméra Rad-Boullet).

9
Georges Sadoul, "Actualité de Dziga Vertov". *Cahiers du Cinéma*, Paris, jun. 1963.

10
Id., ibid..

Filosofia do cinema-verdade. "O *cine-olho* é o símbolo de tudo aquilo que pode ser visto a olho nu, um microscópio do tempo, ou um telescópio, o olho dos raios X, o olho 'puro', o supervisor da filmagem.

O *cine-olho* compreende:

- todas as técnicas de filmagem;
- todas as imagens em movimento;
- todos os métodos, sem exceção, que permitam alcançar a verdade.

Não o *cine-olho* por si mesmo, mas a verdade por intermédio do *cine-olho*: uma verdade em movimento.

A *câmera em estado puro*, não no seu egoísmo, mas na sua vontade de mostrar o povo sem nenhum disfarce, de apanhá-lo a todo instante, de imobilizá-lo tão logo ele se deixe retratar, de aprisionar seus pensamentos...

Não basta, porém, representar na tela fraıentos parciais da verdade, como migalhas dispersas. Os fragmentos devem ser elaborados num conjunto orgânico, o qual, por sua vez, é a verdade (verdade temática). É este, na verdade, o trabalho mais difícil".[11]

11 "História da crônica cinematográfica". *Kino*, Moscou, 1940.

São essas as principais teorias do visionário Dziga Vertov. Elas abarcam praticamente todo o cinema contemporâneo, todos os problemas do filme etnográfico e do filme sociológico, todos os problemas colocados pelo filme investigativo de TV e pelo emprego de câmeras vivas[12] nos documentários de hoje. E ainda somos uns dos poucos a perseguir essa "verdade temática" tão difícil de atingir, mesmo que a captação das imagens e dos sons esteja ao alcance de todos.

12 Segundo Georges Sadoul, em artigo sobre Richard Leacock (*Dictionnaire des Cinéastes*. Paris: Microcosme-Éditions du Seuil, 1975), a *caméra vivante* é um "aparelho portátil para captar imagens e sons, sem fio, silencioso, e que dispensa refletores". [N. T.]

A obra cinematográfica desse teórico sempre foi tida como "decepcionante", tanto em seu próprio país, como, mais tarde, no exterior. Ninguém parece ter compreendido que o trabalho dos pioneiros *Kinocs* era um trabalho de laboratório, de pesquisadores entusiasmados que se lançaram à aventura num país e numa época em que não se admitia o fracasso. Nenhum cineasta do mundo teve uma acolhida tão injusta, nenhum pesquisador genial foi tão solitário e tão menosprezado. Vertov morreu em 1954 e, a despeito do que diz Abramov, foi "um gênio incompreendido, ignorado enquanto viveu, estimado depois de morto".

Apenas os primeiros *Kino-Pravda*, os 23 jornais filmados pela equipe de Vertov (1922-25), parecem ter alcançado algum sucesso, o sucesso efêmero das revistas de atualidades que caem no esquecimento no mês seguinte. Ao rever esses filmes hoje, ficamos impressionados com sua evolução, com as experiências incrivelmente ousadas que Vertov e seus amigos tentaram no contexto de uma sociedade em plena transformação. Eles são os primeiros registros filmados da História, de uma época em que o filme "documentário" surgia ao mesmo tempo e com a mesma exaltação que o documento animado. Não há nada de surpreendente no fato de tais filmes, mais verdadeiros do que a realidade, acompanhados de subtítulos líricos e pontuados pelos violentos manifestos citados por nós, terem sido julgados perigosos pela incipiente burocracia soviética.

Em 1924, paralelamente às revistas de atualidades, Vertov encetou uma nova série, o "cine-olho" (*Kino-Glaz*), espécie de síntese inusitada entre o filme científico e a crônica cinematográfica, uma "experiência de registro e de interpretação cinematográfica da vida cotidiana", da "vida captada de improviso". Não vi esse filme delirante, que utilizava todo tipo de trucagem, montagens ultrarrápidas (a célebre sequência da "saudação às cores") e subtítulos elaborados, mas que não teve nenhum sucesso de público ou de crítica.

Depois de dois filmes de encomenda (1926) – *Avante, soviete!* [*Shagay, sovet!*] e *A sexta parte do mundo* [*Shestaya chast mira*], dos quais o primeiro foi recusado pelos comanditários e o segundo, embora tido como o ponto de partida do cinema documentário soviético, valeu a Vertov seu afastamento dos estúdios de Moscou –, o diretor e sua equipe (o cinegrafista Mikhail Kaufman, seu irmão, e a assistente Elizaviêta Svílova, que se tornou sua esposa) se instalaram na região de Odessa. Ali, Vertov realizaria dois filmes hoje célebres, *O homem com a câmera* [*Chelovek s kino-apparatom*, 1929] e *Entusiasmo* [*Entuziazm* (*Simfoniya Donbassa*), 1931].

O homem com a câmera é um ensaio de cinema total definido por seu autor como

> uma experiência de transposição cinematográfica dos fenômenos visíveis, sem subtítulos, sem cenários, sem estúdio. Esse trabalho experimental busca a criação de uma linguagem cinematográfica absoluta, autenticamente internacional, baseada na ruptura total com a linguagem do teatro e da literatura...

Nesse filme extravagante e tresloucado, por intermédio dos quatro temas continuamente entrelaçados (a vida real, o homem com a câmera que a filma, o realizador que monta o filme e o público que o assiste), encontra-se a única demonstração cinematográfica jamais feita sobre a linguagem específica (e a filosofia) do cinema. Tudo aquilo que tentamos hoje, todo o cinema de vanguarda contemporâneo e, de modo plausível, boa parte do futuro cinema se inscrevem nestas imagens extraordinárias que continuam a desconcertar os espectadores. Apenas Vertov mostrou uma visão lúcida de seu filme, ao declarar: "Nós nos achamos no direito de rodar, de vez em quando, não filmes de alto custo, e sim *filmes que produzem filmes*... Eles constituem a garantia necessária das futuras vitórias...".

Entusiasmo, filme em que Vertov tentou combinar "cine-olho" e "micro-ouvido", é o primeiro documentário sonoro realizado no mundo. À época, os teóricos do cinema alegavam que "a natureza não era fotogênica" e um soviético, Sokolov, escreveu: "Os filmes sonoros deverão ser rodados não ao ar livre, em meio ao bulício das ruas, mas em estúdios com perfeita vedação acústica".[13] Apesar da restrição, Vertov e sua equipe aprimoraram equipamentos leves de gravação (eles podem ser vistos no próprio filme, que começa silencioso e aos poucos se torna sonoro) e captaram tudo em som direto, montando o som juntamente com a imagem (segundo uma técnica raramente utilizada hoje). Entretanto, esse filme de combate (sobre os obstáculos ao desenvolvimento da região de Donbas, na Ucrânia) foi difamado: "mutilado, lacerado, asfixiado, ferido em combate"... Apenas Charlie Chaplin compreendeu a sua importância, tendo escrito ao realizador em 1931: "Nunca poderia imaginar que os ruídos industriais podiam ser ordenados dessa maneira e adquirir tamanha beleza. Considero *Entusiasmo* uma sinfonia

13 Ippolit Sokolov, crítico soviético que se opunha a Vertov.

comovente". Depois de *Entusiasmo*, Vertov foi expulso dos estúdios da Ucrânia. É um diretor exasperado, "ferido em combate", que se lança em 1933 à realização de um filme-afresco (tido hoje pelos soviéticos como sua obra-prima),[14] *Três canções sobre Lênin* [*Tri pesni o Lenine*, 1934], um extraordinário trabalho de pesquisa de arquivos visuais e sonoros para pintar um retrato poético do chefe da Revolução. Retomando as ideias-chave dos *Kino-Pravda* ao mesmo tempo em que jogava com o contraponto de imagem e som, e juntava subtítulos poéticos a imagens de choque, Vertov torna a inovar introduzindo pela primeira vez no cinema "a entrevista em som direto", o testemunho ingênuo, porém sincero, de um operário da indústria de cimento e de um membro de *kolkhoz*... isso, dez anos antes das populares entrevistas realizadas pelo inglês Paul Rotha, geralmente aclamado como o inventor do cinema direto. *Entusiasmo* chegou muito tarde e muito cedo: à medida que os personagens desse afresco histórico desapareciam da cena política, as tesouras da censura suprimiam-nos do filme, que atualmente só pode ser visto numa versão desfigurada.

14 *Três canções sobre Lênin* recebeu um artigo elogioso em *Pravda* de 22/03/1960.

Essa foi a obra insólita, provocadora, porém empolgante, do pioneiro do cinema que inventou e experimentou todas as técnicas na busca da verdade.

É certo que Vertov nunca chegou a realizar um filme propriamente sociológico (e, menos ainda, etnográfico); mas, sem o saber, e, sobretudo, sem que seus contemporâneos o soubessem, ele desempenhou um papel decisivo na recuperação e na evolução de todo o cinema documentário: foi, de fato, um realizador de "*filmes que produzem filmes...*".

Robert J. Flaherty. "A câmera participante". O nascimento do filme etnográfico

Americano de origem irlandesa, Robert Flaherty era um homem da terra. Ele passou parte da infância numa mina do norte dos Estados Unidos administrada por seu pai, que por pouco não precisou arrancá-lo da companhia dos amigos que fizera entre os operários para encaminhá-lo aos estudos (relato de Richard Leacock).

Flaherty saiu da universidade com o diploma de engenheiro geólogo e, no final da guerra de 1914-18, partiu para realizar levantamentos geológicos e geográficos na baía de Hudson, no Grande Norte canadense — uma ilha descoberta por ele na baía ainda leva o seu nome. Flaherty levou consigo uma pequena câmera de 35mm com motor acionado a corda (precursora da câmera Bell & Howell, modelo Eyemo). Tendo entrado em contato com uma família de esquimós, decidiu filmá-los. Para tanto, construiu um laboratório e uma câmara escura para processar os filmes — utilizando a luz solar (um simples buraco aberto na parede da cabana-câmara escura) para obter cópias positivas —, mas, quando estava para concluir o filme, um incêndio destruiu o laboratório e todo o material filmado.

Seguro de seu argumento, Flaherty propôs à empresa Révillon[15] que o contratasse para fazer um novo filme (sendo o comércio de peles o principal meio de subsistência dos esquimós)[16]. Em 1920-21, portanto, ele tornou a embarcar para uma temporada de quinze meses no Ártico. Ali, reconstruiu seu laboratório, onde ele mesmo revelava e copiava os filmes à medida que rodava, projetando as tomadas diárias para os heróis "dessa verdadeira epopeia" (Georges Sadoul), o esquimó Nanook, sua mulher Nyla e seus filhos. Assim, em condições de espantosa precariedade, nasceu o primeiro filme etnográfico do mundo, *Nanook, o esquimó* [*Nanook of the North*, 1922], a primeira obra-prima de Flaherty, sucesso em todo o mundo nos anos 1920. Em pouco mais de uma hora, graças ao despojamento das imagens, Flaherty, em sua primeira tentativa, conseguiu transformar um esquimó desconhecido em amigo dos homens do mundo inteiro. Da noite para o dia, o sorriso inesquecível de Nanook se tornou tão célebre quanto o modo de andar de Charlie Chaplin.

Nanook, já de início, coloca todos os problemas que nós ainda não conseguimos resolver. Flaherty não era antropólogo; não possuía "formação de cineasta"; afirmou com simplicidade: "Considero todo o meu trabalho cinematográfico não mais do que um apêndice do meu trabalho de explorador". Era, na verdade, um *bricoleur*, um homem de ação; um homem cordial e, à sua revelia, um poeta. Para ele, o conhecimento não derivava de estudos ou pesquisas, mas do contato íntimo e paciente com os

15 Ver nota 1 na página 12 deste volume. [N. O.]

16 Ver o texto de Robert Flaherty, neste volume, pp. 11-20. [N. O.]

homens no próprio ambiente em que viviam. A família de Nanook não foi escolhida ao acaso, como um sociólogo toma uma amostra representativa – Nanook é um personagem singular, que se faz amigo de Flaherty e a quem Flaherty escolhe como amigo. A partir daí, o filme encetado, destruído e recomeçado é parte dessa amizade. Não se tratava de fazer um documentário (Flaherty sempre recusou essa palavra) ou um registro documental da vida primitiva, tratava-se de contar uma história tão antiga quanto o mundo, a da luta de um homem contra uma natureza pródiga em dádivas e sofrimentos. É a história que Flaherty e seu amigo Nanook contam. E, se lhes foi possível contá-la, é porque havia um terceiro personagem, uma maquininha caprichosa, porém fiel, dotada de memória visual infalível e cujas imagens são projetadas, à medida que passam a existir, para os dois amigos – a câmera, que Luc de Heusch denominou magistralmente "câmera participante". Segundo de Heusch, "Flaherty não segue as pegadas de Nanook como um caçador de imagens, antes lhe pede que colabore estreitamente com o retrato sociológico que ele realiza, retrato em que o esquimó sai do anonimato e assume a figura de homem. Flaherty observa minuciosamente Nanook e sua família, após ter sido adotado por eles. Essa atitude resume toda a deontologia da investigação".

Assim, sem saber e sem dizer (diferentemente de Vertov, esse grande diretor só se exprimiu por intermédio dos filmes, nunca por escritos teóricos), Flaherty, durante os quinze meses da realização de *Nanook* (após uma primeira temporada igualmente longa, por certo), tudo inventou e pôs em prática: o contato prévio, a amizade, a participação, o conhecimento do assunto indispensável à filmagem, a vivência da situação ("Nanook interpreta o papel de Nanook", afirma Luc de Heusch), a encenação mais difícil, a encenação da vida real... Quem somos, senão uns poucos a reaprender ainda uma vez e sem trégua a lição do velho mestre de 1921?

Todo mundo conhece esse filme sequência por sequência, a captura da foca através do buraco na geleira, a construção do iglu, a refeição da família e dos cães, a descoberta do gramofone, a incrível caça à morsa, a tempestade final cobrindo de neve o precário iglu e os cães exaustos... O crítico André Bazin viu nele o nascimento (ou melhor, o renascimento) de uma linguagem cinematográfica pura, aquela dos "figurantes de tempos reais" selecionados, logo, realçados por uma montagem despojada de qualquer artifício. Para Bazin:

> A câmera não pode ver tudo ao mesmo tempo, mas, do que escolhe ver, ela se esforça ao menos para não perder nada. O que conta para Flaherty, diante de Nanook caçando a foca, é a relação entre Nanook e o animal, a amplitude real da espera. A montagem poderia sugerir o tempo; Flaherty se limita a nos *mostrar* a espera, a duração da caça e a própria substância da imagem, seu verdadeiro objeto. No filme, esse episódio só admite, portanto, um único plano. Podemos negar que ele é, por isso mesmo, muito mais emocionante do que uma "montagem de atrações"?[17]

17
Citado por Luc de Heusch, op. cit. [Em André Bazin, "A evolução da imagem cinematográfica", in *O que é o cinema?*, trad. Eloisa Araújo Ribeiro. São Paulo: Cosac Naify, 2014, pp. 98-99. (N. O.)]

Após o sucesso de *Nanook*, Flaherty, que representava para a jovem indústria cinematográfica americana um talento inconteste, recebeu toda a ajuda necessária para realizar seu projeto seguinte. Dessa vez, não se tratava do homem em luta contra uma natureza terrível, mas, pelo contrário, de sua adaptação a uma natureza demasiado dócil, da luta contra a indolência no paraíso terrestre dos mares do Sul. Assim nasceu a segunda obra-prima, *Moana* [*Moana of the South Seas*], rodada em 1923-24.

Em 1923, Flaherty embarcou com o irmão, a mulher e os filhos para o arquipélago das ilhas Salomão, onde se estabeleceu na aldeia de Safune, em Samoa. Ele aplicou na Oceania o mesmo método que havia aplicado na Groenlândia: passou um ano sem filmar, "aprendendo a conhecer os insulares e, sobretudo, deixando que eles o conhecessem" (memórias de Monica Flaherty). O mesmo se verificou no plano técnico: Flaherty levou todo o equipamento para o local das filmagens, e ali instalou um pequeno laboratório e uma sala de montagem. Por desvelo para com a beleza da imagem e a fim de tentar reproduzir os céus majestosos do Pacífico, Flaherty foi um dos primeiros cineastas do mundo a utilizar a película pancromática, a qual permitia, com a ajuda de filtros coloridos, realçar mais ou menos o azul do céu.

18 Trata-se de equívoco de Jean Rouch, toda vez que se refere aos protagonistas do filme: Moana, que significa "oceano" na língua samoana, é o nome do principal personagem masculino e Fa Angase, do principal personagem feminino. [N. T.]

Quando todos os preparativos foram concluídos, Flaherty começou a filmar a vida cotidiana de Fa Angase e da bela Moana.[18] Cultura do inhame [*taro*], coleta de frutos do coqueiro, caça ao javali com armadilhas, pesca com arpão no mar, pescaria de uma tartaruga, captura e defumação de um caranguejo, preparação de alimentos, confecção de vestimentas em *tapa*, tatuagens rituais, casamento e dança, constituem as principais sequências desse filme langoroso, em que a câmera se demora sobre ramos de palmeira, reflexos na lagoa, o sorriso de uma criança, rochedos à flor do mar encapelado ou o rosto de Fa Angase sendo tatuado... Esta última cena talvez seja a mais bela do filme; Robert Flaherty rodou dez horas de *rushes*, dos quais foram extraídos os três minutos que figuram na montagem final. Como havia presenciado uma cena de tatuagem anteriormente, Flaherty descobriu que toda a significação da tatuagem se deixa ler no olhar daquele ou daquela a quem se tatua, estranho olhar de altivez mesclada com dor. Foi para captar esse olhar que se fizeram necessárias tantas horas de filmagem, de modo que a câmera e seus operadores se tornassem parte da própria cerimônia.

Entretanto, ao contrário de *Nanook*, *Moana* foi um fiasco quase total. Os espectadores que haviam participado da luta de Nanook contra o vento e o frio se mostraram totalmente insensíveis aos encantos da vida fácil... Não obstante, *Moana* é considerado hoje um dos melhores documentários etnográficos feitos sobre a Oceania.

Após o fracasso comercial de *Moana*, os produtores americanos fazem uma nova tentativa na Oceania. Flaherty se associa ao realizador alemão F. W. Murnau para rodar um filme de ficção ambientado num autêntico cenário taitiano. *Tabu* [*Tabu: A Story of the South Seas*, 1931], filmado de 1928 a 1931 no arquipélago de Tuamotu e em Bora Bora, foi concluído unicamente por Murnau; no entanto, o filme, que conta a trágica história de amor de Matahi e Reri, contém, de acordo com Luc de Heusch, "aspectos documentais marginais de grande beleza. A pescaria, o banho na ribeira, a tradicional festa dos navegantes, as danças".

Finalizado no momento em que o cinema se tornava sonoro e falado, *Tabu* tampouco fez sucesso. Robert

Flaherty e sua família partem para a Inglaterra, onde sua influência já era considerável. De início, ele roda um filme industrial, *Industrial Britain* [1933]. A produtora London Films aceita o projeto de um filme sobre as ilhas de Aran, no mar da Irlanda.

Ali, Flaherty reencontra a atmosfera épica do Grande Norte canadense, a luta do homem contra a natureza, a exploração de uma terra inóspita e de um mar enfurecido. Fiel ao seu método, em dois anos (1933-34) ele se torna amigo dos pescadores-agricultores locais, cuja luta cotidiana ele irá "pôr em cena": a pesca em frágeis embarcações chamadas dóris, a cultura precária nos campos artificiais de algas e terra dependurados às fendas rochosas, a vida doméstica, a pescaria do pequeno Michael, a passagem dos tubarões-baleia; esse grande, sóbrio e dramático afresco é certamente a obra-prima de Flaherty, que então descobre o seu verdadeiro registro. Além do mais, Flaherty também descobria o som, tanto por suas vantagens consideráveis quanto por suas dificuldades.

Em razão dos recursos limitados da época, a maioria das captações de som feitas no local resultou inutilizável, o que obrigou Flaherty a levar os rudes homens de Aran para um estúdio em Londres, a fim de gravar suas conversas e gritos.

Enfim, *O homem de Aran* [*Man of Aran*, 1934] foi uma autêntica realização familiar: sua esposa Frances participou de maneira bastante ativa da montagem e seu irmão atuou como cinegrafista. Esse documento extraordinário se originou do encontro de uma equipe de familiares e de uma família de pescadores: "Raramente a descrição fiel de um meio social, a subordinação do cineasta ao seu propósito, alcançou exposição tão perfeita" (Luc de Heusch).

O homem de Aran fez um sucesso considerável. O produtor Alexander Korda propôs aos Flaherty rodar na Índia *O menino e o elefante* [*Elephant Boy*, codirigido por Zoltan Korda, 1937] (filme que marca a estreia do ator Sabu), do qual é preciso guardar a sequência da captura dos elefantes. O sucesso do filme motivou o Ministério da Agricultura dos Estados Unidos a encomendar a Flaherty um filme sobre a degradação e a erosão dos terrenos de cultivo. *The Land* [A terra, 1942], comentado pelo próprio

Flaherty, nunca foi exibido, uma vez que foi julgado "muito pessimista para ser distribuído" (Luc de Heusch).

Em 1947, uma companhia de petróleo americana encomenda a Flaherty a realização de um filme sobre a exploração do petróleo no estado da Louisiana. O velho diretor se lança ao projeto com o mesmo entusiasmo dos tempos em que a empresa Révillon o enviou à baía de Hudson. Durante meses, ele sulca os *bayous*, ou os pântanos da Louisiana, até que lhe vem uma iluminação: uma torre de perfuração montada sobre chalanas abre caminho em meio aos caniços. É a chegada da máquina, da civilização mecânica à natureza tão cara a Flaherty; será esse o tema do filme. Auxiliado pelo irmão, pela mulher Frances, pelos filhos e por Richard Leacock, jovem cinegrafista que tinha lhe mostrado um trabalho de juventude por ocasião das filmagens de *O homem de Aran*, Flaherty, munido de um gravador portátil, irá se estabelecer, como de hábito, em meio aos *bayous*.

Ali compra uma casa, onde instala uma sala de montagem (na qual trabalhará a sra. Van Dongen, antiga colaboradora de Joris Ivens), domestica guaxinins e se torna amigo de uma família francesa que ainda falava o francês arcaico da Louisiana. Uma vez mais, uma criança será o guia dessa aventura, o último menino-mágico dos *bayous*, o amigo dos animais selvagens, rei de uma natureza ensandecida que o petróleo transforma a fundo. As primeiras prospecções com sonda anunciam o fim da floresta encantada para o menino, que aos poucos se deixa deslumbrar tanto pelo sortilégio das máquinas quanto pela vida misteriosa da mata. Essa criança, naturalmente, é o Robert Flaherty de sempre, e seu filme extraordinário é tão belo e tão patético quanto *Nanook* ou *O homem de Aran*...

Flaherty morreria dali a alguns anos, no momento em que se preparava para rodar um filme na África negra.

Essa foi a vida do cineasta que criou quatro obras-primas e se contentou em viver e filmar suas experiências sem tentar teorizá-las. Não obstante, Flaherty talvez tenha sido o diretor mais modesto e talentoso da história do cinema.

Era um verdadeiro técnico, desempenhava ele mesmo todas as funções, da filmagem e processamento do filme à captação de som. Não hesitava em tudo aprender. A seu ver, os progressos da técnica exigiam uma aprendizagem contínua por parte do realizador de filmes. E não era no laboratório, e sim no *set* de filmagem que Flaherty podia experimentar a contento as novas técnicas, como a película pancromática e a captação de som direto: para ele, a verdadeira técnica, tal como a verdadeira elegância, é aquela que passa despercebida.

Era um explorador (o único rótulo com o qual se identificava), isto é, um descobridor de mundos e de homens desconhecidos, descobertas que ele tentava compartilhar com os outros homens.

Era um etnógrafo, que sem saber e sem querer, talvez tenha dado àqueles que se dedicam ao estudo dos outros homens uma grande lição de paciência e tenacidade. A procura maníaca pela autenticidade o obrigava a um contato prévio prolongado (de vários meses, senão de vários anos) como preparação para a observação minuciosa, numa tentativa de compreensão mútua da qual poucos etnógrafos profissionais podem se gabar. Para Flaherty, observar os homens era também ser observado, ser aceito por eles. E, como veremos adiante, a prática de projetar os filmes para as pessoas filmadas, introduzida por ele já em 1921, talvez seja uma das mais fecundas da etnografia atual.

Era um diretor, e um dos maiores. Isso pode parecer contraditório com o que acabamos de afirmar. No entanto, Flaherty compreendeu de saída aquilo que muitas vezes buscamos em vão: que um filme etnográfico perfeito deve resultar de uma dialética delicada entre o fato observado e o fato filmado: o "significante" cinematográfico não pode ser mero reflexo do "significado" etnográfico. Quanto mais profundo é o conhecimento, mais complexa é sua elaboração em imagens: como argumentou magistralmente nosso amigo Luc de Heusch, Flaherty, sem saber, descobria as molas das técnicas de "observação participante" que os sociólogos e etnógrafos têm utilizado nos últimos anos. Naturalmente, ele não provocava psicodramas ou sociodramas de modo consciente, mas a simples presença da câmera familiar (e a sua personalidade pouco comum, decerto) bastava para suscitar uma cena prodigiosa:

assim, um simples esquimó, Nanook, transformava-se no ator que melhor exprimia seu próprio personagem; assim, um menino dos *bayous* da Louisiana conseguia descobrir seu sorriso mais secreto... pois são tais gestos, os mais elementares da vida cotidiana, que o cinema dificilmente logra exprimir.

Se nós recomendamos aos jovens etnógrafos-cineastas que escolham rituais e técnicas como assunto de seus filmes, é porque cerimônias e técnicas contêm em si mesmas a própria encenação. Em contrapartida, Flaherty se tornara um mestre "na arte de representar a vida em virtude do diálogo humano que se estabelece entre o cineasta e seus atores improvisados" (Luc de Heusch).

Flaherty descobriu essa *mise-en-scène* original no local, espontaneamente. Ele não tem uma receita, ele encontra a solução mais eficaz: se, em *Nanook*, a caça à foca é filmada em um único plano de mais de um minuto, em *O homem de Aran* o trabalho cansativo de construir muretas de pedra é representado por uma sequência de cerca de dez planos com duração total de não mais do que alguns segundos.

A montagem, em consequência, não é senão o complemento lógico da *mise-en-scène* das tomadas. Temos um exemplo perfeito disso graças ao filme *The Louisiana Story Study Film* [1960], um filme de estudo realizado pela sra. Frances Flaherty mostrando todas as tomadas correspondentes a cada sequência (copiões de filmagem completos) e a versão final que aparece no filme acabado. Não se trata de uma recriação da realidade a partir de fraıentos heteróclitos; trata-se, sim, da ordenação, da redação mais simples e mais eficaz dos elementos filmados com esse propósito.

Mas Flaherty é, sobretudo, um poeta dos homens. O que ele tinha em vista não era, como para muitos exploradores, o insólito ou o extraordinário. Mesmo no outro lado da terra, o que ele buscava não era o anedótico nem o exótico, mas simplesmente uma mensagem que julgava comum a todos os homens. O sorriso inesquecível de Nanook após a captura da foca, o olhar altivo e doloroso de Fa Angase durante a tatuagem, a expressão obstinada no rosto do homem de Aran cuja embarcação acaba de ser despedaçada pela tempestade, a inquietação do menino dos *bayous* chamando inutilmente por "Jojo", o guaxinim perdido, é o sorriso, o olhar, a expressão, a inquietação de todos os homens do mundo. O espectador da cidade ou do campo não se enganava a esse respeito, apesar das aparências: aqueles homens extraordinários eram homens como eles.

O próprio Flaherty tentou exprimir essa ideia durante uma entrevista sobre a arte cinematográfica:

> Falta verdade aos filmes, é esse o seu defeito. Eles são cheios de artifícios, de lugares comuns; até mesmo o público mais inculto é capaz de perceber isso, sem saber dizer por quê... mas, um dia, esse público deixará de ir ao cinema, eis tudo... Eu só trabalho com personagens reais, com pessoas que vivem nos lugares onde filmo... Uma história deve tirar sua força de todo um povo, não das ações de alguns indivíduos. Há uma espécie de grandeza em todos os homens — cabe ao autor do filme revelar sua existência, encontrar o incidente singular ou mesmo o movimento singelo capaz de torná-la perceptível. Acho que um dia os filmes serão feitos desse modo...

O filme documentário do entreguerras

Graças a Flaherty, no entreguerras foi possível realizar certo número de filmes documentários em vários países. Mencionaremos as escolas documentais inglesa, canadense e belga, os primeiros filmes etnográficos franceses e a escola italiana.

Na Inglaterra, o cinema "social" é diretamente influenciado pela obra de Flaherty; assim, por volta de 1930, realizaram-se documentários sobre a pesca de arrasto no mar do Norte; pode-se citar, por outro lado, *Night Mail* [Harry Watt e Basil Wright, 1936], consagrado ao trem postal que faz a ligação Londres-Edimburgo. A Agência Nacional do Filme do Canadá está na origem de várias realizações interessantes. Na Bélgica, realizaram-se os primeiros documentários sobre a vida rural, *Borinage* e *Symphonie pastorale*, respectivamente em 1941 e 1944.[19] Na Holanda, os dois filmes mais interessantes foram os consagrados às grandes obras de drenagem do golfo

19 Trata-se, na verdade, de *Misère au Borinage* [Joris Ivens e Henri Storck, 1933] e *La Symphonie paysanne* [Henri Storck, 1942-44], que compreendla os seguintes episódios: *Le Printemps* (31min); *L'Été* (23min); *Noces Paysannes* (19 min); *L'Automne* (20 min), e *L'Hiver* (22 min). [N. T.]

Zuyderzee e à Guerra Civil Espanhola (*Terra espanhola* [Joris Ivens, 1937]). Nos Estados Unidos, rodaram-se documentários contra o racismo; um dos filmes mais belos consagrados à guerra de 1939-45, *Strange Victory* [Leo Hurwitz, 1948], acentua a ambiguidade dos valores morais americanos. (É a história de dois pilotos de bombardeiro, um negro e um israelita, que regressam aos Estados Unidos e não conseguem emprego nas linhas aéreas comerciais, cujo acesso era então vedado tanto aos israelitas como aos negros.)

Da mesma época datam os documentários exóticos, dos quais não falaremos aqui, a não ser para denunciar-lhes os chavões e exageros, os quais, em certa medida, prejudicaram o desenvolvimento do filme etnográfico.

Na França, Léon Poirier realizou *La Croisière noire* [O cruzeiro negro, 1926], um documentário que não possui pretensões etnográficas, mas que nem por isso deixa de ter grande valor.

Os dois pioneiros, contudo, foram Marcel Griaule e o padre O'Reilly, ambos alunos de Marcel Mauss. Este último, embora nunca tenha realizado filmes propriamente, foi um verdadeiro precursor, já que teve a presciência da importância do filme etnográfico: Mauss não hesitava em aconselhar seus alunos a se utilizar dessa técnica. À época, infelizmente, os recursos materiais eram insuficientes, visto que o equipamento de filmagem e gravação necessário era, a um só tempo, extremamente dispendioso e muito volumoso. Marcel Griaule, ao organizar uma série de expedições à África Ocidental, tinha tido a boa ideia de levar uma câmera na bagagem e, assim, por volta de 1936, realizou entre os dogon os primeiros filmes etnográficos franceses. Griaule compreendera que o cinema era um veículo que permitia, por exemplo, documentar danças, e sua tese consagrada às máscaras dogon foi a primeira obra científica a trazer um encarte com disco, que reproduzia a música dos tambores.

O padre O'Reilly, por sua vez, tendo embarcado para a Oceania, realizou entre os melanésios das ilhas Salomão um documentário do maior interesse (*Buka Passage* [O estreito de Buka, 1935]). Por outro lado, pode-se assinalar, fora do plano estritamente etnológico, que o realizador René Clément, após se formar no Institut des Hautes Études Cinématographiques, trabalhou para um arqueólogo na Árabia Saudita, ocasião em que rodou um filme de 16mm em cores, *L'Arabie interdite* [A Arábia proibida, 1937], que apresenta imagens impressionantes.

A renovação dos anos 1940

Assim como a Primeira Guerra Mundial havia marcado um nítido progresso da técnica, a guerra de 1939-45 provocou uma renovação cuja importância convém avaliar em toda a sua extensão. Durante os anos 1930, a realização de um filme demandava um equipamento que pesava cerca de três toneladas e exigia a presença de uma equipe de técnicos de quinze pessoas. Ademais, o custo do material era bastante elevado. Essa dupla imposição, de peso e de custo, explica por que os únicos ensaios de filme etnográfico feitos até a Segunda Guerra Mundial foram o que se poderia denominar "tentativas de laboratório", como as de Griaule e O'Reilly. Os autores não contavam, de resto, com a possibilidade de sonorizar os registros que colhiam. Durante a guerra de 1939-45, os cinegrafistas americanos enviados como correspondentes de guerra deram início ao processo de miniaturização dos aparelhos fazendo uso sistemático, no plano profissional, do filme de 16mm, até então reservado aos amadores; ora, a câmera de 16mm é infinitamente mais portátil do que a de 35mm.

No imediato pós-guerra, o cinema etnográfico se dividiu em duas tendências: a primeira era mais cinematográfica que etnográfica e utilizava a câmera de 35mm, o que lhe permitia obter imagens de grande beleza em detrimento do interesse científico; a segunda se voltou deliberadamente para a utilização da câmera de 16mm, muito mais portátil, o que lhe permitia apreender mais exata e precisamente a realidade etnográfica em detrimento da qualidade estética.

Em 1946, André Leroi-Gourhan organizou uma importante missão ao Congo, destinada a servir de prova prática para seus alunos de etnologia. A expedição se deteve entre os pigmeus e trouxe de volta registros documentais filmados em 35mm de perfeita qualidade técnica; essa missão Ogooué-Congo (Hartwag, Rouget, Sechan etc.) teve a oportunidade de rodar os primeiros filmes envolvendo a captação de som no próprio local (vejam-se os documentários dedicados à vida dos pileus, às danças congolesas e às pirogas do Ogooué).

Ao mesmo tempo, nós conseguimos embarcar junto com uma missão do Institut Fondamental d'Afrique Noire (Ifan), praticamente sem recursos materiais, numa expedição etnográfica que nos levou a descer o rio Níger. Utilizamos uma câmera de 16mm e, após um ano de trabalho, produzimos com dois colegas uma série de registros documentais que não primavam pela qualidade estética, mas que, segundo a lição vertoviana, tinham abarcado o mais profundamente possível a realidade.

Durante os anos seguintes, novos progressos da técnica resultaram em uma nova e profunda transformação do filme etnográfico. Em primeiro lugar, a televisão, ao utilizar sistematicamente a bitola de 16mm, deu um impulso que ninguém poderia ter previsto: daí em diante, o 16mm deixou definitivamente o âmbito do cinema amador ou do cinema de laboratório. Em segundo lugar, a introdução do "som magnético" pôs repentinamente a gravação do som ao alcance de todos os cineastas. Até então, utilizava-se o chamado "som ótico", que consistia em registrar sobre uma película sensível as oscilações de uma célula fotoelétrica excitada pelas vibrações sonoras. Para isso, era necessário utilizar o chamado "caminhão de som", que pesava cerca de duas toneladas e custava 15 ou 20 milhões — o que, naturalmente, tornava impraticável a sonorização direta do filme. Outro procedimento, utilizado pela missão Ogooué-Congo, consistia em gravar o som em discos. Entretanto, o gravador, que possibilita o registro das ondas sonoras em fita magnética, mudou a situação. Os primeiros aparelhos portáteis foram aprimorados na França a partir dos anos 1950, e desde então têm sido aperfeiçoados continuamente.

Hoje, em virtude da utilização simultânea da imagem em 16mm e do som magnético, o filme etnográfico pode ser feito integralmente no próprio local, com pessoal reduzido e equipamento de peso e custo menores. Com esses recursos pudemos realizar uma série de filmes (*Os mestres loucos*, *Eu, um negro* etc.) que nos permitiram afinar gradualmente diversas técnicas. Em consequência, pode-se dizer que o filme etnográfico nasceu em Paris, no Museu do Homem, mas em seguida vários pesquisadores realizaram documentários originais no Canadá, na Bélgica e na Itália. Por exemplo, na Bélgica, Luc de Heusch trouxe do Congo dois filmes notáveis, consagrados respectivamente a uma cerimônia de iniciação na sociedade conhecida como "dos Leopardos" (na região situada ao sul de Stanleyville [atual Kisangani]) e a uma tentativa bastante interessante de elaboraçao da tese de Jacques Maquet sobre as relações de parentesco em Ruanda.[20] Foi em 1951 que utilizamos *in loco* o primeiro gravador portátil alimentado por baterias: disso resultaria, em colaboração estreita com Marcel Griaule, o filme consagrado aos rituais funerários dos dogon (*Cimetière dans la falaise* [O cemitério no penhasco]).

O desenvolvimento da tecnologia levou André Leroi-Gourhan a organizar um curso regular consagrado ao filme etnográfico no Centro de Formação em Pesquisas Etnológicas.[21]

A partir de 1948, o Museu do Homem deu seus primeiros cursos de cinema. Em 1953, foi criada no mesmo museu a Comissão do Filme Etnográfico.

Passaremos a examinar agora os principais problemas de método resultantes da utilização desse novo instrumento de pesquisa.

20 *Rwanda*, de Luc de Heusch, Bélgica, 1955, 45 min: o sistema das relações sociais na antiga Ruanda; reconstituição das situações típicas do país antes da chegada dos europeus.

21 André Leroi-Gourhan, "Cinéma et sciences humaines: le film ethnographique existe-t-il?". *Revue de géographie humaine et d'ethnologie*, n. 3, jul.-set. 1948, pp. 42-51.

Problemas do filme etnográfico

Seria decerto prematuro querer tirar agora a lição metodológica contida na utilização desse novo instrumento de registro dos fatos sociais. Nosso intuito é tão somente o de repassar ligeiramente os dados envolvidos em certos problemas e esboçar algumas das perspectivas radicalmente novas que se abrem desde já.

A situação do filme etnográfico

É preciso que se entenda que houve por muito tempo, de parte dos próprios etnólogos, um obstinado movimento de resistência ao filme etnográfico. Os técnicos do cinema, por sua vez, não eram favoráveis às novas técnicas porque julgavam inútil dar formação básica a amadores que nunca chegariam a possuir as qualidades profissionais exigidas. Os etnólogos se opunham à ideia do filme por várias razões. Em primeiro lugar, receavam não poder dominar suficientemente as técnicas. Seus instrumentos tradicionais eram o bloco ou a caderneta de apontamentos e o lápis, e lançar-se a experimentos arriscados lhes parecia uma aventura suspeita. Por outro lado, devia entrar em jogo aí certa antinomia entre as noções de cinema e de pesquisa científica: com efeito, o cinema era sinônimo de ficção, de entretenimento, e se colocava no plano estético. Tudo isso parecia estar situado no extremo oposto da pesquisa científica. Pensava-se também que o cinema era sinônimo de lucro material e havia o receio de que, se contassem com a possibilidade de realizar filmes, os pesquisadores de campo fariam cinema e não mais pesquisas. Enfim, pensava-se que o registro através das imagens era algo sumário e aproximativo, que comprometeria parcialmente a acuidade de visão do pesquisador.

A experiência mostrou que todas essas razões eram inexatas. A popularização das técnicas e a miniaturização das câmeras tornaram mais simples o manejo desses aparelhos. Notou-se, por outro lado, que, longe de constituir um obstáculo para a pesquisa, o filme conferia-lhe uma nova dimensão e de fato descortinava um mundo de novas possibilidades; esboçaremos algumas delas nas páginas que se seguem.

Quais são os novos elementos que o filme é capaz de suscitar?

O filme sobre tecnologia, sobre pré-história e sobre linguística

Comecemos por esclarecer que os etnógrafos-cineastas iniciantes têm interesse em filmar primeiro documentos de natureza tecnológica; é filmando técnicas que se aprende o ofício; com efeito, a filmagem da fabricação de louças de barro, de uma piroga ou de cestas se insere num conjunto bastante simples que respeita a regra tradicional das três unidades, de tempo, lugar e ação.

O cinegrafista, portanto, vê-se diante de um objeto relativamente simples que ele é capaz de abarcar em sua totalidade.

Não se pense, a propósito, que o interesse de tais documentos seja medíocre. Muito pelo contrário, uma comparação entre várias sequências filmadas sobre a fabricação de potes, por exemplo, revelaria diferenças de técnica ou de perícia que teriam passado por alto caso não se tivesse utilizado a técnica cinematográfica. O filme sobre técnicas, portanto, não é o mais simples dos filmes. A utilização do som síncrono permite, pelo contrário, realçar particularidades que não poderiam ser captadas por outra técnica de registro.

O filme é cada vez mais empregado em disciplinas afins, por exemplo, em pré-história, arqueologia e mesmo em linguística. Não há paradoxo nisso, a não ser aparentemente.

O filme sobre a pré-história ainda está na infância. No início, pensava-se que havia uma espécie de "caso-limite" para a utilização do filme etnográfico. Após os ensaios de Leroi-Gourhan, no entanto, os esforços nesse sentido se multiplicaram e hoje são numerosos os arqueólogos que se utilizam desse método de registro. É evidente que o filme permite dispor de uma espécie de "diário de escavações" (o qual, diga-se de passagem, pode a rigor ser substituído por um conjunto de fotografias fixas). O filme que focaliza a pré-história, por outro lado, permitirá conservar em boas condições as imagens dos sítios de arte paleolítica ora ameaçados de degradação: nisto, o cinema apresenta uma vantagem considerável sobre a fotografia, a de poder situar o sítio em seu meio.

Em linguística, campo em que o cinema aparentemente não está destinado a desempenhar nenhum papel importante, tem-se verificado nos últimos anos, pelo contrário, a utilização desse processo de documentação.

O filme foi utilizado pelos médicos a princípio para a reaprendizagem da fala; mas, em seguida, passou da linguística patológica para a linguística normal: trata-se de radiografar uma pessoa durante o ato da fala. Assim, torna-se possível compreender melhor as técnicas específicas de certos falantes, por exemplo, o modo como os bosquímanos pronunciam seus "cliques". Trata-se de um campo que, por ora, ainda depende de pesquisas, mas que é bastante promissor.

Vimos, nas páginas precedentes, como a fita magnética permite agora a gravação simultânea do som. As novas possibilidades se afiguram extremamente interessantes. A noção de tempo representa um papel muito mais importante do que se pensava até agora no desempenho de certas técnicas. Com efeito, o som se encontra intimamente ligado ao ritmo. Observou-se, por exemplo, que um ferreiro ocupado em fabricar um arpão tem um ritmo de trabalho regulado por décimos de segundo (ou, às vezes, centésimos); o ritmo é um ritmo musical estruturado e essa estrutura rítmica se encontra com frequência na base da melodia da canção entoada pelo ferreiro, pela piladora de milho miúdo ou por outro profissional.

A documentação dos rituais coletivos

Um dos aspectos mais interessantes do filme etnográfico, tal como sublinharam vigorosamente Marcel Mauss e Marcel Griaule, é que ele permite abarcar com uma simples visada as diversas partes de uma cerimônia complexa.

Durante o desenrolar de um ritual, numerosos indivíduos atuam ao mesmo tempo, e o olho humano não é capaz de abranger com um único olhar as operações simultâneas. Por exemplo, no caso de uma dança de possessão, é preciso registrar concomitantemente o que se passa no plano da orquestra, no plano dos sacerdotes, no plano dos dançarinos e, por fim, no dos fiéis.

A dificuldade, aqui, não é de natureza técnica, e sim sociológica: seria preciso que o cinegrafista, a fim de fazer um bom trabalho, soubesse de antemão qual será o desenrolar do ritual; em outros termos, seria preciso que ele conhecesse de antemão a progressão do argumento. É por isso que se pode afirmar que o filme etnográfico, com raríssimas exceções, não deve ser um filme de descobrimento. O etnógrafo que filma um ritual deve saber previamente o que vai se passar; ele deve dispor de um esquema do ritual tão preciso quanto possível. Essa condição, a propósito, encerra um interesse de ordem prática: ela obriga o etnógrafo em trabalho de campo a alcançar certo nível de síntese no momento mesmo em que ele está ocupado em fazer a análise; noutras palavras, ao preço de certa ginástica intelectual, o etnógrafo deve repor o fenômeno que estuda na sua conjuntura social. Isso, portanto, obriga-o a considerar os problemas a partir de outra dimensão, o que ainda contribui para refinar sua capacidade de observação; tanto é verdade que o filme etnográfico, longe de prejudicar a acuidade da visão, pelo contrário, reforça-a. Por outro lado, o filme preserva a integridade dos diversos gestos e quando um ritual, como é frequente, comporta grande número de ações simultâneas, alguns gestos podem parecer destituídos de interesse, enquanto outros se mostram mais essenciais; ora, submetidos à análise, nota-se com frequência que dentre tais gestos o mais inconspícuo, o mais discreto, é o mais importante. A realização de um filme, portanto, constitui um exercício de observação sem igual.

A análise a posteriori

A outra vantagem insubstituível do filme etnográfico — trata-se de um atributo específico desse modo de investigação — é que ele possibilita o reexame da matéria documentada. O etnógrafo conta com a possibilidade de projetar para a população estudada as imagens que colheu. Os atores do filme são solicitados a criticar as imagens a pedido do cinegrafista, e desse confronto pode surgir um diálogo de incomparável riqueza. Em outras palavras, a possibilidade de "visionar" o filme enseja, pois, a revisão do trabalho do etnógrafo pelo "etnografado".

Se, por exemplo, o objeto de estudo do pesquisador é um sacerdote empenhado no cumprimento de um ritual, não é possível, naturalmente, interrompê-lo durante sua atividade, que é sagrada; e esta constitui uma limitação considerável da pesquisa de tipo clássico; pelo contrário, se o mesmo pesquisador filmar o ritual, ele poderá mostrar o filme para o sacerdote, que a essa altura já não é mais ator, e sim espectador, um espectador que observa a si mesmo e que é capaz de explicar, analisar e comentar com detalhes sua ação. O filme, portanto, faculta ao "pesquisado" interpretar ele mesmo a sua atividade e fornecer ao pesquisador uma série de informações complementares que, de outro modo, correriam o risco de escapar à pesquisa. Acrescentemos que a visão do filme é estimulante para o pesquisado e pode levá-lo naturalmente a fazer comentários interessantes. É preciso lembrar que um informante, na realidade, nunca responde senão às perguntas que se lhe fazem, e tudo se passa como se a visão do filme suscitasse implicitamente tais perguntas.

Note-se, enfim, uma constatação que salta aos olhos: a projeção do filme (que pode ser feita em câmera lenta) permite ao etnólogo rever indefinidamente, se assim o desejar, o mesmo ritual, o mesmo gesto, a mesma atitude; a realidade elusiva é imobilizada no tempo e, de algum modo, permanece à disposição do pesquisador.

A pesquisa da morfologia social

Por mais estranho que pareça, o cinema é o único instrumento que permite mostrar como se situam os homens no local estudado. Os planos cinematográficos reproduzem a realidade autêntica e põem o homem em situação geográfica: torna-se compreensível, por exemplo, por que uma aldeia está plantada num terraço ou encarapitada no cume de uma montanha.

Num plano diverso, o filme permite apreender o sentido dos comportamentos em sua especificidade. Gestos, "maneiras de se comportar". O conjunto das atitudes e posturas é perfeitamente conservado pelo documento filmado. À releitura de tais documentos, surgem correlações ou, pelo menos, hipóteses de trabalho que tornam claras as relações talvez existentes entre, por exemplo, certo modo de se vestir, certo modo de falar, de rir, de se portar, e certo meio social ou étnico. O caráter fugidio dessas atitudes pode, assim, ser preservado pela pesquisa filmada. Teremos a oportunidade, a partir dessa observação, de traçar mais tarde espécies de mapas de distribuição das famílias culturais, o que tornará possível elucidar as relações profundas existentes entre tais e tais grupos, as quais por ora ainda passam despercebidas.

A organização social

Ainda aqui, trata-se na aparência de um campo que não deveria ser compreendido exatamente no âmbito do filme etnográfico. No entanto, o registro cinematográfico certamente permitirá captar relações que correriam o risco de permanecer fora do campo de apreensão do pesquisador. Assim, por exemplo, em Ruanda, Luc de Heusch, trabalhando com base nas pesquisas sobre o parentesco realizadas por Marquet, reuniu um conjunto de documentos que ilustravam as estruturas tripartites da Ruanda tradicional, estruturas formadas pela justaposição de três grupos étnicos e sociais diferentes: ao pé da escala, os Twa, pignóides; em seguida, os Hutu, sedentários, agricultores, mantidos em estado de semissujeição pela etnia dominante dos Tútsi, nômades, criadores, conquistadores.

Pensou-se, por outro lado, em utilizar o filme num campo que à primeira vista lhe é ainda mais estranho, o das autobiografias. Parece, com efeito, que o conhecimento do modo como um informante se exprime, o conhecimento de suas atitudes, de seus gestos, de suas entonações é parte integrante da documentação que ele fornece.

A etnomusicologia

Se nos campos da pré-história, da organização social e da linguística o cinema não é mais do que um acessório, por mais precioso que seja, nessa esfera ele constitui um instrumento absolutamente indispensável. No que diz respeito à etnomusicologia, trata-se de um instrumento de importância capital. Isso vale, sobretudo, desde o aparecimento das novas possibilidades oferecidas pelo filme com captação sincronizada de imagem e som.

Em todas as manifestações musicais das sociedades pré-industriais, o som e o gesto são indissociáveis; convém, pois, registrar simultaneamente a música e a dança. Como pude constatar durante o trabalho de campo, em contato com Rouget, a utilização da câmera era indispensável para explicar, para além da imagem, a evolução da música; com efeito, por ocasião de rituais ou de danças, dá-se com frequência que, a certa altura, a direção geral do conjunto musical é transferida, passando da orquestra (músicos) para os executantes (dançarinos); quando os dançarinos estão "aquecidos" pela orquestra, é um deles que em dado momento assume a direção dos trabalhos.

É óbvio, por outro lado, que o filme é indispensável ao estudo dos mecanismos da coreografia; tal é a destreza e, às vezes, o virtuosismo dos músicos que essas qualidades superam as possibilidades dos meios de registro clássicos; nesse caso, o filme com som síncrono se mostra indispensável.

Pudemos comprovar pessoalmente essa necessidade quando realizamos, em ligação com Germaine Dieterlen, o filme sobre os tamborileiros dogon, que tocavam tambores de pedra; tratava-se de dois tamborileiros tocando simultaneamente o mesmo tambor; a precisão da execução era extraordinária, e o registro cinematográfico com som síncrono era o único meio que possibilitava a transcrição ulterior sobre duas partes de solfejo dos gestos complementares dos dois executantes tocando a quatro mãos.

Pode-se constatar, com base nesses diversos exemplos, o interesse considerável dos novos meios de pesquisa. Certamente, ainda falta muito para estabelecer sua metodologia, e isso não constitui uma justificativa. Todo etnólogo deve recorrer a essas técnicas. Cada pesquisador observa o seu próprio método. Ao que tudo indica, porém, o filme oferece novas possibilidades em inúmeros campos da investigação etnológica. O progresso incessante da técnica, o refinamento cada vez maior dos meios de registro e a crescente miniaturização dos aparelhos permitirão a todos os pesquisadores de campo, num futuro muito próximo, dispor de novos métodos para documentar a realidade: então, o filme etnográfico se tornará uma verdadeira disciplina.

CHRIS MARKER

Convencionou-se classificar o francês Chris Marker (1921-2012) como o mestre incontestável do documentário-ensaio (*O fundo do ar é vermelho* [*Le Fond de l'Air Est Rouge*, 1977], *Sem sol* [*Sans soleil*, 1983]). Essa vertente, na qual reina insuperável, não deve, contudo, eclipsar a rara amplitude de sua paleta, que inclui marcantes obras militantes (*Longe do Vietnã* [*Loin du Vietnam*, 1967]), retratos personalíssimos (*Elegia a Alexandre* [*Le Tombeau d'Alexandre*, 1993]) filmes-viagens (*Carta da Sibéria* [*Lettre de Sibèrie*, 1957]), modelos do chamado cinema direto (*Maio feliz* [*Le Joli Mai*, 1963, codireção de Pierre Lhomme]) e mesmo um clássico da ficção científica (*La Jetée* [1962]).

Marker Mémoire

[Publicado originalmente como "Marker Mémoire", em *In Images Documentaries*, n. 31, 3º trimestre, 1998, pp. 75-78. Traduzido por Hugo Mader.]

Expor-se a uma retrospectiva (mesmo que a palavra não esteja escrita em lugar nenhum) ainda em vida só é perdoável se aproveitarmos a limusine posta à nossa disposição para embarcar alguns caronas. Não seria ilógico incluir nessa espécie de autorretrato em breves linhas que uma seleção dos nossos filmes acaba por traçar, à nossa revelia, filmes de outros diretores que nos marcaram, contribuíram para nossa formação, nos estimularam. Eles fazem parte de nós e dizem mais sobre nós do que nós mesmos diríamos. Se eu me permitisse escrever a minha autobiografia (ideia deplorável), certamente começaria com algumas linhas de Chateaubriand ou de Giraudoux falando de sua infância: elas seriam mais autênticas do que as minhas lembranças. Em seguida, seria preciso realizar uma seleção, já que a lista de filmes que me marcaram preencheria facilmente a programação de um ano inteiro. Em todo caso, não caberia a mim revelar Hitchcock, Resnais, Borzage ou Tarkóvski aos espectadores da Cinemateca... Então, convidei para esta festinha de família alguns autores e alguns filmes pouco ou mal conhecidos, senão completamente desconhecidos.

A todos eles devo alguma coisa: a Carroll Ballard,[1] transportar-me para o cérebro e os olhos de um gato; a Alain Cuny,[2] a certeza de que a poesia que cada um traz consigo é capaz de neutralizar as armadilhas da técnica; a Pelechian,[3] a comprovação de que o lirismo não é uma questão de moda nem de época, e de que a tradição mais pura do grande cinema russo pode desaguar na modernidade total.

A Nicole Védrès,[4] devo tudo.

Dizer que Nicole, com dois filmes, ensinou-me que o cinema não era incompatível com a inteligência poderia soar ridiculamente pretensioso. Esse aí, quem ele pensa que é? Eram os outros idiotas? Então, vamos deixar claro isto. Não é a inteligência dos cineastas que está em pauta, é a ideia, pouco acolhida à época, de que a inteligência poderia constituir o material de base, a matéria bruta a ser trabalhada pelo comentário e pela montagem, de modo a extrair-lhe um objeto chamado filme. Apelo para o mestre da lítotes que foi Charles de Gaulle: "Às vezes, os militares, exagerando a impotência relativa da inteligência, descuidam de se servir dela". Leia-se "os cineastas". Que bicho deve ter mordido o meu caro Mocky para que, no set de *Nulle Part Ailleurs* [1987-2001], ele exclamasse: "Fazer filmes inteligentes é racismo!"? (Isso não lhe deu sorte, seu filme vendeu ainda menos ingressos do que *Level Five* [1997], então...). Talvez seja preciso simplesmente suprimir da palavra "inteligência" o valor agregado que a sub ou sobrevaloriza e considerá-la tão somente uma categoria estética, a partir da qual se pode conceber o cinema como herdeiro não apenas do romance e do teatro — e, mais raramente, do poema —, como também do ensaio. Naturalmente, como no caso dos livros, pode haver péssimos ensaios. Isso tudo parece trivial hoje. Antes de *Paris 1900* [Nicole Védrès, 1947] e de *La Vie commence demain* [A vida começa amanhã, Nicole Védrès, 1950] não era assim em absoluto.

O retrato que precede seu filme [*Portrait de Nicole Védrès*, Roger Boussinot e Jean-Claude Bergeret, 1964] permite ver que mulher foi Nicole Védrès, e de quebra experimentar, como eu experimentei ao rever esse breve argumento de 1964, um sopro de nostalgia: "Um dia, a televisão foi assim...".

Chris Marker

1
Carroll Ballard (1937) — diretor americano de documentários (*Harvest*, 1967) e filmes de ficção (*O corcel negro* [*The Black Stallion*, 1979]). [N. O.]

2
Alain Cuny (1908-1994) - ator e diretor francês de teatro e cinema. Atuou em *Os visitantes da noite* [*Les Visiteurs du soir*, Marcel Carné, 1942] e *A doce vida* [*La dolce vita*, Federico Fellini, 1960]. [N. O.]

3
Artavazd Pelechian (1938) — documentarista armênio. Ver neste volume, pp. 162-84. [N. O.]

4
Nicole Védrès (1911-1965) — escritora, cronista e documentarista francesa. [N. O.]

Godard, em contrapartida, não é exatamente um desconhecido. Ocorre, porém, que *Puissance de la parole* [O poder da palavra, 1988], um média-metragem feito por encomenda da France Télécom, não foi tão exibido como seus outros ensaios. Ora, foi Godard quem de fato reinventou o gênero e, mesmo que seus filmes rompam alegremente com os cânones da ficção, há em sua obra toda uma vertente à margem da dramaturgia, embora também ela seja marginal — uma margem da margem que, egoisticamente, ainda prefiro à outra. Prefiro *Scènario du film "Passion"* [1982] ao próprio *Paixão* [*Passion,* 1982] e, contudo, gosto de *Paixão*. No exato momento em que escrevo isto, torno a pensar que é um disparate total "preferir" o que quer que seja na obra de Jean-Luc; ou melhor, essa preferência, que no caso de outros diretores pode implicar até a eliminação de certos filmes em favor dos filmes eleitos, não passa de uma questão de gosto um tanto superficial: o essencial da obra está além disso, numa coerência que deve ser aceita em bloco, como a Revolução segundo Clemenceau. Um Godard é um Godard, assim como um Van Gogh é um Van Gogh; há quadros que penduraríamos com gosto na parede de casa, outros não, mas todos são partes constituintes do mesmo bloco. Não é uma questão de estilo, noção aplicável a outras escritas cinematográficas – é uma questão de toque –, e Godard é provavelmente o único cineasta de quem se poderia dizer isso.

Acrescento que me pareceu divertido promover o breve reencontro (sem trapacear com o tema: o episódio *Logos*, de *O legado da coruja* [*L'Héritage de la chouette,* 1989], *Poto et Cabengo*, de Gorin[5] [1980], e *Puissance de la parole* formam muito logicamente um conjunto) dos dois cúmplices daquele que foi, nos anos gloriosos após 1968, o Grupo Dziga Vertov. Gorin, resgatado e trasladado para os Estados Unidos, seguiu uma trajetória original que o levou da cozinha de *Apocalipse Now* [Francis Ford Coppola, 1979] a uma cátedra em San Diego, de onde ele nos envia agora seus ensaios, raramente mostrados na televisão. Mais um que trabalha a partir da inteligência. *Poto et Cabengo* é a invenção da linguagem pelos *Sobrinhos do capitão* [*Katzenjammer Kids*], sob a égide de Lewis Carroll.

5. Jean-Pierre Gorin (1943) — professor de cinema e cineasta francês. [N. O.]

Com a inclusão de Cuny, gostaria de tentar reparar uma injustiça. *L'Annonce faite à Marie* [1991], filme pelo qual batalhou anos a fio em meio a tempestades inimagináveis, enfrentando dificuldades de natureza prática que teriam desanimado mesmo um profissional calejado, ele, que ignorava tudo de técnica, arrancou-o ao caos primordial com a força de um demiurgo. Cuny obteve de seus colaboradores, entre os quais se destaca Catherine Binet — e também da intensidade de sua paixão —, aquele "melhor de si" que em geral apenas os mestres consagrados conseguem obter. Após tanto tempo e tantos obstáculos, todo mundo esperava uma obra instigante, porém inacabada. E o que se viu foi uma obra-prima. Alguns a reconheceram de imediato, outros precisaram de tempo. Quem não se divertiu ao ler num semanário, durante a exibição do filme na televisão em 1996: "Neste filme, saboreia-se aos poucos o que há de belo no silêncio, a magia de um objeto banal, descobre-se a carga espiritual das coisas e dos seres"? Ora, por ocasião do lançamento do filme nas salas comerciais, em 1991, tivemos de ler, do mesmo autor: "bricabraque de uma modernidade já caduca, de uma inépcia e uma pretensão ridículas"... (Isso, é claro, sem a menor sombra de arrependimento ou de autocrítica; não, senhor, nesse meio não se faz autocrítica, oh não! E ainda querem que os comunistas peçam perdão...) Esse seria um exemplo meramente anedótico, se o fracasso de *L'Annonce* não tivesse contribuído de alguma forma para a tristeza que habitava Cuny no momento de sua morte. Que essa projeção seja um simples círio à margem de uma prece universal jamais esgotada: "Senhor, protegei-nos dos imbecis".

Não tenho vontade de falar muito sobre meus filmes. Há tempos venho restringindo o repertório dos programas que me são gentilmente dedicados aos trabalhos posteriores a 1962, ano de *Maio feliz* e de *La Jetée*, e como essa pré-história compreende títulos que dizem respeito à União Soviética, à China e a Cuba, captei, aqui e ali, com a comovente empatia que caracteriza a vida intelectual contemporânea, a ideia de que, no fundo, tratava-se de uma maneira de perder a lembrança dos entusiasmos da juventude — chamemos as coisas pelo nome: uma autocensura retrospectiva. Como o meu lema sempre foi "*Never explain, never complain*" [Nunca se explique, nunca se queixe], acho inútil explicar-me sobre isso; entretanto, como a ocasião se apresenta, é melhor dizer de uma vez por todas: não retiro nada, nem me arrependo de nada do que fiz nesses filmes, em seu tempo e lugar. Com base nos seus temas, balizei o meu caminho o mais claramente que pude, e *O fundo do ar é vermelho* tenta chegar a uma síntese honesta dessa trajetória. Aqui, contudo, é de cinematografia que se trata, e afirmar que a minha era rudimentar naqueles tempos seria uma lítotes digna do general De Gaulle. Daí, a armadilha: para deixar claro que não retiro nada, nem me arrependo de nada, irei infligir meus esboços a um público que está se lixando para os acertos de conta históricos? A resposta é "não". Ninguém censura Cocteau por não ter republicado *A lâmpada de Aladim*, nem Zemlinski por ter jogado no lixo a sua primeira sinfonia após uma única execução... Temos o direito de aprender, não é indispensável expor as etapas da nossa aprendizagem. Mesmo que — e é só isso que ainda espero — nunca acabemos de aprender.

RICHARD LEACOCK

Como diretor, diretor de fotografia e operador de câmera, Richard Leacock (1921-2011) é figura central no desenvolvimento da escola do documentário observacionista. Diretor de fotografia do último filme de Flaherty, *A história de Louisiana* [*Louisiana Story*, 1948], e, ao lado de Albert Maysles e D. A. Pennebaker, do pioneiro do cinema direto, *Primárias* [*Primary*, 1960], de Robert Drew, realizou também clássicos como *Feliz Dia das Mães* [*Happy Mother's Day*, 1963, codireção de Joyce Chopra], *Lambert, Hendricks & Co* [1964, codireção de D. A. Pennebaker] e *Lulu in Berlin* [1984].

Tribuna livre

[Publicado originalmente em *Documentaries*, mar.-abr. 1991, p. 12. Traduzido por Hugo Mader.]

Passei a vida toda fazendo filmes documentários e boa parte dos últimos vinte anos ensinando como realizá-los. Fico sempre desconcertado quando as pessoas, quase sempre os jovens, me dizem: "Quero trabalhar com documentário... gostaria de trabalhar com você, no seu próximo filme". A resposta à última sugestão é fácil: "Não", pois não filmo em equipe. A resposta à primeira é mais complicada, uma vez que não faço ideia do seu significado.

Suponhamos que alguém nos diga: "Quero trabalhar com automóveis...", mas ninguém diria isso... Se lhes perguntarmos, a maioria das pessoas dirá que pretende "dirigir"; alguns dirão que querem "fazer câmera". Preciso saber o que realmente lhes interessa no cinema documentário. Pretendem ganhar dinheiro? Bastante dinheiro? Pretendem trabalhar para a televisão? Sentem alguma necessidade urgente de comunicar, mesmo que isso não dê dinheiro? Gostariam de compreender certos aspectos da situação em que se encontram e compartilhar isso com outros? Vão aos lugares só para ver o que acontece? Alguma vez lhes ocorreu fazer esboços das pessoas e situações que encontram? Tiram fotografias, o que é outro modo de compartilhar experiências? Será o cinema documentário um bicho que as mordeu, algo que não podem deixar de fazer?

Levanto essas questões porque aquilo que fazemos é muito, muito difícil. Tempos atrás, ainda menino, eu quis aprender a tocar um instrumento musical. Imprudentemente, escolhi o violino. Não chegava a tocar mal, mas não era bom o suficiente. Não gostava de me ouvir tocando. Não praticava o bastante. Sete anos depois, descobri que me faltava motivação. Parei de tocar. Qualquer um pode comprar um bom violino, mas é aconselhável não alugar um auditório antes de passar algum tempo... um bom tempo tocando.

É fácil fazer um filme ruim, quem sabe é isso que atrai as pessoas? A maioria dos filmes é mal realizada e mal montada. A maioria das pessoas nem sequer enxerga a diferença (incluo os críticos nessa categoria). Se querem realmente fazer filmes, é preciso filmar, filmar e filmar; em seguida, é preciso que vocês mesmos montem aquilo que filmaram. Não há outro modo de aprender. Não façam cursos. Não leiam livros... Filmem!

Até pouco tempo, as pessoas podiam dizer, "mas é muito caro...". Hoje, com o Video-8, isso já não é verdade. Eu só trabalho com Video-8. Ele me dá grande liberdade. Posso fazer experiências, ensaiar mil maneiras diferentes de filmar, e quando me dou por satisfeito posso voltar para casa, montar e remontar o material. Não há limitações. Desconfio daqueles que só filmam em troca de pagamento: serão suas motivações realmente profundas, seu interesse realmente autêntico?

Robert Flaherty, autor de *Nanook, o esquimó* [*Nanook of the North*], rodados em 1921 e de *Moana* em 1924, foi o meu mestre. Nos seus filmes, ele mesmo desempenhava as funções de cinegrafista e de montador. A primeira vez que nos encontramos, em 1936, foi quando ele veio à nossa escola para rever as filhas. Passou a tarde inteira filmando uma jovem irlandesa que penteava os longos cabelos loiros! Filmar, filmar pelo prazer de filmar! Achei que Flaherty era louco! Anos mais tarde, me dei conta de que o louco era eu!

ROBERT DREW

Veterano da Segunda Guerra, ex-jornalista do semanário *Life*, Robert Drew (1924-2014) foi o principal mentor e produtor da revolução estética e tecnológica representada pelo cinema direto americano nos anos 1960. Realizou, no calor do momento, os três maiores clássicos dedicados a John Fitzgerald Kennedy (*Primárias* [*Primary*, 1960], *Crise* [*Crisis: Behind a Presidential Commitment*, 1963], *Faces de novembro* [*Faces of November*, 1964]), além de obras-primas como *A cadeira* [*The Chair*, 1963], *Sinal de tempestade* [*Storm Signal*, 1966] e *Na estrada com Duke Ellington* [*On the Road with Duke Ellington*, 1974].

Um independente nas emissoras

[Publicado originalmente como "An Independent with the Networks", in Alan Rosenthal e John Corner (orgs.), New *Challenges of Documentary*. Manchester: Manchester University Press, 2005, pp. 280-92. Traduzido por Fábio Bonillo.]

Pediram-me para escrever sobre mim e sobre duas questões: como consigo fazer filmes documentários que as emissoras públicas estão dispostas a exibir? Que papel cumpro como produtor executivo nos filmes da Drew Associates?

Um independente

Quanto a mim, eu era um estudante colegial em Fort Thomas, Kentucky, quando trombei com uma espécie de músico. Ele pisava no chão para marcar o tempo, fumava charutos fortes e ensinava música gritando no nosso rosto. Seu nome era McKenna e ele era genioso. Levou-me a praticar bastante o trompete por anos. Também regia uma banda e fazia boa música. O que me entusiasmou quando parti para o Corpo Aéreo do Exército foi um apreço pelo ar livre e por tocar corneta. Graduei-me na escola de aviação no meu aniversário de dezenove anos. No de vinte eu estava em uma longa viagem pela Itália ocupada, após minha última missão como piloto de caça.

De volta à Califórnia, pilotei os primeiros caças dos Estados Unidos e escrevi um relato sobre isso para a revista *Life*. Passei os dez anos seguintes como correspondente da *Life* e como editor em Los Angeles, Detroit, Nova York e Chicago.

Quanto ao meu papel como produtor executivo, ele teve início em 1954, quado tive uma ideia sobre a televisão. Embora a televisão estivesse alcançando mais e mais pessoas, seus programas de documentários não me conquistavam. Por mais interessantes que fossem os assuntos em questão, eu cochilava no meio. Por que aquilo acontecia, eu não conseguia imaginar. Meu trabalho era cobrir o mundo real, o que eu achava excitante. Eu costumava sair com tipos como Alfred Eisenstaedt, Leonard McCombe e Eugene Smith[1] em busca de imagens estáticas de realidade que capturavam entusiasmo, espontaneidade e, às vezes, até mesmo emoção.

A ideia que tive não era nenhum grande avanço. Simplesmente me ocorreu ir atrás de algumas das características das imagens em movimento que nós já havíamos nos apropriado para as imagens estáticas. Mas

1 Alfred Eisenstaedt (1898-1995), Leonard McCombe (1923) e W. Eugene Smith (1918-1978), três dos principais fotógrafos da revista americana *Life* em seu apogeu como semanário (1887-1972). [N. O.]

era uma ideia que podia crescer dentro de você. Por exemplo, se alguém fizesse um documentário mais interessante, poderia chamar a atenção de maiores audiências e informar os espectadores em um nível que o jornalismo não alcançara antes. Tal narrativa poderia pagar-se, desenvolver a própria independência e melhorar a sorte do jornalismo, da televisão e do público.

Uma vez que as mudanças que eu tinha em mente eram simples e os passos para realizá-las, óbvios, decidi tirar alguns meses de folga e fazê-las eu mesmo. A *Life* me concedeu uma licença. A NBC me deu dinheiro para fazer um programa do zero. Pus Alan Grant, fotógrafo da *Life*, atrás da câmera principal e saímos para cobrir meia dúzia de histórias.

A equipe não se entusiasmou imediatamente, porque a luta com a enorme câmera à prova de som, o tripé esculpido em carvalho, o gravador de som de 16mm do tamanho de uma mesa, as luzes de filme e os baús cheios de cabos distraiu sua atenção dos aspectos mais agradáveis da realização de um filme. A espontaneidade não ficou esperando tudo isso ser preparado, e as únicas surpresas reais que ocorreram diante da câmera foram a batida da claquete e as irrupções do homem do som gritando "Corta!".

Descobri que uma operação como essa tinha que ser planejada e dirigida, e eu a dirigi. Montei o filme, escrevi uma narração e ofereci à NBC um programa de variedades com dois títulos diferentes — *Key Picture* e, naturalmente, *Magazine X*. A NBC declarou ter gostado do programa e tentou vender uma série baseada nele. Retornei para a *Life* para entender o que havia dado errado.

Depois de alguns meses pensei ter encontrado a maioria das respostas. Sim, nós poderíamos ter mais talentos no processo. Sim, nós poderíamos reduzir o tamanho e a complexidade do equipamento, com dinheiro e tempo — talvez 1 milhão de dólares e três ou quatro anos. Com o acréscimo de um ano ou mais no começo do processo para levantar dinheiro e dois anos no final para realizar alguns filmes pioneiros, meu simples plano teria passado de um projeto de alguns meses para um de seis a oito anos.

É assim que se é fisgado. Eu estava muito comprometido àquela altura e tinha a terrível sensação de que restara um problema para o qual talvez não houvesse solução. Grant e eu havíamos feito algumas coisas boas. Contudo, o filme que rodamos não era comprovadamente melhor que outros documentários. As coisas que fizemos realmente não eram tão importantes assim para a força dos filmes como um todo. Algo estava errado, e a fotografia e o roteiro não o remediavam. Ao rastrear o problema, nos pareceu ter relação com a montagem, a forma como havíamos disposto as imagens. Em certo nível elas faziam perfeito sentido, mas em outro não tinham força. Até nos darmos conta disso, temi que as outras melhorias não conseguissem fazer a grande diferença que eu almejava.

Em busca de pistas, consultei Walter Lippmann, William Allen White, John Grierson, Henry Adams, Robert Flaherty, Josiah Royce e George Bernard Shaw. Josiah Royce? Sim, ele era filósofo, contemporâneo de William James, e escreveu um livro para leigos, *The Philosophy of Loyalty*. Royce teve um impacto incendiário sobre mim, não por ter me dado uma resposta, e sim porque ofereceu uma prescrição: "Mergulhe fundo!".

Fui para Harvard com uma bolsa Nieman e passei o ano estudando narrativa básica — conto, dramaturgia moderna, romance. Gostaria de poder dizer a vocês justamente como a resposta foi surgindo em mim ao longo daquele ano, a compreensão do que estava errado com o pensamento editorial por trás de *Key Picture* e de muitos outros filmes documentários. As pistas vieram de várias partes e se aglutinaram lentamente até que a resposta me pareceu convincente e, também, simples. Era tão simples que fiquei constrangido com o tempo que levei para compreendê-la.

Estou certo de que isso está perfeitamente claro para vocês hoje, mas eis o que eu vi afinal. A maior parte dos filmes documentários era na verdade palestras. Eles eram então, e a maioria assim permanece, palestras ilustradas com imagens. Isso era tão evidente quanto as palestras que eu frequentava todos os dias em Harvard e era posto em relevo pelos romances e peças que lia toda noite. Nos documentários televisivos a lógica residia nas palavras, na narração, na palestra.

Sintonizei para assistir ao *See it Now* de Murrow.[2] À medida que o programa avançava, desliguei o som e

2 Edward R. Murrow (1908-1965) é um dos maiores nomes do jornalismo radiofônico e televisivo dos Estados Unidos. Celebrizou-se por suas emissões da Europa durante a Segunda Guerra (1939-1945). Passando para a TV no começo dos anos 1950, esteve à frente de dois programas jornalísticos semanais na emissora CBS, *See It Now* (1951-1958) e *Person to Person* (1953-1961). Foi homenageado em 2005 pelo filme *Boa noite e boa sorte* [*Good Night and Good Luck*] dirigido por George Clooney, sendo interpretado por David Strathairn. [N. O.]

observei a imagem. A progressão se desintegrou. A força que havia ali virou confusão. A lógica sumiu. Quando desliguei a imagem e ouvi o som, o programa caminhava perfeitamente. Mais tarde naquele ano, os programas televisivos de Murrow foram impressos em formato de livro. Liam-se muito bem.

Por mais óbvio que tudo isso possa parecer, para mim era uma novidade impressionante. Esclareceu muitas coisas. Uma palestra no animado veículo televisivo deve ser maçante. A suposta exceção é quando ela contém notícias, mas então são as notícias que a sustentam, não a palestra. Uma palestra pode prometer demais. Mas o nível de entusiasmo que oferece não sustenta uma hora de televisão. Na melhor das hipóteses, permanece monótono. Até mesmo numa palestra excelente, a curva de interesse geralmente despenca.

O tipo de lógica que provoca interesse e comoção na televisão é a lógica do drama. A lógica dramática funciona porque o espectador vê por conta própria e há suspense. O espectador pode acabar se interessando pelos personagens. Os personagens se desenvolvem. Coisas acontecem. Quer o drama seja um filme, quer seja uma partida de futebol ou uma peça bem representada, o espectador está autorizado a usar seus sentidos tanto quanto seus pensamentos, suas emoções tanto quanto sua mente. A curva da lógica dramática tem a capacidade de construir uma trajetória ascendente que, na pior das hipóteses, consegue atingir o clímax. Quando isso funciona, põe mais espectadores em contato com o mundo, em contato com eles próprios e com revelações sobre eventos, pessoas e ideias.

Naquela época, mais tarde no ano da bolsa Nieman, o problema da narrativa estava começando a se resolver. Câmeras escondidas captariam o personagem e o drama espontâneos que tornam o mundo real excitante. A montagem utilizaria a lógica dramática para transmitir o entusiasmo do drama natural captado pela câmera.

Os outros bolsistas Nieman, todos eles do jornalismo, não se acanhavam ao me lançar um desafio de vez em quando, geralmente um desafio etílico e um intelectual. Eu me perguntava o que cederia antes, meu fígado ou meu cérebro, enquanto debatíamos em cima de martínis noite adentro sobre o quanto (se fosse verdade) tudo aquilo sobre narrativa tinha a ver com jornalismo. Qualquer que fosse o dano, saí dessa experiência com muitas reflexões a respeito de conhecimento, jornalismo e narrativa.

Henry Adams viveu na talvez mais dramática das explosões de conhecimento. Quando partiu para a faculdade em meados de 1800, esperou-se que fosse aprender tudo o que havia para ser aprendido. Quando concluiu *A educação de Henry Adams* em 1904, as diversidades no conhecimento eram tão grandes que ele acreditou ser impossível algum senso de unidade. Mas, disse ele, eu estou velho, e pode ser que, depois que eu morrer, nasça um bebê que crescerá acreditando conseguir enxergar uma unidade em tudo aquilo. A unidade, assim como a beleza, pode estar na mente de quem vê.

Em 1955 Walter Lippmann havia aplicado o pessimismo de Henry Adams à política americana. A democracia não pode continuar a funcionar, disse Lippmann, porque o eleitorado não consegue mais conhecer fatos suficientes para votar racionalmente. Os jornais estão em decadência. A televisão está nos conduzindo ao caminho da distração e do escapismo. O conhecimento está explodindo, e nada pode compensar o fato de não sermos capazes de acompanhá-lo.

Tal pessimismo não impressionou John Grierson nem um pouco. Ele concordou com a ideia de que nenhum eleitor podia saber o bastante para votar racionalmente, mas, segundo ele, nós nunca tomamos nossas decisões dessa maneira. Foi a "experiência compartilhada comumente" que nos permitiu tomar decisões juntos no passado.

Grierson, no entanto, concordava com Lippmann em um ponto: nós temos um problema. As nações se tornaram grandes e complexas demais para funcionar como tribos, cidades ou cortes reais, ou o que os pais fundadores possuíam no passado. Grierson tinha um plano para corrigir isso. Tudo de que precisamos, afirma ele, é construir um grande número cinemas por toda a paisagem, passar filmes sobre o mundo real e persuadir populações inteiras a frequentá-los. Assim Grierson utilizaria tecnologia e cinema para fornecer a milhões a experiência compartilhada necessária ao funcionamento de suas democracias.

Não pude evitar tomar o partido de Grierson porque eu reconhecia ali uma megalomania semelhante a minha e também porque havia visto seus improváveis cinemas realmente se materializando. Eu tinha um em minha sala de estar. A televisão havia superado Grierson, e o que faríamos a respeito disso?

Os jornalistas têm problemas ao decidir o que fazer com a televisão porque em geral os bons jornalistas são prisioneiros do veículo no qual aprenderam seu ofício. Desse modo, um sinaleiro de fumaça indiano pode deixar de apreciar as possibilidades da chave de telégrafo. Um repórter radiofônico pode ter dificuldade em mostrar coisas, em vez de descrevê-las. Um palestrante pode ter problemas em permitir que um drama se desenvolva.

Mas o jornalismo não é um veículo ou outro. É uma função que combina o que está acontecendo (notícias) com os meios de comunicá-lo. Cada meio de comunicação sobrevive fazendo o que pode singularmente e melhor. Deste modo o *New York Times* não tenta publicar imagens da *Life*. Nem a *Life* tenta publicar todos os fatos. Tente fazer o que outro veículo faz excepcionalmente melhor, e você estará desperdiçando seu veículo.

Na televisão, o noticiário noturno é seu próprio meio. O que ele faz singularmente e melhor é resumir as notícias. Por essa razão, recorre a locutores para contar muitas coisas rapidamente — uma palestra ilustrada com imagens, que funciona por causa de sua sazonalidade. O documentário do horário nobre é um veículo completamente diferente. O que ele pode acrescentar ao espectro jornalístico é algo absolutamente singular — a intensa experiência de como é estar em outro lugar, vendo por conta própria desenvolvimentos dramáticos das vidas de pessoas flagradas em histórias importantes.

Para abordar a questão levantada por meus colegas da Nieman, toda essa história sobre narrativa tem a ver com a criação de um novo jornalismo televisivo que trará o documentário à ação ao fazer o que faz singularmente e melhor. Isso significa deixar às outras mídias o que elas fazem de melhor. Então não procure fatos. Esteja, sim, pronto para algumas experiências esclarecedoras, de alta voltagem. E a mídia impressa deveria também estar pronta para inundações de leitores novos e interessados. O tipo certo de programação de documentários irá angariar mais interesse do que aquele que pode satisfazer, mais questões do que às que deveria tentar responder. Deve criar interesses para abastecer um mecanismo multimídia a fim de informar, um sistema de conhecimento que conduza as pessoas da televisão aos jornais e aos livros.

Foi assim que transcorreu o ano. Ao final dele escrevi um artigo para os Relatórios Nieman intitulado "See it Then".

Voltei para a *Life* esperando reunir minhas equipes rapidamente e desenvolver um equipamento mais leve. Entretanto, me vi sem conseguir sair do lugar tentando supervisionar as tarefas de redação e edição. Os gerentes da Time Inc. – Henry Luce e Roy Larsen – haviam dado uma olhada no *Key Picture* e o recusaram. Emissoras continuavam a me oferecer trabalhos. Eu já estava com um. Ganhava 13 mil dólares por ano, e eu precisava de 1 milhão.

Eu buscava inspiração e às vezes ajuda de muitas pessoas talentosas: Richard Leacock, cinegrafista e realizador de um memorável episódio para *Omnibus* [1952-61], *Toby in the Tall Corn*; Arthur Zegart, produtor de documentários da CBS; Bill McClure, cinegrafista do *CBS Reports*; e Morris Engel e Fons Ianelli, experimentadores de equipamento móvel e de cinema.

Levei mais cinco anos para conseguir a equipe, o equipamento leve e uma história para um filme pioneiro. Nesse meio-tempo, eu havia feito alguns curtas-metragens financiados por Andrew Heiskell, o editor da *Life*. Toureiros na Espanha, experimentos com homens sem peso, um voo de balão para olhar Marte através de um telescópio muito acima da atmosfera, uma partida de futebol na faculdade – cada um desses assuntos se transformava em uma história da *Life* e também em um curta-metragem meu. Os filmes eram escolhidos e transmitidos em emissoras de televisão nos programas *Today* e *Tonight*, entre quadros de variedades no *Ed Sullivan Show* e em programas de notícia. A *Life* recuperou seu dinheiro em anúncios. Pus minhas equipes para se exercitarem e desenvolverem técnicas. Mas não tínhamos ainda nosso equipamento leve, e os filmes continuavam somente como preparativos para fazer os dramas com câmeras escondidas.

Em 1960 fui convidado a mudar da *Life* para o departamento de transmissão da Time. Ela detinha canais de televisão e um incrível orçamento para equipamentos básicos. Wes Tullen, o vice-presidente encarregado do patrimônio e das operações de televisão da Time Inc., deu-me as boas-vindas e me pediu que ensinasse às pessoas dos canais a "fazer meu tipo de filme". Em troca, ele forneceria fundos para comprar e modificar equipamento e produzir meus filmes com câmera oculta.

Para cumprir com minha parte na barganha, encomendei a Loren Rider, um fabricante de equipamentos da Costa Oeste, a construção de uma nova máquina que nos permitisse editar filmes complexos enquanto mixávamos várias faixas de áudio dentro de qualquer quarto de hotel. Seria completamente portátil, e poderíamos levá-la a qualquer canal de TV da Time Inc., instalá-la e produzir nosso tipo de filme. Para projetar nossas câmeras leves, pedi a Leacock que desenhasse as especificações, e designei Don Alan Pennebaker, um cineasta que uma vez gerenciara uma empresa de eletrônica, para traduzi-las ao nosso modificador de equipamentos, Mitch Bogdanovich. Em março de 1960, senti estar pronto para fazer o primeiro filme realmente imparcial no qual a filmadora viveria intimamente com personagens envolvidos numa história real.

Selecionei um jovem senador, John F. Kennedy, que estava se candidatando à presidência numa primária em Wisconsin contra outro senador, Hubert Humphrey. Eu contei a ambos que para aquela nova forma de reportagem funcionar nós teríamos que viver com eles de manhã até à noite, filmando tudo o que queríamos filmar, dia após dia. Eles não poderiam saber ou se importar quando estivéssemos filmando, e essa seria a única maneira de conseguirmos captar uma verdadeira impressão da história. Quando Kennedy ergueu uma sobrancelha, eu disse: "Confie em nós ou não será possível fazer". Kennedy concordou. Humphrey concordou.

Para filmar *Primárias*, reuni três equipes em Minneapolis. Cada uma era composta de um fotógrafo e um correspondente que também captava som. Designei

Leacock para me acompanhar como correspondente para Kennedy e os fotógrafos Al Maysles[3] e Terrence Macartney-Filgate para oscilar entre a cobertura de Humphrey e a de comícios políticos. Pennebaker estava a caminho de instalar a nova e portátil máquina de edição num quarto de hotel em Minneapolis.

Eu estava distante de *Key Picture* havia seis anos, cinco desde que Leacock[4] e eu nos conhecêramos, quatro desde que iniciamos nossa preparação, e agora sentíamos o entusiasmo de quem estava diante de um novo começo.

Em nosso primeiro dia com Kennedy, Leacock e eu andávamos no carro do candidato, quando ele parou numa cidadezinha. Kennedy saltou, atravessou uma calçada, uma soleira, um salão e o estúdio de um fotógrafo. O fotógrafo ajustou Kennedy numa pose e tirou uma fotografia dele, então ele caminhou de volta para o carro. Leacock não parou de filmar; eu não parei de gravar. Olhávamos um para o outro. Foi um momento extasiante — a primeira vez que praticávamos tamanha mobilidade com sincronização de áudio, talvez a primeira vez que alguém a havia praticado.

Filmamos ao longo de quase uma semana. Eu juntava as equipes toda noite para trocar impressões sobre o que havíamos filmado e estabelecer tarefas para o dia seguinte. Duas linhas dramáticas se revelaram — Kennedy lutando para superar os preconceitos contra um candidato católico, Humphrey advertindo os fazendeiros contra os "nativos do Leste que zombam de vocês". Seguimos essas linhas até a noite da eleição. Kennedy estava enfurnado em sua suíte de hotel, e ele consentira que um de nós o filmasse. Mas Leacock estava lá embaixo na cafeteria, relutante em invadir a privacidade do candidato. Que louvável e decente esse camarada Leacock, pensava eu enquanto o conduzia à porta e o via dentro do quarto de Kennedy. Leacock largou alguns gravadores portáteis em alguns cinzeiros e filmou o que acontecia enquanto Kennedy primeiro parecia estar perdendo, depois saía da retaguarda e acabava vencendo.

Chegamos em Minneapolis com 12 mil metros de negativos. Abrimos a porta do quarto de hotel em que Pennebaker e Ryder haviam instalado nossa nova máquina

3 Albert Maysles (1926-2015) — cinegrafista e documentarista americano. Ver neste volume, pp. 128-29. [N. O.]

4 Richard Leacock (1921-2011) — cinegrafista e documentarista britânico. Ver neste volume, pp. 107-09. [N. O.]

portátil de edição; era do tamanho de um salão de festas e cheia de máquinas e cabos. "Não se preocupe", disse Pennebaker, "nós encapamos os fusíveis". O negócio era um monstro. Trabalhamos sem parar para pô-lo em funcionamento e para sincronizar o som com a fita. Houve um rompimento invisível no cabo que Leacock e eu lutáramos tanto para conseguir manter entre a câmera e meu gravador. Não havia sinal de sincronia. O filme e a fita não combinavam. Mas Ryder incluíra um novo dispositivo em seu sistema. Ele o chamava de "resolvedor", e tudo o que precisávamos fazer era girar a manivela na velocidade certa e na direção certa para transferir o som em sincronia. A velocidade e a direção mudavam constantemente, e cada trecho levava horas para entrar em sincronia. Muito em breve nós não sabíamos se era dia ou noite.

O pessoal do canal da Time Inc. vinha dar uma olhada em nossa equipe quando chegavam para o trabalho pela manhã e novamente quando partiam após o expediente pela tarde. Eles nunca mostravam o menor interesse em aprender a fazer filmes à nossa maneira.

Foi naquele ano que decidi que fotógrafos e correspondentes deviam também editar. Isso lhes ensinaria a responsabilidade de retribuir àquilo que filmaram e ajudaria cada um deles a evoluir como "cineasta" — uma pessoa capaz de ir além da especialidade para igualmente produzir e conduzir a edição de filmes.

Naquele quarto de hotel minha teoria deparou com o primeiro dos consideráveis problemas que ela iria desencadear no decorrer dos próximos anos. Al Maysles era um cinegrafista brilhante, mas havia algo que o imobilizava naquilo de sentar-se diante de uma mesa de montagem hora após hora. Filgate, célebre por seu temperamento cáustico, ficou categoricamente feroz depois de alguns dias e noites encarando um visor.

A montagem rapidamente reduziu-se a Leacock, Pennebaker e eu. Planejamos sequências juntos. Eles as estendiam. Eu as encurtava. No fim chamei um montador de Nova York, Bob Farren, que combinou as sequências. Dei ao filme um ritmo final e escrevi uma narração em off. O filme durava 52 minutos. Mais tarde Leacock o reduziu para 30 minutos, para a televisão.

Primárias pareceu naquele momento um ápice. Era apenas um começo. Uma coisa a que o filme deu início foi um período de furiosa produção por um independente que estava prestes a descobrir as emissoras.

Com as emissoras

Cineastas de documentários independentes sempre tenderam a considerar as emissoras gigantes, hostis e indestrutíveis. Contudo, a verdadeira produção de documentários das emissoras tem sido limitada em número e estilo, e muitos independentes provavelmente sobreviverão muito bem às emissoras.

Nem todas as emissoras foram sempre hostis. A ABC empregou ou aceitou forasteiros de tempos em tempos – eu mesmo, David Wolper, os Raymonds. A NBC aceitou alguns documentários quando passou pela fase de entretenimento (a série *Life Line*), e empregou ou pagou independentes por trabalhos particulares (as incursões de John Alpert ao Afeganistão e ao Camboja). A CBS se fechou mais consistentemente aos independentes, embora o departamento de entretenimento tenha conseguido pôr em circulação séries de documentários como *National Geographic* [1965-] e *The Body Human* [1977]. Mas persistiram fortes razões para hostilidade – razões de orgulho, estilo e encargos.

Quando *Primárias* estava pronto para ser exibido em meados de 1960, quase todos os documentários de emissoras fundamentavam-se estritamente na palavra escrita. A narração cobria quase todo filme, com pontos deixados em aberto para entrevistas, todas editadas de modo que a fluência das palavras nunca cessasse. *Primárias* continha menos de três minutos de narração. Mostrava personagens em ação, e foi concebido para ser visto tal como se veria um filme encenado. A reação dos executivos de emissoras a ele foi sintetizada por meu amigo Elmer Lower, então na vice-presidência da NBC News e depois na presidência da ABC News. "Você tem umas boas cenas aí, Bob."

O programa foi transmitido por redes de televisão (Time Inc., RKO) e licenciado para canais locais. Nunca foi transmitido por uma emissora.

Primárias ganhou o prêmio Flaherty de melhor documentário e a insígnia azul no American Film Festival. Na Europa, foi recebido como uma espécie de renascimento do documentário. Foi transmitido nas emissoras de televisão, ganhou prêmios e obteve seu espaço nos cinemas. Críticos cinematográficos de Paris avaliaram-no melhor que os mais cotados filmes de ficção do ano. Meus colegas foram badalados pelos europeus, e diretores da *nouvelle vague* nos prestaram a honra de remeter-se ao estilo de nossa câmera em filmes de ficção como *Acossado* [*À bout de souffle*, Jean-Luc Godard, 1960] e *As aventuras de Tom Jones* [Tony Richardson, 1963].

Depois de *Primárias*, as coisas começaram a acontecer no *front* das emissoras. Fiz *On the Pole* [1960], um filme sobre Eddie Sachs, o piloto de corrida de Indianápolis. O vice-presidente encarregado da programação da ABC, Tom Moore, estivera observando a evolução de nossos filmes. Ele mostrou *On the Pole* ao seu presidente, Leonard Goldenson, e veio a mim com nossa primeira oferta em emissoras. Edward R. Murrow havia acabado de obter crédito para vários documentários sobre a África. Moore queria que eu fizesse um programa sobre a América Latina para a ABC.

Protestei dizendo que o jornalismo televisivo deveria estar fazendo filmes sobre pessoas. Sugeri que deixássemos Murrow com os continentes e fizéssemos outra coisa.

"Que outra coisa?", perguntou Moore.

Levei uma semana deliberando sobre que outra coisa fazer em relação à América Latina e surgi com uma história que podia ser realizada com pessoas em conflito, representantes das nações, facções e ideias discordantes de lá. Moore autorizou, eu filmei e montei com minha equipe às pressas, e o programa *Yanki No!*, foi exibido no outono de 1960. Causou comoção junto aos críticos e ao público. O vice-presidente da ABC News pediu demissão porque sua gestão havia feito o filme com um independente. O patrocinador, Bell & Howell, pediu mais.

Então o primeiro negócio com emissoras que fechei foi para um único programa sobre a América Latina. Apareceu na programação da emissora porque seu presidente tinha uma necessidade que sua equipe não conseguia suprir. Fomos selecionados porque estávamos lá no momento certo com algo promissor para mostrar. O que fizemos para a emissora atraiu demanda comercial de um patrocinador. Isso consolidou um grande acordo entre este independente e aquela emissora, tendo a Time Inc. como parceiro financeiro na realização de lucros.

O arranjo exigia que eu produzisse programas em quantidade. Eu nunca havia feito isso, mas se adequava às minhas teorias. Para formar um público grande o suficiente para custear nossos programas e desenvolver nossa independência, seria necessário transmitir uma programação num padrão regular. Para fazê-lo, precisaríamos produzir em quantidade – talvez duas ou três dezenas de horas por ano. Minha teoria exigia que a maior parte dessas horas fosse de programas de variedades (revistas televisivas). Eu acreditava que estávamos vendendo uma "experiência", e não "tópicos de discussão". No entanto a emissora, o patrocinador e a Time Inc. queriam horas dedicadas a assuntos específicos, e foi isso o que fomos solicitados a produzir.

Até então eu havia basicamente manufaturado os programas um a um. Mas minhas teorias exigiam especialistas treinados que mostrassem talento para realizar – cinegrafistas, jornalistas, editores, escritores –, para conceber os filmes, conduzir as filmagens e "fazê-los" na montagem. Eu os chamava de "cineastas" e passei a creditar ao menos uma pessoa como cineasta em cada produção.

Com auxílio da Time Inc., instituí a Drew Associates e providenciei para que fosse de propriedade dos "associados" fundamentais e criativos. Montei uma equipe de pesquisa para descobrir histórias. Desenvolvi o conceito de cada programa com um cineasta e o(a) enviava para filmar a história.

Quando o filme voltava, todo o pessoal de produção o apresentava, o cineasta propunha seu "plano" para montá-lo, e geralmente se sucedia uma balbúrdia entre os membros da equipe. A partir disso eu adjudicava ou, caso necessário, compunha um plano final para a montagem. O cineasta saía com o plano, o filme bruto e meia dúzia de montadores para fazer o primeiro corte. Um ou dois meses depois, eu via aquele corte para aprová-lo ou refazê-lo. Uma vez ou duas eu conseguia aprovar um corte. Eu me encontrava sobretudo mergulhado na montagem. Isso era nocivo ao orgulho dos cineastas, e disso me arrependo, mas o concebia como parte de um processo necessário de treinamento. Em anos posteriores me dei conta de que a teoria estava errada. É verdade que surgiu uma boa quantidade de ótimos cineastas. A primeira geração incluía Richard Leacock, Gregory Shuker, Don Alan Pennebaker, Hope Ryden e James Lipscomb. Mike Jackson, Nick Proferes, Tom Bywaters e Anne Drew ascenderam das fileiras de montadores. Dos correspondentes vieram Tom Johnson e Harry Moses. Da produção vieram Peter Powell, Phil Burton e Sidney Reichman. Hoje estou convencido, no entanto, de que um grande fotógrafo não tem que ser um cineasta completo e de que quem quer que tente se transformar em um pode acabar desafiando as leis da arte e da natureza.

Assim, na primeira temporada com a ABC, a Drew Associates produziu meia dúzia de close-ups[5] para a Bell & Howell, exibidos a intervalos irregulares pela ABC.

Mas a Time Inc. e a ABC eram gigantes que competiam entre si. Ambas possuíam canais de televisão. A ABC "roubou" um canal da Time Inc. Um executivo da Time Inc. insultou o presidente da ABC. A Time Inc. perdeu seu acesso ao tempo da ABC no ar. Indo contra o meu fervoroso conselho, a Time Inc. fez uma encomenda multimilionária de uma dúzia de novos programas à Drew Associates. Eu conseguia ver o desastre nos bolsos da Time Inc. e em toda a minha ideia editorial, caso eu criasse uma revolução nos filmes e esta não conseguisse encontrar seu caminho junto ao público mediante a programação regular de uma emissora.

A Time Inc. encomendou os programas. Eu os produzi. Foram licenciados em horários e lugares desencontrados. Os festivais cinematográficos adoraram nossos programas, mas eles não formavam público de televisão. A Time Inc. finalmente teve que liberar a Drew Associates daquilo que havia sido um contrato de exclusividade.

Essa jogada possibilitou o primeiro acordo direto da Drew Associates com uma emissora. Estávamos filmando somente na especulação um filme sobre o presi-

5 ABC Close-Up! (1960-63; 1984-85) foi um programa documental de meia-hora, dedicado a um único tema, realizado por produtores independentes por encomenda da emissora americana ABC. Drew foi responsável por cinco episódios exibidos de 1960 a 1961, entre os quais o registro dos primeiros momentos de John Fitzgerald Kennedy na Casa Branca, "Adventures on the New Frontier", e "The Children Were Watching", sobre a integração de crianças negras num colégio até então reservados a brancos em Nova Orleans. [N.O.]

dente John Kennedy na Casa Branca, trabalhando com seu irmão, o procurador-geral Robert Kennedy, no enfrentamento ao governador do estado do Alabama, que tentava impedir estudantes negros de frequentar a universidade estadual. Tom Moore ligou para dizer que a ABC gostaria de comprar o programa. Isso foi muito bom porque havíamos acabado de ficar sem dinheiro e eu estava prestes a reconvocar nossa equipe e cancelar o filme – e, para dizer a verdade, a empresa.

A ABC vendeu o filme, *Crise*, e nós negociamos um acordo de dois anos conforme o qual a Drew Associates teria de produzir seis programas especiais de documentários para a ABC News. No dia seguinte à assinatura do acordo, um novo presidente da ABC chegou para assumir suas funções — era Elmer Lower. Tivemos um agradável almoço no Tavern-on-the-Green. Ele me fez uma oferta. "Rasgue o contrato", disse ele. "Traga seu pessoal a bordo como uma unidade da ABC News e você poderá fazer filmes pelo tempo que quiser." Houve uma pausa. "Se você insiste em continuar independente, esses serão os últimos filmes que irá fazer para nós."

Durante dois anos ficou bem claro para nós que éramos "independentes". Fizemos filmes sobre o Vietnã, a península malaia e a morte do presidente Kennedy, mas Elmer e eu não nos víamos muito. O fim daquele período, 1964, foi o fim de nossa produção para a ABC News.

Em 1965, a Xerox me perguntou quais assuntos eram espinhosos demais para as emissoras tratarem. Dei-lhes uma lista de duas páginas. Eles me concederam uma hora para falar do vício em drogas. O filme, *Storm Signal*, ganhou um prêmio em Veneza, mas foi rejeitado por todas as emissoras. A Xerox comprou um horário nos canais nos cinquenta maiores mercados, exibiu o filme várias vezes em cada um deles e obteve números segundo os quais o filme foi o mais assistido do ano e elencado entre os dez melhores especiais de todo gênero.

Em 1967, a Bell Telephone Company decidiu encomendar uma série de documentários sobre artes. No primeiro ano filmei três especiais: o Festival dos Dois Mundos, de Gian Carlo Menotti, a inauguração da nova Metropolitan Opera House e um festival de jazz na Bélgica com Benny Goodman. Os programas foram transmitidos como especiais na NBC e ganharam todo tipo de prêmio incluindo um Peabody.

No ano seguinte, a Bell Telephone pediu que eu me encarregasse da produção de todos os seus programas especiais – uma dúzia exata. Pela primeira vez na vida recusei trabalho. Concordei em produzir metade das horas, seis, e sugeri que ficassem com seu produtor original, Henry Jaffee, para as outras seis. Senti que devia algo a Jaffee porque foi ele quem me pôs em contato com a Bell, mas eu também desejava mais tempo para trabalhar eu mesmo nos filmes. Um dos programas, *Man Who Dances*, sobre o bailarino Edward Villella, ganhou um Emmy.

Estávamos em 1969. Olhando para trás, aconteceram algumas coisas interessantes que influenciaram as relações entre este independente e as emissoras. A única emissora que sabia ser possível usar os independentes contava então com um diretor-geral de jornalismo que acreditava não precisar de nenhum. Isso barrou nosso acesso a temas de serviço público transmitidos pelas emissoras.

Os patrocinadores que influenciaram as emissoras a ir atrás de qualidades especiais nos documentários estavam desaparecendo. Bell & Howell, Xerox e outras companhias haviam se voltado a um modo de transmissão menos ativo e mais conservador. À medida que cresciam os custos das horas nas emissoras, menos patrocinadores conseguiam arcar com programas inteiros. As emissoras que ganharam força como um mercado de compradores se transformaram em um mercado de vendedores. Tornaram-se menos sensíveis aos desejos dos patrocinadores. Conforme crescia a competição das emissoras por audiência, a cultura como mercadoria regular desapareceu do horário nobre. A Bell Telephone Company teve negado tempo no ar para a continuação de uma de suas séries. Ao mesmo tempo, um tipo de programa que aparentava ser um documentário mas não envolvia nenhum dos riscos da abordagem do mundo real começou a entrar na moda – as séries *O mundo submarino de Jacques Cousteau* e *National Geographic*. Finalmente, o custo dos filmes cresceu: tornou-se tão dispendioso filmar a incontrolável vida real que, para mim, era quase impossível continuar a realizar filmes com câmera realmente oculta. Surgiram muitas imitações que macularam o nome que havia sido aplicado aos nossos filmes na Europa, *cinema vérité*.

Assim surgiram, simultaneamente, um congelamento das emissoras e um contingenciamento econômico no desenvolvimento das ideias nas quais vínhamos fazendo algum progresso. Para mim, os anos 1970 transformaram-se no que os 1980 pareciam estar se transformando para a televisão em geral, um movimento em direção a um público seıentado. Tratava-se de algo um tanto arrepiante e emocionante e que exigia novas combinações entre produção de filmes e tecnologia. No campo da ciência, fizemos uma série de filmes para a Nasa sobre os planetas, Marte, astronautas e vida extraterrestre. No das artes, fizemos filmes sobre dança, ópera, mímica e as dificuldades por que passavam os jovens artistas para construir suas carreiras. No âmbito do governo, fizemos uma série de filmes sobre como um estado, a Pensilvânia, tentou gerir seus problemas mais prementes. Para corporações (LTV, IBM, Portec, Westinghouse, Mutual Benefit Life), fizemos filmes sobre fusões corporativas, computadores, a operação Tall Ships, o bicentenário [da Declaração da Independência dos Estados Unidos] e Einstein. Para algumas dessas corporações, também fizemos comerciais — nossos principais representantes nas emissoras de televisão eram minidocumentários com duração entre trinta segundos e três minutos. Fizemos ainda filmes políticos para Nelson Rockefeller e um longa-metragem sobre aviões planadores para os cinemas.

Nossas relações com as emissoras estavam interrompidas quando os anos 1970 trouxeram o florescer dos programas de uma hora sobre múltiplos assuntos, na forma do *60 Minutes* da CBS e depois dos programas de variedades da NBC e da ABC. Esses programas me frustraram porque eu não os estava produzindo, porque eles ainda dependiam principalmente de uma lógica textual, e porque eu pensava saber como poderiam ser mais bem-feitos.

Em 1979 propus um especial de uma hora à NBC que acabou se transformando na produção de um filme mais curto para o programa *NBC Magazine*. Quando estava começando a fazer o trabalho, Paul Friedman, o produtor executivo do programa, disse: "Espere um minuto, não sei se consigo fazer isso". Ele desapareceu saguão afora e voltou; "Sim, eu consigo", disse. Esse programa de variedades, parecia-me, conseguia fazer o que quisesse com os independentes.

Nos dois anos seguintes eu produzi meia dúzia de obras para o *NBC Magazine*, metade delas em videoteipe. Isso me deu uma visão do que era o videoteipe e de alguns problemas e perspectivas dos programas de "variedades" de então.

Creio que os programas de "variedades" deveriam fornecer oportunidades para os independentes trabalharem com emissoras. Essas oportunidades irão implicar alguma frustração porque os estilos de revistas eletrônicos que dão certo com o público fornecem um padrão incomum a qualquer jornalismo de grande alcance ou que seja sentido com profundidade. O tipo de jornalismo aprisionador do *60 Minutes* não pode ser uma maneira de tentar olhar para o mundo em geral. Tampouco o é o mexeriqueiro consórcio com as celebridades do *show business* feito pelo *20/20*. Não acho que a NBC esteja congelada num único padrão porque ela ainda não foi bem-sucedida em atrair um público.

A respeito do videoteipe, espero ver surgir um jornalismo mais poderoso e calcado na experiência quando unirmos o teipe às ideias jornalísticas nas quais vínhamos trabalhando. Ao remover a barreira de custos imposta pelos filmes, o teipe nos libera para filmar escondidos de maneiras nunca antes empregadas. Estou convencido de que iremos produzir o novo material em quantidade, exibi-lo regularmente e cativar maiores audiências utilizando uma forma de relatar a vida real que seja verdadeira e de grande alcance.

Espero que as emissoras, inclusive a rede de televisão pública, permaneçam intactas. Precisamos angariar audiências. As muitas maneiras alternativas de transmissão que parecem vir ao nosso encontro prometem fragmentar as audiências. Nossos propósitos poderiam estar mais aliados do que em contraposição ao das emissoras. Mas, caso eu esteja errado, uma coisa permanece clara: as emissoras serão ultrapassadas por independentes que aprenderem a florescer em outros ambientes.

ALBERT MAYSLES

Figura central na eclosão do cinema direto americano nos anos 1960, como diretor e diretor de fotografia, Albert Maysles (1926-2015) elevou a escola do documentário observacionista a novos patamares de drama e intimidade, ao retratar tanto artistas famosos como pessoas comuns. Entre seus inúmeros clássicos, destacam-se *Caixeiro-viajante* [*Salesman*, 1968, codireção de David Maysles e Charlotte Zwerin], *Gimme Shelter* [1970, com os mesmos codiretores] e *Grey Gardens* [codireção de Ellen Hovde, David Maysles e Muffie Meyer, 1975].

Manifesto do documentário

[Publicado em mayslesfilms.com/the-documentary/. Traduzido por Fábio Bonillo.]

Por quê

Como documentarista, felizmente eu situo meu destino e minha fé na realidade. Ela é minha zeladora, a fornecedora de assuntos, temas, experiências – todos dotados do poder da verdade e da paixão da descoberta. E, quanto mais sigo a realidade, mais honestas e autênticas são minhas narrativas. Afinal, o conhecimento do mundo real é exatamente do que precisamos para entender e, portanto, possivelmente, amarmos melhor uns aos outros. É minha maneira de tornar o mundo um lugar melhor.

Como

Distancie-se de um ponto de vista.

Ame seus objetos.

Filme eventos, cenas, sequências; evite entrevistas, narrações, um apresentador.

Trabalhe com os melhores talentos.

Faça-o empiricamente, filme a experiência diretamente, sem encenar, sem controlar.

Há uma conexão entre realidade e verdade. Permaneça fiel a ambas.

O que fazer e o que não fazer

Segure firme.

Use o zoom manual, não o eletrônico.

Leia tanto quanto puder o manual da câmera PD 170.

Leia um livro ou o capítulo de um livro de fotografia sobre enquadramento.

Use o suporte para estabilidade da câmera.

Nunca use um tripé (exceção: na filmagem de fotografias, por exemplo).

A imagem será mais firme quanto mais aberto for o ângulo da tomada. Numa tomada em movimento, use o ângulo mais aberto.

Prolongue o começo e o fim de cada tomada. O editor precisará disso.

Não use luzes. A luz disponível é a mais autêntica.

Aprenda as técnicas, porém — e isso é igualmente importante —, preste atenção para captar o momento significativo. Orson Welles: "A câmera do cinegrafista deve ter atrás de suas lentes o olho de um poeta".

Lembre-se: como documentarista, você é um observador, um autor, mas não um diretor; um descobridor, não um controlador.

Não se preocupe achando que sua presença com uma câmera mudará as coisas. Não se você acreditar que faz parte daquilo e entender que é em seu favor que, dos dois instintos (o de revelar ou o de manter um segredo), o mais forte é o de revelar.

Não se trata de "ser algo como uma mosca na parede". Isso seria estúpido. Você precisa travar um relacionamento ainda que não seja por palavras, e sim por meio de contato visual e de empatia.

JONAS MEKAS

Lituano de nascimento, sediado em Nova York desde 1949, Jonas Mekas (1922) é o pioneiro e mestre insuperável do filme-diário. Seus registros obsessivos, impressionistas e poéticos, estruturados em mais de meia centena de documentários de variadas durações (*Walden*, também conhecido como *Diaries, Notes and Sketches*, 1968-69, *Lost, Lost, Lost*, 1976), representam um espelho personalíssimo de mais de sessenta anos de seu próprio cotidiano, imbricadamente ligado à vida cultural e social da vanguarda nova-iorquina desde o pós-guerra.

O filme-diário

[Palestra sobre *Reminiscências de uma viagem para a Lituânia* proferida no International Film Seminar em 26/08/1972 e posteriormente publicada com o título de "The Diary Film" em P. Adams Sitney (org), *The Avant-garde Film. A Reader of Theory and Criticism*. Nova York: Anthology Film Archives, 1987, pp. 190-98. Traduzido do inglês por Daniel Peluci Carrara; para o catálogo *Jonas Mekas* da retrospectiva promovida em 2013 pelo CCBB, organizado por Patrícia Mourão.]

Reminiscências de uma viagem para a Lituânia [*Reminiscences of a Journey to Lithuania*, Jonas Mekas, 1972] tem a forma de um caderno de notas, ou de um diário, uma forma que grande parte do meu trabalho mais recente parece assumir. Não cheguei a ela por cálculo, e sim por desespero. Durante os últimos quinze anos fiquei tão envolvido com o cinema independente que não tive tempo para mim mesmo, para minha própria produção cinematográfica – entre a Film-Makers' Cooperative, a Film-Makers' Cinemathèque, a revista *Film Culture* e agora o Anthology Film Archives. Quero dizer, não tive longos períodos para preparar um roteiro, depois passar meses filmando, em seguida editar etc. Tive apenas fraıentos de tempo que me permitiram filmar apenas fraıentos de película. Todo o meu trabalho pessoal tomou a forma de notas. Pensava que devia fazer tudo o que pudesse naquele momento, do contrário poderia não achar mais tempo livre por semanas. Se posso filmar um minuto – filmo um minuto. Se posso filmar dez segundos – filmo dez segundos. Aproveito o que posso, por desespero. Mas por muito tempo não vi o material que coletava dessa maneira. Pensava que o que estava fazendo era praticar. Eu estava me preparando, ou tentando manter o contato com a minha câmera, de modo que, quando chegasse o dia em que tivesse tempo, faria então um filme "de verdade".

Na segunda semana após ter chegado aqui, em 1949, peguei dinheiro emprestado de pessoas que conhecia e que tinham chegado antes e comprei a minha primeira Bolex. Comecei a praticar, filmar, e pensei que estivesse aprendendo. Por volta de 1961 ou 1962, vi pela primeira vez todo o material que tinha coletado durante todo aquele tempo. Ao ver aquele material antigo, notei que havia várias conexões nele. As sequências que considerava totalmente desconectadas de súbito começaram a parecer um caderno de notas com muitos fios unificadores, mesmo naquela forma desorganizada. Percebi que havia coisas naquele material que voltavam de novo e de novo. Pensava que, cada vez que filmava algo diferente, eu filmava outra coisa. Mas não era assim. Não era sempre "outra coisa". Eu voltava aos mesmos assuntos, às mesmas imagens ou fontes de imagens. Por exemplo, a neve. Praticamente não há neve em Nova York; todas as minhas notas de Nova York estão cheias de neve. Ou árvores. Quantas árvores você vê nas ruas de Nova York? Enquanto estudava aquele material e pensava sobre ele, tornei-me consciente da forma de um filme-diário e, é claro, isso começou a afetar minha maneira de filmar, meu estilo. E em certo sentido isso me ajudou a ter paz de espírito. Disse para mim mesmo: "Bem, muito bem — se não tenho tempo para dedicar seis ou sete meses à produção de um filme, não vou me abalar; irei filmar notas curtas, dia a dia, todos os dias".

Pensei sobre outras formas de *diário*, em outras artes. Quando você escreve um diário, por exemplo, você se senta, à noite, sozinho, e reflete sobre seu dia, em retrospecto. Mas, ao filmar, ao manter um caderno de notas com a câmera, o maior desafio consiste em como reagir com a câmera no instante, durante o acontecimento; como reagir de modo que a filmagem reflita o que senti naquele exato momento. Se escolho filmar certo detalhe no decorrer da minha vida, deve haver boas razões pelas quais separei esse detalhe específico de milhares de outros. Seja no parque, seja na rua ou numa reunião de amigos — há razões pelas quais escolho filmar determinado detalhe. Pensei que estivesse fazendo um diário bastante objetivo da minha vida em Nova York. Mas os amigos que viram a primeira edição de *Walden* (*Diaries, Notes and Sketches*) me disseram: "Mas esta não é a *minha* Nova York! A minha Nova York é diferente. Na sua Nova York eu gostaria de viver. Mas a minha Nova York é fria, deprimente...". Foi então que me dei conta de que, realmente, eu não estava fazendo um caderno de notas *objetivo*. Quando comecei a ver meus diários em filme de novo, notei que eles continham tudo o que Nova York *não possuía*... Era o oposto do que originalmente pensei que estivesse fazendo... Na verdade, estou filmando minha infância, não Nova York. É uma Nova York de fantasia — ficção.

Percebi outra coisa. No início, pensei que houvesse uma diferença básica entre o diário escrito que alguém escreve à noite, e que é um processo reflexivo, e o diário filmado. Em meu diário em filme, pensei, eu estava fazendo algo diferente: estava capturando a vida, fraıentos dela, enquanto ela passa. Mas percebi bem cedo que não era tão diferente, afinal. Quando filmo, também estou refletindo. Eu pensava que só estivesse reagindo à realidade. Não tenho muito controle sobre ela e tudo é determinado por minha memória, meu passado. De forma que esse filmar "direto" também se torna um modo de reflexão. Da mesma maneira, me dei conta de que escrever um diário não é meramente refletir, olhar para trás. Seu dia, quando volta para você no momento da escrita, é mensurado, escolhido, aceito, recusado e reavaliado pelo que e como se está no momento em que se escreve. Tudo está acontecendo de novo, e o escrito é mais fiel ao que se é quando se escreve do que aos eventos e emoções do dia que se foram. Portanto, não vejo mais diferenças tão grandes entre um diário escrito e um diário filmado no que diz respeito ao processo.

Quando decidi ver meus primeiros dez anos de filmagem, já tinha usado três Bolex. Era a época da libertação do cineasta independente, em que as concepções do fazer cinematográfico mudavam radicalmente. Como muitos outros, durante os anos 1950 e 1960, eu queria ser um cineasta "de verdade" e fazer filmes "de verdade", e ser um cineasta "profissional". Eu estava bastante preso às convenções cinematográficas herdadas. Sempre carregava um tripé... Mas então examinei todo o meu material filmado e disse: "A cena do parque, e a cena da cidade, e a árvore, está tudo lá, no filme, mas não é o que vi no momento em que filmei! A imagem está lá, mas falta algo essencial". Captei a superfície, mas perdi a essência.

Naquela época, comecei a entender que o que faltava em meu material era *eu mesmo*: minha atitude, meus pensamentos, meus sentimentos no momento em que olhava para a realidade que estava filmando. Aquela realidade, aquele detalhe específico, a princípio, atraiu a minha atenção por causa das minhas lembranças, do meu passado. Eu destaquei aquele detalhe com todo o meu ser, com o meu passado total. O desafio agora é capturar aquela realidade, aquele detalhe, aquele fraıento físico bem objetivo da maneira mais próxima possível de como meu Eu está vendo. Claro, o que enfrentava era o velho problema de todos os artistas: fundir a Realidade e o Eu e produzir uma terceira coisa. Tinha de libertar a câmera do tripé e adotar todas as técnicas e processos cinematográficos subjetivos que já estavam disponíveis ou que acabavam de surgir. Tratava-se de uma aceitação e de um reconhecimento das conquistas do cinema de vanguarda dos últimos cinquenta anos. Isso afetou o tempo de exposição, movimentos, ritmo, tudo. Tive de descartar as noções acadêmicas de exposição "normal", movimento "normal", normal e apropriado isso, normal e apropriado aquilo. Tive de me inserir, de me fundir com a realidade que estava filmando por meio do ritmo, iluminação, exposições, movimentos.

Antes de prosseguir, gostaria de falar sobre essa coisa chamada "realidade". Realidade... Nova York está lá, é "real". A rua está lá. A neve está caindo. Não sei como, mas está lá. Ela leva uma vida própria, é claro. O mesmo acontece com a Lituânia. Então, agora, entro na imagem. E com a câmera. Quando caminho com a minha câmera, algo cai em meus olhos. Quando caminho pela cidade, não conduzo meus olhos conscientemente disso para aquilo e para aquilo. Ao contrário, caminho e meus olhos são como janelas abertas, e vejo coisas, as coisas caem lá dentro. Se ouço um som, claro, olho para a direção do som. O ouvido se torna ativo e direciona o olho; o olho está buscando aquilo que fez o barulho. Mas na maioria das vezes as coisas ficam caindo lá dentro — imagens, cheiros, sons, e elas vão sendo separadas na minha cabeça. Algumas coisas que caem chamam a atenção talvez por sua cor, pelo que representam, e me ponho a olhar para elas, começo a reagir a este ou aquele detalhe. É claro que a mente não é um computador. Mas ainda assim, ela funciona mais ou menos como um computador, e tudo o que cai lá dentro é mensurado, corresponde a lembranças, a realidades que foram registradas no cérebro, ou onde quer que seja, e é tudo muito real.

A árvore na rua é realidade. Mas aqui eu a destaquei, eu eliminei toda a outra realidade que a cerca, e escolhi apenas aquela árvore específica. E a filmei. E se agora começo a examinar o que filmei, o que coletei, tenho uma coleção de muitos desses detalhes destacados, e toda vez que eles apareceram, eu não os busquei, eles me escolheram, e reagi a eles por razões muito pessoais, e é por isso que todos eles se conectam, para mim, por uma razão ou por outra. Todos significam algo para mim, ainda que não entenda por quê. Meu filme é uma realidade destacada por mim mediante esse processo muito complexo; e, é claro, para quem o consegue "ler", esse material diz muito sobre mim — na verdade, mais sobre mim do que sobre a cidade em que filmei: você não vê a cidade, só vê esses detalhes destacados. Portanto, quando se sabe "lê-los", embora eu não apareça falando ou andando, pode-se dizer tudo sobre mim. No que diz respeito à cidade, é claro, você também poderia falar algo sobre ela partindo de *Walden* — mas apenas indiretamente. Ainda assim, caminho por essa realidade concreta, representativa, e essas imagens são todas registros da realidade concreta, mesmo se apenas em fraıentos. Não importa o modo como eu filme, rápido ou devagar, como é feita a exposição, o filme representa certo período histórico concreto. Porém, como um grupo de imagens, ele diz mais sobre a minha realidade subjetiva, ou você pode chamar de minha realidade objetiva, do que sobre qualquer outra realidade.

Usei o processo de eliminação: cortei partes que não funcionavam, as partes "mal escritas", e deixei as partes que funcionavam praticamente sem mudança alguma. Isso significa que não editei as sequências individualmente. Mantive as partes que, na minha opinião, capturavam algo, tinham algum significado para mim, e que não me ofendiam técnica e formalmente. Mesmo quando algumas partes captavam algo da essência, se me incomodavam formalmente eu as descartava. Costumo brincar que Rimbaud tinha *Iluminações* e eu tenho somente eliminações.

Passei muito tempo pensando, experimentando como esse ou aquele detalhe, como essa nota ou aquele esboço funcionavam na totalidade do rolo. Foi um problema menor em *Reminiscências*, mas com *Walden* tive realmente de trabalhar duro e por muito tempo. Depois de você ficar sentado por duas horas assistindo a um filme, é importante o que acontece durante a terceira hora. Surge a questão da repetição. Por vezes tenho de eliminar até mesmo partes de que gosto, porque muito de uma coisa acaba sobrando. No caso de *Reminiscências*, a edição foi muito rápida. Hans Brecht, da Norddeutscher Television, me ajudou a pagar a película e a Bolex, em troca dos direitos de exibição na televisão alemã. Mas em seguida voltei e me esqueci completamente de Hans Brecht. E ele se esqueceu de mim. Então, no dia de Natal ele me ligou. "Está pronto? Preciso dele para o dia 20 de janeiro". "Em 20 de janeiro? Por que não me disse isso antes?" Fui para minha mesa de montagem e comecei a trabalhar. Após ter voltado da Lituânia, fiquei pensando: "Como vou montar o filme?". Esse material me era muito próximo. Eu não tinha nenhum distanciamento. E ainda hoje a distância permanece pequena. Tinha mais ou menos o dobro do material que se vê no filme. Parava e pensava: "Bem, muito bem. Essa urgência me ajudará a tomar decisões". Por dois ou três dias não toquei no material, pensava sobre a forma, a estrutura do filme. Depois de ter decidido a respeito da estrutura, apenas juntei as partes, muito rápido, em um dia. Sabia que era o único modo de lidar com aquele material: trabalhar de forma totalmente mecânica. Outra maneira teria sido trabalhar muito tempo nele e fazer um filme completamente diferente, ou destruir o material no processo.

Mudei a sequência temporal somente em poucas ocasiões. Em *Reminiscências* eu a mantive. Em *Walden*, quando tinha dois longos esboços lado a lado, empurrava um deles mais para frente no tempo, ou para trás, por razões estruturais.

Aqueles que viram a primeira edição de *Walden*, e agora *Reminiscências*, perceberão a diferença entre os dois. A base do primeiro é o quadro único. Há muita densidade ali. Quando estava indo para a Lituânia, pensava que fosse trazer material no mesmo estilo. Mas, de alguma forma, quando estava lá, simplesmente não pude trabalhar no estilo de *Walden*. Quanto mais permanecia na Lituânia, mais ela me transformava e acabou por me empurrar para um estilo completamente diferente. Havia sentimentos, estados, rostos que eu não podia tratar de maneira demasiado abstrata. Certas realidades podem ser apresentadas no cinema apenas por meio de certas durações de imagens. Cada tema, cada realidade, cada emoção afeta o estilo que se emprega para filmar. O estilo que usei em *Reminiscências* não foi o ideal para o filme. É um estilo de concessão. Explicarei por quê. Por exemplo, cometi um erro grave que nunca repetirei. Minha terceira Bolex estragou pouco antes da minha viagem. Já a tinha consertado diversas vezes, mas dessa vez não consegui mais consertá-la. Então comprei uma nova. O material lituano foi o primeiro que filmei com essa nova Bolex. Mas mesmo se duas Bolex fossem totalmente idênticas, o simples fato de você nunca ter carregado a nova nas mãos tem um efeito sobre você. É preciso se acostumar com cada nova câmera, de modo que, durante a filmagem, ela reaja a você, e você conheça suas fraquezas e seus caprichos. Porque, mais tarde, quando comecei a filmar, descobri que a minha nova Bolex não era de forma alguma idêntica à antiga. Ela era, na verdade, defeituosa, nunca mantinha uma velocidade constante. Eu a ajustava em 24 quadros, e após três ou quatro cenas ela estava em 32 quadros. Eu era obrigado a olhar constantemente para o mostrador porque a velocidade de quadros por segundo afeta a iluminação, a exposição. E quando finalmente me dei conta de que não havia jeito de consertá-la ou de fixar a velocidade, decidi aceitar e incorporar o defeito como um dos recursos estilísticos, usar as mudanças de luz como um meio estrutural.

Quando notei que a velocidade mudava constantemente (em especial quando filmava sequências curtas, trechos breves), sabia que não seria capaz de controlar as exposições. Não quero dizer que queria ter uma iluminação "normal", "equilibrada". Não, eu não acredito nisso. Mas consigo trabalhar dentro das minhas irregularidades, dentro do meu estilo de choque entre quantidades de luz, apenas quando tenho o controle completo, ou ao menos o controle "normal" sobre minhas ferramentas. Aqui, porém, esse controle me escapava. A única maneira de controlar era aceitar e usar isso como parte da minha maneira de filmar. Usar as superexposições como pontuações; usá-las para revelar a realidade sob, literalmente, uma luz diferente; usá-las para imbuir a realidade de certa distância; para compor a realidade.

Quando fui para a Lituânia, foram-me oferecidas uma equipe e câmeras, e eu poderia tê-las usado. Mas não o fiz. Sabia que, embora as imagens filmadas por aqueles técnicos, seguindo minhas instruções, tivessem sido "melhores" profissionalmente, elas teriam destruído o tema que eu estava perseguindo. Quando você vai para casa pela primeira vez em 25 anos, você sabe, de alguma forma, que as equipes de cinema oficiais não pertencem àquele lugar. Por isso escolhi minha Bolex. Minha filmagem tinha de permanecer totalmente privada, pessoal, e "não profissional". Por exemplo, nunca conferi a abertura da minha lente antes de filmar. Eu corria meus riscos. Sabia que a verdade teria de depender e girar em torno dessas "imperfeições". A verdade que captava, o que quer que fosse, teria de depender de mim e da minha Bolex. Quando você filma com uma Bolex, você a segura em algum lugar, não exatamente onde está o seu cérebro, um pouco mais abaixo, não exatamente onde está o seu coração – um pouco mais acima... E então você dá corda, você lhe dá uma vida artificial... Você vive continuamente, dentro da situação, em um *continuum* de tempo, mas você filma apenas em trechos, tanto quanto a corda permita... A realidade filmada é constantemente interrompida... E em seguida, retomada...

Não gosto de nenhuma forma de mistério. Quanto mais puder contar sobre as pessoas em meus filmes, mais feliz eu fico. Em todos os meus últimos filmes uso cartelas para contar o que o espectador vê. Gosto de contar com antecedência o que vai ser visto, o que vai acontecer, tanto quanto possível. Claro, não há necessidade de contar tudo; há limites. Meus amigos me perguntam: "O que seus irmãos estão fazendo lá? De onde você vem? Como é lá?". Ponho todas essas informações nas legendas. Kostas tem tomado conta do celeiro por dez anos, e essa poderá ser sua vida por mais dez anos. O outro é agrônomo, tem sido agrônomo desde que saiu da escola.

Decido mais tarde, depois da filmagem, que sons vou usar. Coleto os sons sempre que posso. Usualmente finalizo com certa sequência e certos sons cercando a mesma situação. Vejo meu material como lembranças e notas, da mesma maneira que vejo meus sons coletados durante o mesmo período. No caso da música para a parte lituana de *Reminiscências*, foi uma coincidência eu ter recebido uma gravação que admirava muito. Trata-se de uma música escrita por volta de 1910 por um jovem compositor/ pintor lituano, Čiurlionis, que morreu muito cedo em um asilo para loucos. Gravei certas passagens repetidas vezes, algumas partes dela. Talvez haja influências de Scriabin nela (é o que alguns disseram), mas essencialmente é música lituana. Há certas notas que me dizem algo, e eu costumava ouvi-la o tempo todo até que o disco foi roubado junto com o fonógrafo há mais ou menos dez anos. De forma que essa música significa algo para mim, me é muito próxima, e por isso a usei. Usei-a como um motivo recorrente, em certo sentido. Achei que iria me ajudar a juntar todos os pedaços separados por meio dessa recorrência sonora. Usei Bruckner para a sequência de Kubelka em Viena porque era um dos compositores favoritos de Kubelka. O madrigal que usei na biblioteca de Kremsmuenster era um dos favoritos de Kubelka. Assim, é tudo muito pessoal.

Achei um pequeno quadrado preto em minhas primeiras filmagens. Estava fazendo experiências, em 1950, tentando fazer divisões num filme, como capítulos num livro, e pensei em usar um quadrado para indicar os diferentes capítulos do filme. No entanto, nunca cheguei a usá-lo, até que o descobri de novo, enquanto trabalhava em *Reminiscências*. Vocês vão notar que uso os números de 1 a 100 apenas na parte lituana. Nas demais, uso o quadrado preto para a separação de capítulos. Ou talvez sejam apenas parágrafos. Não consegui pensar, sob pressão de prazo, em outra coisa que pudesse fazer. Não queria usar a tela escura.

Digo no filme: "O tempo na Lituânia permaneceu suspenso para mim, por 25 anos, e agora está começando a se mover de novo". De modo que quando as pessoas me perguntam como é a vida lá agora, estou começando a tentar responder. Mas até agora tenho evitado fazê-lo. Com frequência, digo: "Oh, veja meu filme, está tudo lá, não tenho mais nada a dizer, não sei nada sobre isso". Porque a verdade é que não vi a *vida real* lá. Eu estava sempre procurando pelo que restou das lembranças do que *existiu*, do que *foi* há muito tempo. Não vi a realidade de *hoje*, ou a vi através de um véu. Há dois tipos de viajantes, de pessoas que saem de casa. Uma categoria é de pessoas que deixam sua casa, seu país por conta própria. Você decide: "Oh, odeio tudo isso, vou ganhar mais dinheiro em outro lugar; as pessoas vivem melhor em outro lugar; a grama é mais verde lá...". Você vai e se estabelece noutro lugar. E, é claro, ocasionalmente pensa em sua antiga casa, em seus velhos parentes; mas afinal *você* cria novas raízes, e esquece aquilo tudo. Às vezes você pode pensar que talvez fosse mais bonito lá, na velha pátria. Mas não sofre por isso.

Por sua vez, há outro grupo de pessoas que são arrancadas de suas casas à força — seja por força de outras pessoas ou por força das circunstâncias. Quando você é arrancado dessa maneira, sempre quer voltar para casa, o sentimento fica, nunca desaparece. Você pensa na sua antiga casa, romantiza-a, isso cresce e cresce. Você tem de vê-la de novo, voltar lá e começar tudo do princípio. Você tem de deixar a sua casa pela segunda vez. Então o sentimento começa a mudar. Por isso em *Walden* eu filmava Nova York, mas era sempre como se filmasse a minha antiga casa. Então, agora, depois que voltei, tudo isso muito provavelmente começará a mudar.

Ken Jacobs me disse que *Reminiscências* o interessou a princípio porque representa a experiência de uma Pessoa Deslocada,[1] uma experiência que ele nunca teve, mas pela qual se sente atraído, devido à sua própria infância em Williamsburg, no Brooklyn, que praticamente não existe mais. Então, temos, nos Estados Unidos, uma terceira categoria de Viajante: aquele cuja casa é constantemente varrida de sob seus pés pelo moderno código de construção.

Tenho lido muito ultimamente. Escolhi *Os anos de aprendizado de Wilhelm Meister*, de Goethe, sobre seus anos de viagem. Eu o tinha lido há muitos e muitos anos. Mas agora comecei a lê-lo e ele adquiriu um significado completamente diferente para mim. Enquanto Wilhelm viaja e conhece pessoas diferentes, vê lugares diferentes, me pus a pensar sobre meus diários em filme. Pude ver conexões interessantes. Ele também visita lugares e conhece pessoas, vai a monastérios, como fiz na Áustria. Mas ele viaja por escolha própria. Ele decidiu deixar a sua casa e ver o mundo, conhecer diferentes tipos de pessoas,

1
No original *Displaced Person*, expressão utilizada no final da Segunda Guerra Mundial pelas Forças Aliadas para designar os quase 8 milhões de sobreviventes dos campos de trabalho forçado, prisioneiros de guerra e refugiados políticos (na sua maioria opositores do regime soviético) que eles acabavam de libertar. Em 1946, 6 milhões haviam sido repatriados espontaneamente ou à força —, os outros 2 milhões, dentre os quais muitos lituanos, permaneciam nos "Displaced Person Camps", ou "D. P. Camps". [N. T.]

aprender. O *Wanderer* de Goethe é de um século diferente. Minhas viagens representam um *Wanderer* típico de meados do século XX — e esse Viajante pode ser encontrado em todos os continentes e em todos os países hoje: um Deslocado. O Deslocado, o Exilado, como o Viajante. Existe tal coisa, e não é um conceito abstrato. Uma Pessoa Deslocada, uma P.D., é uma realidade do presente. Em face dos níveis e complexidades das civilizações contemporâneas, temos o Deslocado. Sou uma delas. E um Deslocado não é idêntico ao Wilhelm de Goethe. O Deslocado não pode escolher, não escolheu deixar sua casa. Ele foi atirado no mundo, na Viagem, foi forçado a isso.

Reminiscências não é dominado pela tristeza. Há muita alegria, ou ludicidade no filme. Ele é equilibrado, acho. O que acontece, na verdade, é que na maioria dos casos, em arte, a tristeza é descartada como parte da experiência humana, como se houvesse algo de errado com ela. Mas não há nada de errado com a tristeza. Ela é uma experiência necessária, essencial. A tristeza é um estado muito real. Precisamos dela. E, claro, como a tristeza é com frequência censurada, quando a vemos em um filme, pensamos que é triste *demais*.

A verdadeira diferença entre esses dois viajantes está apenas no começo de suas jornadas. No primeiro caso, busca-se algo conscientemente, procura-se algo; no segundo, aceita-se o que vem. As pessoas sempre me dizem: "Você não quer ir a esse ou àquele lugar", e eu respondo: "Não, não quero ir a lugar nenhum! Nunca quis viajar. Estou muito feliz aqui". "Sim", elas dizem, "mas você foi até esse lugar e aquele e aquele outro." "Não. Nunca quis ir a nenhum desses países; sempre fui levado ou à força ou pela necessidade, quando não me restava mais nenhuma escolha." Wilhelm vai, e busca, e procura certas coisas; ele quer educar-se, descobrir o mundo, ver o mundo. Eu, contudo, nunca quis ver o mundo. Estava muito feliz lá, no meu mundinho, e não tinha necessidade nem desejo de ir a outro lugar. Mas aqui estou... E é uma situação ligeiramente diferente daquela de Wilhelm.

Por vezes, entretanto, esses dois destinos se encontram...

Quando um Deslocado se torna consciente da Viagem, então ambos, Wilhelm Meister e o Deslocado, começam a se encontrar. Ao menos no meu caso isso está acontecendo. Wilhelm Meister e um Deslocado se encontram numa nova casa e descobrem que ambos têm a mesma casa: a Cultura.

Mas haverá pouquíssimos casos em que os destinos de Wilhelm Meister e de um Deslocado se encontrarão na Cultura. Na maioria das vezes eles irão morrer, a primeira geração de Deslocados irá morrer com todas as lembranças de suas antigas casas em seus olhos.

ROBERT KRAMER

Para uma obra em constante mutação, cinema nômade talvez seja a fórmula, ainda que imprecisa e provisória, que melhor defina a produção de Robert Kramer (1939--1999). Kramer iniciou-se no documentarismo militante ao lançar, em 1967, a Newsreel, uma espécie de agência de contra-informação de esquerda, devotada à causas como o combate à Guerra do Vietnã e o apoio ao grupo radical Panteras Negras. Seus filmes tornaram-se cada vez mais pessoais e híbridos, como em seus dois clássicos *road-movies* americanos, *Milestones,* [codireção de John Douglas, 1975] e *Route One USA* [1989].

Initial Statement of the Newsreel

CONSIDERAMOS QUE O ATUAL SISTEMA DE INFORMAÇÕES PELA TELEVISÃO NÃO SATISFAZ ÀS NOSSAS EXIGÊNCIAS.

O ponto de vista dos serviços de informação do *establishment* não apenas limita a nossa capacidade de nos defrontar com eficácia e inteligência com aquilo que *eles* definem como "*notícia*", como também impede a redefinição constante daquilo que é importante e relevante — aquilo que de fato é "*notícia*".

[Publicado originalmente em *Robert Kramer* (catálogo da exposição). António Rodrigues (org.). Lisboa: Cinemateca Portuguesa-Museu do Cinema, 2000.]

Estamos (1) empenhados num processo de libertação de muitas convicções da sociedade americana e numa luta para mudar seus sistemas de organização e controle; (2) a nossa solidariedade estende-se a todos quantos tornam tangíveis, nos Estados Unidos e em outros países, essa libertação e essa mudança, e a nossa intenção é fazer filmes que sejam ligados a essas pessoas e a esse trabalho; (3) o nosso modo de perceber as notícias é definido pela *nossa* experiência da sociedade americana, uma experiência que é próxima de quem trabalha em prol da mudança.

Dividamos provisoriamente os filmes em três categorias:

Informativos
Serviços imediatos sobre os acontecimentos que consideramos importantes. Recentemente, abordamos a manifestação sobre o Pentágono, a semana pelo fim do serviço militar, a manifestação do Hilton, a revolta nos guetos, o dilema político dos hippies nova-iorquinos, a deserção dos marinheiros.

No nosso ponto de vista, muitos acontecimentos tornam-se interessantes a partir do momento em que contêm os germes para uma redefinição da sociedade americana. Propomos que, uma vez concluídos, todos os filmes sejam distribuídos aqui e no estrangeiro no prazo de uma semana.

Educativos
Filmes mais longos, que analisem determinado acontecimento no pormenor. Entrevistas com Leroi Jones, com Garrison,[1] com indivíduos que nos permitam penetrar em setores que conhecemos mal (por exemplo, a estiva, a polícia); estudo de casos particulares de desenvolvimento urbano, os Provos,[2] as drogas, a escola pública etc.

As cópias terminadas deverão entrar em circulação num prazo de três semanas, no máximo um mês.

Táticos
Filmes que respondam diretamente a uma demanda específica. Por exemplo: a geografia de Washington e do Pentá-

1
Jim Garrison (1921-1992) foi um promotor público americano tornado célebre pelas investigações paralelas que conduziu a respeito do assassinato em 1963 do presidente John Fitzgerald Kennedy. Segundo Garrison, o atentado fatal foi resultado de uma conspiração, como mostra Oliver Stone no longa ficcional *JFK* [1991], no qual o promotor é interpretado por Kevin Costner. [N. O.]

2
Provos foi como ficaram conhecidos os seguidores do movimento contracultural holandês Provo (1965-1967), baseado na provocação não violenta às autoridades, principalmente a polícia e a monarquia holandesa. [N. O.]

gono, como comportar-se diante da polícia a cavalo e com gases lacrimogêneos, vários sistemas de proteção etc.

Esses itens não são em absoluto exaustivos.

A maior prioridade é dar início à produção regular de filmes "informativos". À medida que crescermos, nos estenderemos aos outros setores.

Começaremos "a distribuir" os filmes utilizando as redes já existentes, como o S.D.S.[3], a imprensa underground, os grupos antiguerra e a Film-Makers Cooperative.

3 S.D.S. é a sigla para Students for a Democratic Society [Estudantes para um Sociedade Democrática], uma das principais organizações estudantis americanas de extrema-esquerda atuantes nos anos 1960, especialmente nos protestos contra a Guerra do Vietnã, a discriminação racial e a corrida nuclear. [N. O.]

Contrariamente a um serviço de aluguel, não nos baseamos num princípio de encomendas. Nossa intenção é fornecer gratuitamente cópias a todos os grupos que possam utilizá-las do modo mais amplo possível. Mas isso dependerá do nosso êxito na busca de fundos para o financiamento de todo o projeto.

Tentamos fazer simultaneamente duas coisas. Queremos criar um grupo Newsreel permanente em Nova York, que seja capaz de produzir pelo menos dois filmes por mês e distribuir de 12 a 24 cópias de cada um a grupos espalhados por todo o país. Queremos intensificar a atividade do grupo, aumentando a rede de distribuição e estimulando a criação de grupos semelhantes de "news-films" nas principais cidades americanas.

Somos cineastas que, mediante a formação de uma organização que seja capaz de realizar e distribuir rapidamente esse tipo de filmes, se esforçam por fazer que eles próprios e o seu trabalho respondam a todos quantos estão envolvidos na luta pela mudança, aqui e no estrangeiro.

Agindo individualmente, abordamos muitos acontecimentos que consideramos ser notícia: manifestações, atos de resistência, incontáveis abusos e injustiças, situações que parecem indicativas ou produtivas. Algumas vezes, esses filmes foram realizados, outras vezes não. Na maioria dos casos, chegamos demasiado tarde e não tínhamos acesso às pessoas que poderiam tê-los utilizado da melhor maneira. Agora estamos unidos.

FERNANDO BIRRI

Formado pelo Centro Experimental de Cinema de Roma em 1953, Fernando Birri (1925) é um dos principais catalisadores da renovação do documentário latino-americano a partir do estabelecimento da escola de cinema em Santa Fé, Argentina, em meados daquela década. Sua obra-prima é o média-metragem *Tire Dié* (gíria para "Atire dez centavos", 1960), sobre garotos pobres da periferia argentina.

O Manifesto de Santa Fé

[Esta "Brevíssima teoria do documentário social na América Latina" aparece no final da introdução ("Saldo de una experiencia") do livro de Fernando Birri, *La escuela documental de Santa Fe: una experiencia piloto contra el subdesarrollo cinematográfico en Latinoamérica* (organização, seleção e notas de Manuel Horacio Giménez. Santa Fé: Documento/ Instituto de Cinematografía de la Universidad Nacional del Litoral, 1964, pp. 12-13). Uma nota de rodapé atribui ao texto, até então inédito, a data de setembro de 1962. A partir daí, foi reproduzido várias vezes, com algumas variantes e diferentes títulos, inclusive na obra do próprio Fernando Birri: *Fernando Birri: el*

O subdesenvolvimento é um dado de fato para a América Latina, a Argentina incluída. É um dado econômico, estatístico. Palavra não inventada pela esquerda, organizações "oficiais" internacionais (ONU) e da América Latina (OEA, Cepal, Alalc) usam-na habitualmente em seus planos e relatórios. Não poderiam senão usá-la.

Suas causas também são conhecidas: colonialismo, de fora e de dentro.

O cinema desses países participa das características gerais dessa superestrutura, dessa sociedade, e a expressa com todas as suas deformações.

Apresenta uma imagem falsa dessa sociedade, desse povo, escamoteia o povo: *não apresenta* uma imagem desse povo.

Assim, apresentá-la é um primeiro passo positivo: função do documentário.

Como o documentário apresenta essa imagem? Apresenta-a como a realidade é, e não pode apresentá-la de outra maneira.

(Essa é a função revolucionária do documentário social na América Latina.)

E, ao testemunhar como essa realidade é — essa sub-realidade, essa infelicidade —, *nega-a*. Renega-a. Denuncia, julga, critica, desmonta-a. Porque mostra as coisas como elas são, irrefutavelmente, e não como gostaríamos que fossem. (Ou como querem nos fazer crer — de boa-fé ou de má-fé — que são.)

Como equilíbrio para essa função de "negação", o documentário cumpre outra, de afirmação dos valores positivos dessa sociedade: dos valores do povo. Suas reservas de forças, seus trabalhos, suas alegrias, suas lutas, seus sonhos. Consequência — e motivação — do documentário social: conhecimento, consciência, tomada de consciência da realidade. Problematização. Mudança: da subvida para a vida.

Conclusão: colocar-se diante da realidade com uma câmera e documentá-la, documentar o subdesenvolvimento.

O cinema que se tornar cúmplice desse subdesenvolvimento é subcinema.

alquimista poético-político. Por un nuevo nuevo nuevo cine latinoamericano, 1956-1991 (Madri: Cátedra/ Filmoteca Española, 1996, pp. 216-17). Reproduzimos aqui a primeira versão. Traduzido por Gênese Andrade.]

SANTIAGO ÁLVAREZ

Autodidata e cineasta tardio, responsável durante quase trinta anos pelo cinejornal cubano *Noticiero Icaic Latinoamericano*, Santiago Álvarez (1919-1998) reinventou o documentário militante para além dos compromissos ditados pela origem oficial de sua produção com o regime socialista de Fidel Castro. A partir de irreverentes edições de materiais de arquivo ou de filmagens a quente (Vietnã, Chile, Angola), ele forjou uma das obras mais inquietas e variadas do documentário latino-americano, de que são exemplos *Now* [1965], *Hanói terça-feira 13* [*Hanoi Martes 13*, 1967] e *LBJ* [1968].

[Palavras pronunciadas por Santiago Álvarez na abertura do Festival do Cinema Jovem, na Cinemateca de Cuba, por ocasião do XI Festival Mundial da Juventude e dos Estudantes. Havana, julho, 1978. Publicado posteriormente em Edmundo Avay (org.), *Santiago Álvarez – Cronista del Tercer Mundo*. Caracas: Cinemateca Nacional, 1983, pp. 244-52. Traduzido por Gênese Andrade.]

O jornalismo cinematográfico

Considerações preliminares. Questões de princípio. Diferenças com relação a outros gêneros de cinema e jornalismo.

O jornalismo cinematográfico não é um gênero menor, nem um subgênero. Desconsiderar a hierarquia, misturá-lo e não levar em conta sua independência em relação a outros gêneros cinematográficos consiste em um erro de apreciação do conteúdo e da forma. Portanto, deve-se afirmar que o jornalismo cinematográfico é uma categoria própria e independente do cinema.

Nos encontros especializados, colóquios, mostras de cinema, seminários etc., vemos com frequência o uso dos critérios do documentário como um gênero acessório ou produto adicional para rechear o verdadeiro programa, ou seja, o longa-metragem de ficção, com atores.

Promover uma discussão a partir da comparação dos gêneros e das linguagens de uma ou outra forma de abordar a realidade não é produtivo.

Entre o documentário e o jornalismo cinematográfico há poucas diferenças, e entre elas está a abordagem da realidade com um dinamismo diferente na filmagem e na pós-filmagem.

A "tomada 1" de fatos que jamais se repetirão, na maioria das vezes não planejada, constitui a principal matéria-prima e característica fundamental do jornalismo cinematográfico. É o elemento mais importante e significativo desse gênero, dessa categoria.

O avanço da ciência e da técnica determina sempre uma nova linguagem, porque uma e outra possibilitam que as imagens cheguem com mais rapidez aos espectadores, e esse avanço condicionou uma evolução na apreciação da informação e da notícia.

Os noticiários cinematográficos de outros países foram e continuam a ser, em sua imensa maioria, crônicas sociais; embora algumas vezes banais, não deixam de ser crônicas sociais. Os espaços que esses noticiários ocupam nas telas do mundo são cada vez mais reduzidos e isso se explica não só pela irrupção da televisão, como também pelo sistema arbitrário e preconceituoso dos mecanismos de exibidores e distribuidores, permeados de falsos conceitos comerciais que contradizem a realidade e a experiência cubana, demonstrativa de que o público vê o noticiário cinematográfico e também o espera, independentemente do filme exibido. Mais do que isso, sabemos que há reclamações por parte do público diante da falta de exibição do noticiário na programação do dia.

O jornalismo cinematográfico, ao aproximar-se da realidade como notícia, enriquece a linguagem do documentário. Porque o documentário atual não existe sem uma parcela considerável de jornalismo. O uso das estruturas de montagem permite que a notícia originalmente filmada seja reelaborada, analisada e situada no contexto que a produz, conferindo-lhe maior alcance e uma permanência quase ilimitada. Já há exemplos cinematográficos que são o produto de uma inter-relação de ambos os gêneros e em que a influência recíproca resultou em obras cuja permanência e eficácia são inquestionáveis.

Muitos de nossos documentários tiveram sua origem no registro de uma notícia, de um acontecimento, de um fato histórico. Os genes de *Ciclón* [Santiago Álvarez, 1963], *Now, Cerro Pelado* [Santiago Álvarez, 1966], *¡Viva la República!* [Pastor Vega, 1972], *Historia de una batalla* [Manuel Octavio Gómez, 1962], *Muerte al invasor* [Tomás Gutiérrez e Santiago Álvarez, 1962], *Crónica de la victoria* [Jesús Díaz e Fernando Pérez, 1975], *La estampida* [A debandada, Santiago Álvarez, 1971], *Hasta la victoria siempre* [Santiago Álvarez, 1967], *Morir por la patria es vivir* [Santiago Álvarez, 1976], *Piedra sobre piedra* [Santiago Álvarez, 1970], *...Y el cielo fue tomado por asalto* [Santiago Álvarez, 1973], *El octubre de todos* [Santiago Álvarez, 1977], *El tiempo es el viento* [Santiago Álvarez, 1976] etc. são exemplos concretos de como o jornalismo influenciou o gênero documentário de maneira fecunda.

Da mesma forma, os filmes sobre o Chile, por exemplo, foram feitos a partir de uma matéria-prima puramente jornalística: o registro da realidade imediata e tensa, convulsiva, do acontecer de cada dia constituiu, para os cineastas, um elemento imprescindível para o trabalho posterior, o que permitiu oferecer uma visão de "primeira mão dos fatos". A união desses acontecimentos na montagem ofereceu então o conjunto da realidade do Chile antes e durante o golpe fascista. Essa operação intelectual, técnica, artística e política, com nítida posição ideológica, permite que hoje, por intermédio de obras cinematográficas, processos políticos revolucionários possam ser analisados de modo complexo e completo. Entretanto, há obras que, mesmo que registrem episódios históricos diários montados e elaborados cinematograficamente, não esclarecem com transparência e precisão os fatos que narram, obscurecendo a realidade histórica. Esse é o caso de *La hora de los hornos: Notas y testimonios sobre el neocolonialismo, la violencia y la liberación* [1968], de Fernando E. Solanas e Octavio Getino.[1]

1 Ver neste volume, pp. 191-94 [N. O.]

A eficácia artística e política de uma obra cinematográfica reside fundamentalmente na clara posição ideológica com que foi realizada, porque, no fim das contas, a forma se torna bela quando se baseia em um conteúdo belo, e não é possível ser um artista revolucionário se houver separação entre conteúdo e forma.

Parece-me oportuno recordar que, já no século XIX, nosso herói nacional José Martí assinalou: "Tanto tem o jornalista de soldado..." porque, em definitivo, nós, os jornalistas, cineastas ou não, somos os encarregados de oferecer ao mundo de hoje, no qual se debatem problemas fundamentais de vida ou de morte, de libertação nacional ou de imperialismo, uma informação sobre essa luta. E nosso trabalho será cada vez mais importante e cada vez mais decisivo se assumirmos nossa função e nossa tarefa como um combate, como soldados.

Àqueles aos quais coube realizar o trabalho cinematográfico nesta parte do mundo, nesta Nossa América, coube também o privilégio de viver em um mundo em transformação, e a função do cinema, do jornalismo, é registrar todos e cada um dos acontecimentos desta época, por isso também estivemos na Ásia e na África. Como também disse Martí, "Pátria é Humanidade". Há, na América Latina, mais de 200 milhões de analfabetos; chegar e informar sobre seus problemas não pode ser tarefa para amanhã, é tarefa para hoje, e o cinema, poderoso meio de comunicação, capaz de eliminar barreiras idiomáticas, limitações culturais e educacionais, tem que cumprir esse papel.

Neste contexto de explosão tecnológica, de satélites que, para bem ou para mal, enchem nossos céus, uma boa imagem vale por mil palavras. A universalidade obtida por meio do cinema permitiu e permite cada vez mais a ampliação da comunicação e contribui de maneira particular para criar uma memória visual no espectador.

À versão deformada e colonizada que o inimigo pretende perpetuar como verdade histórica, há que opor vigorosamente nossa obra. No resgate da identidade nacional, o jornalismo desempenha um papel decisivo, chame-se jornalismo cinematográfico ou jornalismo escrito.

Por isso, como bem afirmou Alejo Carpentier, para buscar a crônica de nossa história, é preciso consultar a imprensa escrita, porque são os jornalistas dessa disciplina que registram dia a dia todo o acontecer de um povo; por isso nós, na esfera do cinema, temos que percorrer uma e mil vezes as imagens que desde as primeiras décadas deste século moldaram a história. Resgatar para o presente e para o futuro as verdades da história e com isso contribuir para a memória visual, tão necessária, de nossos espectadores, é e será uma tarefa dos jornalistas cinematográficos.

Já no estrépito dos dias luminosos de outubro, os cineastas soviéticos descobriram essa verdade e conferiram à arte cinematográfica nascente a marca de arte revolucionária, de instrumento a serviço de uma grande causa como era a primeira revolução socialista do mundo. Eles nos deixaram esta imperecível lição: "A produção de novos filmes impregnados de ideias comunistas, que refletem a realidade soviética, tem que começar pela crônica..." (Lênin, 1922).

Crônica é a palavra com a qual se define em russo a filmagem documental e de notícias.

Dziga Vertov e seu cine-olho, ao percorrer todo o país com uma equipe de filmagem, imprimindo para a posteridade aquele novo mundo que se avizinhava, tornou válido esse chamado de Lênin, que constitui o antecedente mais legítimo do que, cinquenta anos depois, na circunstância de se realizar no continente americano a primeira Revolução Socialista, o cinema cubano levou a cabo.

O *Noticiário Icaic Latinoamericano*, que logo chegará a mil edições, apropriou-se daquele legado e, com a ótica do nosso tempo, aproveitando todo o avanço no terreno da técnica e da linguagem cinematográfica, tornou-se um eficiente meio de comunicação de jornalismo cinematográfico revolucionário. Podemos afirmar que a Revolução Cubana tem no cinema cubano um importante arquivo de imagens, podemos dizer que o cinema latino-americano revolucionário encontrará nos arquivos do Icaic materiais que o ajudem a reconstruir a verdadeira história para seus povos.

Alguns críticos especializados destacaram que o cinema cubano, em sua breve vida, talvez tenha dedicado obras demais de sua produção aos problemas históricos. Para nós, cineastas cubanos, abordar a história, contá-la em sua justa medida, interpretá-la, não é só uma operação cinematográfica; foi, é e continuará sendo uma necessidade ideológica, cultural e política. Renunciar a essa linha de trabalho é renunciar ao combate, é renunciar às armas e às ferramentas de trabalho que temos hoje em meio a um confronto ideológico inevitável.

O Noticiário Icaic Latinoamericano continuador e renovador do cine-olho e do cine-verdade, de Dziga Vertov

A vigência do cinema de outubro no terreno específico da criação artística não é uma afirmação de compromisso. As inovações da montagem, a contraposição, a visão documental, improvisada e espontânea, a possibilidade de expressar os maiores processos históricos por associação de imagens foram achados que determinaram, em grande medida, o desenvolvimento da linguagem cinematográfica naquele momento e revelaram novos horizontes para o futuro. Essas contribuições, que deixaram suas marcas ou marcaram estilos e formas de narração cinematográfica, podem ser consideradas contribuições para o arsenal linguístico do cinema, que o tempo foi decantando, colocando no devido lugar. São dívidas que todo cineasta — revolucionário ou não — contraiu, no campo da linguagem, junto aos pioneiros do cinema soviético.

A vitória da Revolução Cubana e a radicalização política e ideológica no continente americano, a atmosfera cada vez mais crescente de luta nos países africanos e asiáticos serão síntese e expressão de uma linguagem anti-imperialista, na qual se mantêm vivos os ensinamentos mais duradouros com os quais o cinema de outubro alimentou o cinema revolucionário mundial.

O caminho percorrido pelos cineastas dedicados especificamente ao trabalho do documentário ou do noticiário foi se voltando cada vez mais para as ações políticas. Não que o cinema seja uma extensão das ações revolucionárias - o cinema é e deve ser uma ação revolucionária em si mesma. O panorama contemporâneo está dominado pelos grandes veículos de informação a serviço do imperialismo. Nem os chamados filmes de ficção escapam das grandes multinacionais da indústria cultural. Vultosos recursos financeiros são destinados à manutenção de agências de notícias, jornais, cadeias de televisão e redes de publicidade que têm ligações com as multinacionais econômicas. Por trás dos meios de comunicação de massa, há sempre um consórcio ou uma multinacional que financia a "objetividade informativa". Estão em todos os lugares para transmitir uma imagem saudável do sistema, apoiando-se no mito da liberdade de imprensa.

Estaríamos nos iludindo e subestimaríamos o inimigo se não compreendêssemos cabalmente que, no mundo de hoje, são os meios de comunicação de massa que majoritariamente constroem a mente dos homens, determinam suas ações e posições. Mas estaríamos igualmente nos iludindo e subestimaríamos nossas forças se não reconhecêssemos que nosso combate também conheceu vitórias.

O sistema imperialista mundial não é uma face monolítica; além disso, erguem-se diante dele o campo socialista e as forças revolucionárias e progressistas.

Aproveitar as fissuras e contradições que existem no campo inimigo para produzir obras críticas e de denúncia, apropriar-se das imagens que registram os acontecimentos e que são propriedade das agências inimigas também constituem objetivos do cinema revolucionário.

O jornalismo cinematográfico revolucionário é o encarregado de devolver e restituir o verdadeiro sentido às imagens que circulam por todo o mundo. A humanidade conheceu muito recentemente o Massacre de Cassinga, no sul da República de Angola [maio de 1978]; centenas de mulheres e crianças refugiadas da Namíbia foram assassinadas pelas tropas fascistas sul-africanas [1966]. Nenhuma agência de notícias capitalista internacional condenou esse fato, nenhuma delas denunciou o fato como parte da escalada agressiva dos sul-africanos contra Angola e os guerrilheiros da Swapo [South-West Africa People's Organisation]. Os espaços dos noticiários cinematográficos e da mídia impressa, em compensação, desenvolveram e desenvolvem grandes campanhas para questionar e condenar a ajuda solidária de Cuba aos revolucionários africanos.

A manipulação tendenciosa dos meios de informação que os capitalistas realizam por todas as vias, diariamente, exige uma resposta clara.

O cinema não é somente questão de estilo ou fórmula expressiva, é também um problema ideológico. Sem uma consequente tomada de posição diante desses problemas, nunca haverá uma obra cinematográfica verdadeiramente revolucionária e posta a serviço das causas mais progressistas da humanidade. Jamais um jornalista ou cineasta despojado de militância revolucionária poderá refletir e transmitir a barbárie e o genocídio que nosso inimigo principal — o imperialismo norte-americano e seus aliados — comete em muitas latitudes.

Fortalecer a capacidade de ação e voltar os esforços para os pontos centrais de nossa luta como trabalhadores da ideologia tornam-se objetivos táticos e estratégicos que devem presidir nosso trabalho.

A informação tem um caráter ideológico e, nos tempos atuais, ela se transformou em uma arma.

Na tarefa de contrainformação que os cineastas revolucionários cumprem, deve-se destacar de modo singular a obra dos latino-americanos que, dentro e fora de seus países, lutam para afirmar a cultura nacional, fazendo do cinema uma arma a serviço da libertação nacional.

Realizadas nas difíceis circunstâncias de países dominados, ocupados e dependentes, essas obras serão vistas hoje e amanhã como amostras de cultura militante, que, ora aproveitando toda a tecnologia contemporânea, ora de forma quase rudimentar, salvaram para a posteridade a imagem do presente.

É preciso recordar nesses momentos o alento criador que as obras de cineastas como Román Karmén deram ao jornalismo cinematográfico revolucionário. As imagens da derrota das tropas colonialistas francesas em Dien Bien Phu (1954), recolhidas por ele, são parte inseparável do grande recontar cinematográfico que se fez e se fará sobre esse episódio. O internacionalismo desse cineasta, presente ao longo de todo o seu trabalho, tornou-se palpável em suas obras, como a Guerra Civil Espanhola, da qual participou com Joris Ivens, outro dos grandes internacionalistas do cinema. Nós, cubanos, não esqueceremos jamais a presença de

Karmén em Cuba, durante os dias da agressão de Playa Girón [1961].[2]

Essa atitude demonstra que o cinema revolucionário está intimamente ligado ao internacionalismo militante.

As vigorosas denúncias dos documentários dos cineastas alemães Haynowsky e Scheumann, pondo em risco suas vidas, acerca do racismo e do mercenarismo nos países africanos, serão sempre referências obrigatórias quando se abordam esses temas.

Este Festival Internacional de Cinema Jovem, o primeiro que se realiza em Cuba, ocorre em um momento em que a luta ideológica alcançou um alto nível.

Há apenas três dias, por ocasião do 25º aniversário do assalto ao Quartel Moncada, Fidel Castro alertava o mundo sobre os grandes perigos que assolavam o povo vietnamita.

Se buscássemos um exemplo capaz de simbolizar a vocação internacionalista do cinema cubano, esse exemplo seria o Vietnã. Nosso noticiário semanal e muitos documentários recolheram não só os momentos mais dramáticos da guerra de agressão que os norte-americanos desencadearam contra esse povo; equipes de cineastas cubanos acompanharam os vietnamitas em suas campanhas. Digamos que o cinema cubano sempre esteve presente em sua luta.

Este festival deve se pronunciar de forma enérgica diante dos perigos que o povo vietnamita corre.

Aos cineastas revolucionários, corresponde o papel de desmascarar toda essa campanha diversionista e tergiversadora contra o Vietnã. Os senhores, quase todos cineastas independentes — que desenvolvem seu trabalho fora das indústrias vendidas e controladas por nossos inimigos —, terão que fazer um esforço adicional em sua já difícil tarefa.

Temos uma bela dívida a saldar com os revolucionários vietnamitas; eles lutaram durante décadas para ser livres, defenderam sua pátria e sua cultura e, com isso, deram um exemplo magistral ao mundo, derrotando o mais poderoso complexo militar-industrial de todos os tempos.

Centenas de operadores de câmera vietnamitas morreram como soldados militantes diante da agressão

2 Playa Girón é uma pequena praia localizada na Baía dos Porcos, na província de Matanzas, centro-sul de Cuba. Foi lá um dos dois pontos de desembarque, em abril de 1961, do grupo de 1500 exilados cubanos, financiados pela CIA para invadir a ilha na tentativa de derrubar o recém-instalado governo de Fidel Castro. As tropas cubanas os derrotaram em três dias. [N. O.]

imperialista norte-americana. Novos soldados do cinema vietnamita — e cubanos, se for necessário — já asseguramos presença para informar ao mundo, em imagens e sons, a ameaçadora agressão que os novos membros da Otan e do imperialismo realizam nesses dias, com diferentes tipos de cínicas provocações, nas fronteiras do Vietnã.

Ninguém ignora quem está por trás do Exército de Kampuchea, que diariamente assassina mulheres e crianças e incendeia casas e escolas com o mesmo estilo e crueldade dos soldados do imperialismo ianque três anos atrás.

Embora a chamada Revolução Cultural Chinesa [1966-1969] tenha confundido ideologicamente a muitos, com o passar do tempo, aquela revolução não foi nem revolução nem cultural — foi tão somente o sintoma humilhante de decomposição e deterioração dos ávidos de poder que se alternavam cada vez com novos falsos lemas mascarados de ideologia pseudorrevolucionária. Agora que a máscara caiu, o verdadeiro rosto de sua traição e de seu chauvinismo hegemonista apareceu em aliança incondicional com os imperialistas de todas as latitudes e com os mais corrompidos governos de todos os continentes.

"A força não está na mentira nem na demagogia, mas na sinceridade, na verdade e na consciência", disse Fidel.

A sinceridade, a verdade e a consciência nos assistem, por isso não estará longe o dia em que operadores de câmera chineses registrarão as imagens verdadeiras de seu povo, que rejeitam os mandarins traidores que agora abraçam Mobutu e Pinochet, e o militarismo mais agressivo e prepotente que começou a desencadear uma nova guerra fria.

Denunciar os massacres recentes de Cassinga, de Soweto, da Rodésia, da Bolívia, da Guatemala, da Nicarágua, do Vietnã são objetivos inadiáveis do Cine Jovem. E um festival como este, inserido neste transcendental evento de juventude e luta, não espera dos senhores outra coisa senão uma atitude militante e comprometida.

A luta continua!
A vitória é certa!
Pátria ou morte!
Venceremos!

Santiago Álvarez

JOHAN VAN DER KEUKEN

Fotógrafo, cineasta e escritor, Johan van der Keuken (1938-2001) foi o segundo "holandês voador" a estabelecer-se na história do documentário. Realizador de meia centena de filmes em quatro décadas, de rigorosas imagens e complexas articulações, do começo como retratista poético (*Herman Slobbe/Criança cega 2* [*Blind Kid 2*, 1966]) ao ensaísmo engajado (*A fortaleza branca* [*Het Witt Kasteel*, 1973], *Valor nominal* [*Face Value*, 1991] e *Amsterdam Global Village* [1996]).

A violência do olhar

[Publicado originalmente como "La Violence du regard", em *Aventures d'un regard*. Paris: Cahiers du Cinéma, 1974. Traduzido por Hugo Mader.]

Certas etapas sempre recorrem em cada filme que faço... A primeira é uma espécie de pressentimento, a ideia que me ocorre do que deve ser determinado filme – em outras palavras: a razão pela qual eu quero fazer o filme, a necessidade que tenho de fazer este ou aquele filme. É uma ideia vaga, difícil de definir, porém bastante completa. Ainda estamos no nível da imaginação: um dia, acordamos bem cedo e nos ocorre uma espécie de imagem global.

A segunda etapa consiste em tentar formular essa ideia em termos comunicáveis, a fim de que outras pessoas possam compreendê-la – entre outras, aquelas de quem esperamos obter o dinheiro para fazer o filme! Isso geralmente toma uma ou duas páginas, quatro ou cinco, no máximo. Também tento definir uma abordagem: por exemplo, no caso de *A nova era do gelo* [*De nieuwe ijstijd*, 1974], a ideia de retornar à técnica do retrato, o que permite a identificação com as pessoas... Mas também tento definir as técnicas no plano mais geral do discurso e descrevo certos artifícios: "Seriam jovens operários não especializados, por um lado; por outro, cenas filmadas em um país do Terceiro Mundo, com ênfase na questão da autogestão e na relação entre o tema da autogestão nas bases e as consequências do colonialismo e da continuidade do imperialismo econômico...". Trata-se, portanto, de elementos gerais, bastante rudimentares, em certo sentido, exteriores ao projeto concreto.

A terceira etapa é o trabalho de documentação. É preciso dispor de um mínimo de informações, sobretudo quando devemos viajar: saber o que se pretende investigar e onde investigar.

A quarta etapa é a filmagem. Nesse momento, eu diria que a imagem, a ideia inicial de que falei, foi um tanto relegada ao esquecimento. É preciso esquecer e, ao mesmo tempo, não esquecer essa primeira imagem – é preciso, sobretudo, estar disponível na própria situação.

Para mim, o trabalho de filmagem consiste justamente em ser o mais aberto possível, em ter a capacidade de reagir de modo específico, conforme a circunstância. Como sou eu quase sempre quem maneja a câmera, penso que a imagem que se vê é a expressão de uma reação física às circunstâncias. Assim, nosso modo de ser no frio e no calor é inteiramente diverso; quando há muita agitação à nossa volta, somos levados pelo movimento; quando há silêncio, devemos ser mais reflexivos. Cada uma dessas diferentes maneiras de ser se traduz imediatamente por certa reação física com a câmera.

No meu caso pessoal – talvez eu esteja me desviando um pouco do assunto –, a câmera que utilizo é mesmo um pouco pesada demais para mim! É uma Arriflex BL com vedação acústica, fabricada a partir do modelo da velha Arriflex já utilizada ao tempo de Hitler; ela é diferente da Éclair, uma câmera realmente concebida para ser transportada à mão. Ora, eu trabalho quase sempre com a câmera na mão, o que exige um verdadeiro esforço. O tempo máximo durante o qual consigo segurar a câmera e a restrição de movimentos que ela impõe conferem um caráter de necessidade àquilo que filmamos: a imagem que passa é mais ou menos conquistada pelas circunstâncias, tanto exteriores como físicas.

O momento da filmagem, portanto, difere inteiramente daquilo que se poderia chamar de "a imagem interior" do início, bem como das informações objetivas que logramos reunir. Trata-se, agora, de reconhecer o valor específico de cada coisa que se passa e decidir imediatamente se é preciso ou não filmá-la, de que modo, durante quanto tempo, de qual ângulo e em qual estilo. Aqui, a intuição tem um papel preponderante. É preciso que se diga, no entanto, que a noção de informação e a ideia de vontade de expressão obviamente intervêm o tempo todo entre as diferentes situações e períodos de filmagem.

A quinta etapa é evidentemente a montagem. Trata-se de redefinir o filme, não no nível do que se pretendeu fazer, e sim do que se tem concretamente nas mãos, da matéria filmada. É preciso voltar a relacionar o filme com aquilo que se pretendeu fazer, e os novos fatos com que deparamos devem ser constantemente reinseridos no processo. Na montagem, contudo, acho que é necessário de início esquecer a ideia que serviu de ponto de partida e, antes, vir a conhecer melhor o que se fez durante a filmagem: vermos as imagens com outros olhos, por assim dizer, e nos distanciarmos de nossa própria participação na imagem filmada.

Agora, é preciso estudar a imagem e tentar descobrir seu funcionamento autônomo.

A montagem nos meus filmes é feita quase exclusivamente em relação a esse funcionamento autônomo da imagem filmada. Acho que é um pouco nisso que me diferencio de muitos cineastas: afinal, a forma do filme, ou o modo como ele se apresenta, nunca é o resultado de um projeto, e sim um processo que recomeça do zero a cada etapa.

Na montagem, portanto, recomeçamos do zero. De certo modo, sou o espectador daquilo que vai se passar entre as imagens: descubro as "tendências" que há nas imagens, e o meu papel consiste em ajudar as imagens a encontrar sua verdadeira tendência. É em decorrência dessa posição que, por exemplo, ao rever ontem *Fortaleza branca* [*Het Witt Kasteel*, 1973] e *A nova era do gelo*, fiquei surpreso com a diferença de tempo psicológico que existe entre ambos os filmes. E, no entanto, não é que eu tenha decidido, "Vou fazer um filme mais rápido" ou "Vou fazer um filme mais lento". A partir de certo momento, as imagens evoluem na sua própria temporalidade, penso que o trabalho do cineasta consiste em tentar reconhecer o que se passa e em preservar o máximo possível da "tendência interior" das imagens.

Em princípio, todas as decisões de montagem devem ser tomadas em face do reconhecimento do que vêm a ser as imagens, com a evidente ressalva de que em certos momentos prevalece a vontade de me fazer valer delas e em outros, a de destruí-las; neste momento, encontram-se cortes bastante acentuados, aparecem no filme elementos marcadamente destrutivos que não obedecem mais à "tendência interior" das imagens; em vez disso, tentam explodir tudo, anular o que foi dito anteriormente ou submeter as imagens a uma espécie de teste, impondo-lhes uma força contrária que elas, caso apresentem uma tendência suficientemente forte para isso, deverão, então, neutralizar. É uma questão de poder: quem o detém, as imagens ou eu? Também estou nessa parada! Então, ponho tudo a perder... E, no entanto, mais adiante tudo recomeça!

Eis, portanto, que chegamos à sexta etapa: o filme concluído. Uma vez percorrido todo esse caminho, se eu reler o texto original, se verificar a ideia inicial, na maioria das vezes darei conta de que o filme, embora tenha se tornado algo inteiramente autônomo e totalmente diverso da ideia inicial, corresponde a todos os dados pressupostos de saída!

No momento, a questão do olhar dirigido às coisas é o fulcro do meu trabalho.

A ideia do olhar, da força do olhar, me leva à questão da realidade. Concebo a realidade não tanto como algo que se pode fixar sobre a película, e sim como um campo (em termos energéticos). Isso talvez seja um tanto vago. O que quero dizer é que a imagem filmada, tal como tento realizá-la, resulta antes de uma colisão entre o campo do real e a energia que ponho em explorá-lo. É um impulso ativo, agressivo. Em algum lugar, a meio caminho, encontra-se um ponto forte que vem a ser a imagem filmada.

Por várias razões, deixamos de lado a ideia de que a realidade é uma entidade fechada, que existe fora de nós. Isso é explicável em parte pela tecnologia, pela eletrônica e pelo caráter múltiplo que a realidade assumiu na consciência das pessoas. Por essa razão, o cubismo constitui para mim uma referência capital e, a meu ver, ainda atual, pois a multiplicidade de cada fraiento de realidade nele se exprime de modo essencial e rigoroso. Se quiser me exprimir não como uma espécie de receptor passivo de uma realidade exterior, e sim como alguém que é espectador e, a um só tempo, agente, já estarei implicado nessa problemática. O que está em causa é toda a questão da definição do indivíduo. A relação no cinema, a participação em um espetáculo de cinema, deve ser justamente isto: uma tentativa de definição ou redefinição de si, de cada espectador. No tocante à explicação que tentei dar sobre a minha posição de cineasta no mundo da imagem, a meio caminho entre eu e a realidade, acredito que o espectador de cinema deveria, idealmente, se encontrar numa posição similar.

Se retomarmos a noção de que o processo do filme se repete no espectador, então a definição do filme em relação à realidade seria mais ou menos análoga à do espectador em face do filme.

Há uma quantidade infinita de imagens e uma quantidade infinita de vidas; contudo, nos meus filmes há longos momentos de silêncio durante os quais não acontece quase nada: a vista através da janela no final de *De Tijdgeest* [O espírito do tempo, 1968], o longo travelling pelo corredor em *Dagboek* [Diário, 1972], o olhar interminável para as três camas em *A nova era do gelo*. Momentos como esses são fundamentais: então, o filme deixa de suprir as informações ao ritmo habitual e o espectador deve, de algum modo, "apelar para si mesmo, como último recurso". Ele se sente provocado. Idealmente, tais momentos podem ter uma função de definição: o espectador tem a sensação de estar sentado ali e, por assim dizer, a sua respiração física concreta entra em sintonia com a respiração do filme. É o que ocorre, a meu ver, na última parte de *Fortaleza branca*, quando os trovões se sucedem a um ritmo bastante lento, a intervalos regulares; junto com a chuva, isso produz o efeito de uma espécie de respiração muito lenta num tempo distendido... Em tais momentos, na condição de espectadores, estamos tanto mental como fisicamente "envolvidos na ação", ao mesmo tempo que temos consciência de não olhar senão para uma tela.

Acima de tudo, porém, não se pode negar que o conteúdo esteja ali. Fala-se de coisas tão "objetivas" quanto possível, de circunstâncias, de condições de vida, de relações de produção, de relações sociais, de diferenças de poder, da redistribuição de conhecimentos e de capital no interior da sociedade... Para mim, fazer um filme não consiste em partir desses dados e traduzi-los — trata-se de fazer uma espécie de troca bastante complexa com a realidade a fim de alcançar um conhecimento mais efetivo sobre essas questões, que no momento me parecem ser as mais importantes.

Creio que os conhecimentos objetivos são transmitidos pelo filme: é tudo o que chego a aprender no decorrer de sua produção. É inútil, portanto, exigir mais do filme quanto ao conteúdo, pois tudo o que sei a esse respeito está ali: esse conhecimento é a culminação de todo o processo.

O espectador envolvido no processo também pode vir a alcançar esse conhecimento, que difere essencialmente daquele adquirido mediante uma formação clássica, em que, mais uma vez, uma realidade exterior é dada ao espectador; aqui, eu diria, o espectador é capaz de encetar por si mesmo a busca do conhecimento no confronto com a realidade do filme. A meu ver, em termos abstratos, isso corresponderia ao conceito de democracia nas bases: afinal, todos têm o mesmo ponto de partida em relação a um conhecimento que não vem do alto, porém é adquirido como parte de uma realidade em princípio acessível a todos.

JØRGEN LETH

O dinamarquês Jørgen Leth (1937) é um dos mais importantes documentaristas experimentais de todos os tempos. Sua produção fílmica inclui curtas conceituais (*O ser humano perfeito* [*Det perfekte menneske*, 1967]), ensaios antropológicos (*O bem e o mal* [*Det gode og det onde*, 1975]), filmes de esporte (*Um domingo no inferno* [*En forårsdag i Helvede*, 1977]), retratos heterodoxos (*Motion Picture*, 1970) e cadernos de viagens (*66 cenas da América* [*66 Scener fra America*, 1982]).

Credo de trabalho

Este é meu credo de trabalho, que ainda se mantém

[Publicado originalmente como "Working Credo". *Film*, Nova York, número especial Leth, DFI, 2002. Traduzido por Fábio Bonillo.]

Um filme é uma série de imagens justapostas. Não uma sequência, não uma história, mas uma série de imagens, e nada mais. A ordem das imagens é menos importante do que a imagem em si. A consequência última dessa afirmação é que as imagens podem ser justapostas de olhos vendados. Que a ordem delas pode ser determinada por meio de regras que levam em conta um forte elemento de acaso. Assim como William Burroughs, considero o acaso uma grande inspiração. A ele permito certa margem de manobra em meus filmes, durante as filmagens, e às vezes durante a montagem também. De várias maneiras, convido o acaso a participar do jogo.

As regras fornecem um importante princípio de trabalho para mim. Eu invento regras. Um novo conjunto delas para cada filme – muito frequentemente com o propósito de delimitar minhas possibilidades técnicas. O que a câmera está autorizada a fazer, e o que não está. O que a montagem pode fazer, e o que não pode. Essa disciplina restritiva é de crucial importância para meu trabalho. É como fazer uma óptica mental com a qual as coisas e os eventos da vida possam ser vistos de uma maneira específica. É uma forma de criar ordem a partir do caos. É uma moldura, uma seção áurea que enfoca e elabora seientos dentro de breves instantes de tempo.

E, quando tudo está em seu lugar, as regras estão claras e estabelecidas, a atitude é: vamos ver o que acontece. São exemplos *66 cenas da América*, *Livet i Danmark* [A vida na Dinamarca, 1972], *Motion Picture*. Uma série de imagens – é o que são. Cada imagem tem sua história. Cada imagem é um breve instante de tempo, emoldurado. O tempo escoa através da imagem sem esforço. Observamos cada movimento, ouvimos cada som.

É assim. Eu ponho as imagens em ordem.

Torna-se uma ordem. E cada imagem é posta perto de outra, é encaixada num padrão. Torna-se um vício.

ARTAVAZD PELECHIAN

A censura pelo Estado soviético adiou por longo tempo o devido reconhecimento internacional à obra ousada e complexa do armênio Artavazd Pelechian (1938). Tendo como ponto de partida uma original teoria da montagem – a "montagem distancial" (na nova e inédita tradução, diretamente do russo, por Luis Felipe Labaki, do conceito batizado equivocamente como "montagem a contraponto" nas versões iniciais para o francês e o inglês) – e como material de base essencialmente sons e imagens de arquivo, seus curtas-metragens (*Nós* [*Menq*, 1969], *As estações* [*Vremena goda*, 1975]) manipulam os registros com vistas a provocar um estranhamento que abre espaço para indagações filosóficas sobre o poder da natureza, o papel do homem, o ritmo dos movimentos e a força da História.

Montagem distancial, ou teoria da distância

[Texto escrito entre março de 1971 e janeiro de 1972. Publicado como "Le Montage à contrepoint ou la théorie de la distance". *Trafic*, primavera, 1992. Traduzido do russo por Luis Felipe Labaki.]

Um nascimento sem pais. Imagine um monstro que devora aquilo do qual ele mesmo nasce. Ou um processo em que alguns, ao morrerem, não sabem a quem dão à luz, e outros, ao nascerem, não sabem quem matam.

Não sei se estou denominando com precisão a essência desse método ou teoria, porém a presente definição me parece hoje a mais exata.

O fenômeno sobre o qual quero falar exige uma alteração não apenas de noções habituais, mas também de modos de descrição. No entanto, aqui a tarefa se complica justamente porque, para que possamos definir esse fenômeno, será necessário utilizar modos de descrição já conhecidos, que correspondem a noções habituais.

Como se sabe, há muito tempo, quando desejou se movimentar mais rapidamente, o homem inventou a roda. Passaram-se milênios e o homem teve vontade de se movimentar ainda mais rapidamente. Ficou claro então que o que o impedia de se movimentar cada vez mais rápido era, por mais estranho que possa parecer, justamente aquela mesma roda. Por qual motivo digo tudo isso?

O fato é que muitos colegas, ao verem meus filmes *Começo* [*Skizbe*, 1967] e *Nós*, consideram que, neles, eu ressuscito ou repito os princípios de montagem dos anos 1920, os princípios de Eisenstein e de Vertov. Ideias similares também repercutiram em algumas resenhas tanto na imprensa soviética como na estrangeira.

Posso responder a isso da seguinte maneira: de tudo aquilo que puder me ajudar a expressar meus sentimentos e ideias na tela, eu sempre procurei pegar daquilo que de melhor realizaram não apenas Eisenstein e Vertov como também todos os meus professores diretos e indiretos: Guerássimov, Romm, Iútkevitch, Krísti, Paradjánov, Tchukhrái, Berian, Resnais, Kurosawa, Pasolini, Kubrick e outros.

Eu antes cheguei a Vertov e a Eisenstein do que parti deles. Mas, interiormente, não sentia que estivesse repetindo seus princípios ou os imitando, e sim tentando fazer algo novo.

Foi somente pouco a pouco que compreendi de que maneira a minha abordagem do trabalho de montagem se diferenciava daquela definida nas teorias de montagem dos anos 1920.

Eu não gostaria de me ater a banalidades aqui, mas alguns esclarecimentos gerais serão necessários, uma vez que essas diferenças sobre as quais falarei são tão profundas que obrigatoriamente exigem um exame daqueles princípios fundamentais que estão na base das teorias de montagem de Vertov e Eisenstein.

Como se sabe, qualquer tipo de obra de arte possui uma forma. Mas as leis de construção dessa forma e, consequentemente, as leis de sua recepção não são as mesmas para os diferentes tipos de arte.

Assim, as obras das artes espaciais (arte gráfica, pintura, escultura, arquitetura) são apreendidas através da *visão*, e sua forma pode ser apreendida por completo a qualquer instante. Os contornos gerais de uma forma espacial são, via de regra, percebidos antes dos detalhes.

Obras de outras artes, ao contrário, se desenvolvem no tempo. Por esse motivo, o todo de tais obras surge gradualmente em nossa consciência a partir dos detalhes, que se seguem um após o outro e são conectados entre si com a participação obrigatória da *memória*. Aqui, como sabemos, os contornos gerais costumam ser percebidos depois dos detalhes.

Quanto ao cinema, ele se utiliza ao mesmo tempo das possibilidades tanto das artes espaciais como das temporais.

Mas não se pode confundir – nem na teoria, nem na prática – essa combinação de possibilidades com um somatório mecânico dos elementos das várias artes.

Ainda no início dos anos 1920, Vertov escreveu: "Nós não protestamos contra as ramificações da cinematografia pela literatura, pelo teatro, nós simpatizamos totalmente com a utilização do cinema em todos os ramos da ciência, mas definimos essas funções como secundárias, afastando-se do tronco principal do cinema. O essencial e mais importante é a cinessensação do mundo"[1]. Ele convocava os cineastas a um "novo terreno, ao espaço com quatro dimensões (três + tempo), às buscas por um novo material, sua métrica e ritmo".[2]

Para o cinema, a montagem se tornou a ferramenta mais importante e específica de organização espaçotemporal do material. Se para os diretores e teóricos do primeiro cinema a montagem era um meio para a simples exposição dos acontecimentos na tela, Eisenstein e Vertov desvendaram suas potencialidades como método de "organização do mundo visível",[3] seu significado como "nervo essencial do puro elemento cinematográfico".[4] "A cinematografia", escreveu Eisenstein, "é, antes de tudo, montagem."[5]

Desenvolvendo os princípios de montagem no cinema sonoro, Eisenstein acreditava que o mais importante era a interação *contrapontística* entre a imagem e o som. Em seus trabalhos teóricos, ele se esforçou para "encontrar *a chave para a comensurabilidade* entre um fraıento de *música* e um fraıento de *imagem*".[6]
Vertov também abordou esse problema: "Um filme *sonoro*, e não uma variação sonorizada de um filme mudo. Um filme sintético, e não o som somado à imagem. Ele

1 Dziga Vertov, *Stati, dnevniki, zamisli* [Artigos diários, projetos], 1966, p. 53.

2 Id., ibid., p. 46.

3 Id., ibid., p. 97.

4 S. M. Eisenstein, *Ízbrannie proizvedênia* [Obras escolhidas], t. 2, p. 296.

5 Id., ibid., p. 283.

6 Id, ibid., p. 235.

não pode ser exibido unilateralmente – apenas a imagem ou apenas o som. A imagem aqui é só uma das faces de uma obra multifacetada... Nasce uma terceira obra que não existe nem no som, nem na imagem, mas somente na ininterrupta *interação do fonograma com a imagem*".[7] (Eu sublinho especialmente essas palavras.)

Vertov considerava que uma compreensão autenticamente cinematográfica da realidade só poderia ser atingida com base na fixação documental dos fatos reais. Ele chamava o cinema atuado de "teatro restaurado". Eisenstein reservava ao cinema o direito de fazer uso de qualquer tipo de material, "para além de atuado ou não-atuado".[8]

O filme *Nós*[9] foi concebido e realizado por mim como um filme de ficção. Infelizmente, é costume chamar de "artísticos" àqueles filmes que mostram heróis individuais representados por atores. No entanto, o conceito de filme artístico é muito mais amplo e rico do que o de filme atuado.[10] Tchernichévski já apontava que "desenhar lindamente um rosto" e "desenhar um rosto lindo" são duas coisas completamente diferentes. Assim, na avaliação da qualidade artística de um objeto representado entram não apenas "quem", "o que" e "a quem", mas também "como".

Não se vê nenhum tipo trabalho de atores no meu filme, e nele não é mostrado o destino individual de pessoas. Tudo isso é resultado de premissas conscientes de dramaturgia e direção. O filme foi concebido com base em um princípio definido de construção composicional, com base na montagem sonoro-imagética livre de quaisquer comentários textuais.

Transmitir em palavras o conteúdo desses filmes é quase impossível. Eles estão na tela, e é preciso vê-los. Mas como a forma de qualquer obra expressa seu conteúdo, e a unidade entre eles sempre é determinada pela lógica da visão de mundo do autor, vou tentar expor as ideias e os propósitos pelos quais fui guiado durante a realização desse filme.

Já no próprio título do filme – *Nós* – se expressa a consciência de um homem que se sente como parte de sua nação, de seu povo, de toda a humanidade. Falo não apenas de minha consciência de autor, mas também da consciência daquelas pessoas a quem o filme em questão é dedicado.

7
Dziga Vertov, op. cit., p. 242.

8
S.M. Eisenstein, op. cit., t. 5, p. 32.

9
Uma produção da associação cinematográfica "Erevan" da televisão armênia.

10
Em russo, um "filme de ficção" é chamado, literalmente, de "filme artístico" (*khudôjestvennyï fil'm*). O que Pelechian discute aqui é justamente o uso dessa expressão, que poderia dar a entender que, a princípio, filmes não ficcionais não poderiam ser considerados "artísticos". [N. T.]

Essas pessoas são meus contemporâneos e conterrâneos. Eu me esforcei para transmitir por meio da montagem um quadro generalizado de sua existência em sua terra natal.

Aqui, é claro, há certos traços de afinidade com meus trabalhos anteriores – *A terra dos homens* [*Zemliá Liudiêi*, 1966] e *Começo*, nos quais também procurei reunir as pessoas representadas em um conjunto social e político, inicialmente a partir do material de um dia de trabalho, depois a partir do material da história revolucionária. Mas, além da afinidade, há também diferenças.

Ao começar a trabalhar em *Nós*, impus a mim mesmo uma série de novos objetivos que determinaram as qualidades particulares desse filme.

Se em *Começo* a dramaturgia era construída a partir de movimentos de torrentes humanas e massas populares, nesse trabalho procurei mostrar mais de perto também os indivíduos, aproximar-me de suas almas. Nesse caso, porém, não determinei que meu objetivo fosse mostrar individualidades singulares. Mais uma vez, meu objetivo consistia em mostrar, por intermédio de alguns indivíduos, não apenas o particular, mas também o comum, de modo que as características das pessoas representadas estivessem subordinadas ao conhecimento do típico, para que na consciência do espectador fosse formada não a imagem de um único indivíduo, e sim a de uma nação. Busquei apresentar uma espécie de cardiograma do espírito popular e do caráter nacional.

Decidi expor a história de um povo não mediante a exibição de monumentos do passado, mas observando a contemporaneidade, as pessoas contemporâneas. Tentei me apoiar naqueles eventos e situações da vida real em que se percebem e se revelam de maneira mais clara as tradições históricas, os traços característicos da figura e do comportamento do meu povo. Claro, toda essa concretude nacional transmitida pela generalização efetuada pela montagem deveria levar o conteúdo conceitual do filme não a um elogio lisonjeador de todo o povo, nem a pensamentos sobre uma excepcionalidade nacional, mas a um sentimento patriótico verdadeiro e a uma grande ressonância cívica. Estabeleci como objetivo expor nas paixões nacionais também anseios internacionais, valores humanos universais, a fim de que essas qualidades das pessoas representadas estimulassem no espectador uma crença em uma vontade criativa inerradicável, que o obrigasse a sentir a força e a beleza do amor humano.

Esses eram os objetivos básicos.

Em que medida foi possível cumpri-los? Estou satisfeito com os resultados do meu trabalho? É difícil responder a essas perguntas com uma única resposta precisa. Em primeiro lugar, já se passou um tempo considerável desde a época da realização do filme. Se eu fosse fazer esse filme hoje, faria muitas coisas de outro jeito. Em segundo lugar, o filme foi repetidamente encurtado e submetido a alterações. Posso dizer que, na primeira versão, eu consegui, de maneira geral, cumprir os objetivos que havia estabelecido. Ficou claro que a montagem sonoro-imagética, desprovida de comentários textuais, podia ser utilizada com sucesso em um longa-metragem.

Na versão mais recente foi preservado o propósito conceitual inicial, foi preservada a expressão universal do tema nacional. No entanto, o filme perdeu o caráter versátil e multifacetado de sua encarnação imagética e se tornou menos coeso. Foi diminuída até mesmo a importância imagética daqueles momentos que, na versão atual, são os mais bem recebidos pelo público. Portanto, os cortes trouxeram prejuízo não apenas à forma do filme como também ao seu conteúdo.

Algumas palavras sobre o caráter dos cortes. Como já disse, o filme deveria se resolver com base na combinação da exibição destacada de indivíduos com a imagem generalizada dos sentimentos e estados da massa. Nós conseguimos filmar alguns fatos reais em que a vontade criativa da massa se revelava clara e dramaticamente. Esse material ocupava no filme um lugar muito importante, quase central. Infelizmente, foi necessário excluí-lo por razões sérias que, contudo, não tinham relação nenhuma com critérios de ordem conceitual-artística. Para substituir os episódios excluídos, tivemos que buscar outro material que expressasse o conceito de criatividade. Foram incluídos no filme, por exemplo, planos de pessoas quebrando e esculpindo uma pedra. A apresentação do tema acabou se dando apenas em um plano simbólico, e isso é muito mais fraco do que aquilo que havia no material da primeira versão.

Durante esse processo de encurtamento, esbarrei em uma lei impiedosa: qualquer alteração rompe o equilíbrio do filme e traz consigo uma série de outras alterações. Ao se reconstruir uma parte, faz-se necessário reconstruir o todo.

Com a versão completa concluída, tive que ouvir uma série de comentários críticos e reclamações. Preciso falar sobre alguns deles para esclarecer o meu posicionamento, que se manteve inalterado ao longo de todas as versões do filme.

Foi-me dito, por exemplo, que, para a transmissão das especificidades nacionais, seria bom fornecer mais detalhes cotidianos, com cores locais. Ao que parece, tinham-se em mente detalhes como a maneira peculiar de preparar os *chachlík*,[11] de jogar gamão etc. Mas um exame sóbrio facilmente mostra que detalhes exóticos como esses não respondem às minhas questões, uma vez que são manifestações superficiais, insignificantes de uma peculiaridade nacional. Detalhes exóticos não podem ser elevados ao mesmo patamar da verdadeira tradição nacional, que é definida pela cognição interior.

11 Trata-se de um prato típico do Cáucaso, que consiste em carne (geralmente de carneiro) assada na brasa. [N. T.]

Me fizeram a seguinte pergunta: por que no meu filme não são mostrados os guardas de fronteira? A isso eu respondo que no meu filme não há guardas de fronteira, não há encanadores, não há pessoas de muitas outras importantes profissões. Para mim o que importa é mostrar o *homem-criador*, e não listar suas profissões.

Também me repreenderam por acentuar demasiadamente a menção ao massacre dos armênios pelos turcos. De que maneira se pode responder a isso? Há pouco tempo fiquei sabendo que um dos membros do júri do Festival de Oberhausen, na Alemanha, perguntou a alguns colegas soviéticos em que consistia aquele episódio histórico mostrado nos materiais de arquivo do filme *Nós*. Explicaram a ele que, em 1915, quando a Europa inteira estava imersa na guerra, houve na Armênia um massacre que tirou entre 1,5 milhão e 2 milhões de vidas. Ele não sabia disso e ficou estarrecido com o número: "Você não se enganou? Não seria 20 mil? Dois milhões? Mas isso é meio Auschwitz!". Justamente! Quando faço menção a isso, não busco direcionar os sentimentos do espectador para o fato em si. Procuro sublinhar o horror das guerras imperialistas que obrigam um povo a matar outro. O material de arquivo que entrou no filme inclui cinejornais de guerra tanto franceses como alemães e ingleses. Dessa forma, quero expressar também a ideia de inadmissibilidade de qualquer hostilidade nacional, de qualquer genocídio. A honra de uma nação não está no espancamento de outras nações. Isso diz respeito a todos os povos. E, quando o filme mostra o retorno dos armênios à sua terra natal, esses planos falam sobre a inadmissibilidade de guerras mundiais, que separam pessoas de suas terras, de seus concidadãos. Esses planos falam sobre a renovação de uma nação, sobre a formação de características contemporâneas do espírito nacional, desenvolvidas ao longo dos cataclismos sociais e processos revolucionários do século XX.

Durante a seleção de material para esse filme, o mais importante não era o conteúdo factual de um plano, e sim sua ressonância imagética. Filmagens de fatos reais foram completadas com filmagens encenadas, de modo que em todos os episódios centrais há planos com multidões de figurantes que foram dirigidos. Isso acontece tanto no episódio dos "Grandes Funerais" como nos episódios finais da repatriação.

Para que a unidade da fatura não fosse rompida, utilizamos contratipos dos planos encenados. Quanto a planos de material de arquivo, há poucos desse tipo no filme.

Como já foi dito, na seleção do material o principal requisito era sua ressonância imagética, sua expressividade, sua capacidade de transmitir a generalização. Quando a montagem foi concluída, percebeu-se que praticamente inexistiam planos médios, e que todo o filme estava construído a partir apenas de planos gerais e de grandes planos. Isso não foi ocasional. Não nego o papel do plano médio, e até aceito que ele possa ser muito valioso. Entretanto, no meu filme, em prol da expressão precisa das ideias, optei por algo diferente gradualmente renunciando aos planos médios. Um grande plano de um objeto se mostrou, via de regra, mais expressivo do que um plano médio em que o objeto aparecia cercado por detalhes cotidianos.

Muitos consideram que não se pode montar um grande plano diretamente com um geral, que só é possível colá-los mediante o emprego de um plano médio. Para mim, trata-se de um mito, uma norma inventada. As possibilidades da montagem, segundo minha convicção, são infinitas. Quem poderia negar que é completamente possível montar um close-up de um olho humano com um plano geral da galáxia?

Acredito ser errônea também aquela visão de acordo com a qual o grande plano seria predestinado a uma observação próxima de um detalhe ou outro. As funções do grande plano são mais amplas: ele é capaz de conferir ênfase semântica, de transmitir uma imagem geral, que pode acabar crescendo até uma simbologia infinita. Eisenstein falava sobre uma grande diferença entre os conceitos de "próximo" e "grande". Com a primeira palavra são determinadas as condições físicas da visão. Com a segunda, determina-se uma apreciação do objeto observado. "A partir dessa comparação, logo salta aos olhos a mais importante função do grande plano na nossa cinematografia: não somente e nem tanto *mostrar* e *apresentar*, mas *significar*, *definir*, *designar*."[12]

12
S. M. Eisenstein, op. cit., t. 5, p. 166.

Um dos principais problemas do meu trabalho no filme foi a montagem de imagem e som. Procurei encontrar a unidade orgânica de ambos, de modo que expressassem simultaneamente um único conceito, uma única ideia, uma única percepção emocional. Que o som fosse indissociável da imagem, e a imagem indissociável do som! Eu parti e parto do princípio de que nos meus filmes o som se justifica unicamente por sua função conceitual, imagética. Até nos ruídos mais elementares é preciso encontrar a máxima expressividade e, para isso, caso seja necessário, transformar sua sonoridade. Por essa razão, não há por enquanto nos meus filmes som direto ou narração.

A função principal de expressão de uma ideia é, dessa forma, uma atribuição da montagem. Infelizmente, muitos classificam filmes dessa natureza como "de montagem", automaticamente tornando-os suspeitos de algum tipo de deficiência no plano artístico ou até no plano das ideias. Mas isso é o mesmo que acusar uma música de ser musical, uma árvore de ser de madeira, uma piada de não ser séria.

Se o som direto, unindo-se à imagem, estiver apto a exercer uma função imagética, seria possível e necessário utilizá-lo. Isso se aplica também a diálogos e a narrações, contanto que sejam elementos indispensáveis da imagem.

Eu não imagino meus filmes sem música. Quando estou escrevendo um roteiro, devo desde o começo prever a estrutura musical do filme, os acentos musicais, o caráter emocional e rítmico da música que será necessária para cada trecho. Para mim, a música não é um complemento da imagem. Para mim, ela é antes de tudo a música de uma ideia que exprime, em união com as imagens, o significado daquilo que está sendo apresentado. Para mim, ela é também uma música da forma. Quero dizer que a forma da sonoridade musical de cada momento depende da forma do todo, de sua composição, de sua duração. Eu já falei sobre como a alteração ou o corte de qualquer trecho do filme me obrigou a fazer outras alterações, a reconstruir o todo. Quero me deter sobre essa questão.

Ao excluir um ou outro fragmento de material, era necessário substituí-lo. E não apenas por razões temáticas. Há uma lei única à qual estão subordinadas a duração de todo o filme e a duração de cada fragmento. Sob esse aspecto, um filme é quase similar a uma obra musical. Eu substituí o material excluído por outro não porque tivesse que mostrar determinado fato naquele lugar. Para mim, era muito mais importante não perder o tema que deveria ressoar num determinado lugar, durante um determinado período de tempo. Com a exclusão de algum fragmento, abalava-se a proporção do filme, abalava-se o tempo composicional. Para salvar esse tempo, algumas vezes tive que inserir no filme um material neutro, mesmo que não possuísse grande valor do ponto de vista imagético. (Como exemplo, posso citar os planos dos carros quebrados, das fumaças e alguns outros.)

Tudo isso se aplica também ao trabalho com o fonograma. As leis do tempo composicional funcionam aqui de maneira igualmente rigorosa. Para cada elemento sonoro é necessário encontrar uma "dose" exata de duração e de força de ressonância, estabelecer um equilíbrio preciso do movimento do som.

Desde que o cinema se tornou sonoro, foram encontradas muitas definições diferentes do papel do som no filme. O som (incluindo a música) pode fazer parte da representação temática, como ilustração, como acompanhamento, como meio de criar uma atmosfera e, finalmente, como elemento de contraponto. Na minha prática, aos poucos compreendi que nenhuma dessas definições me satisfaz, que as potencialidades do som são consideravelmente mais amplas e mais ricas. Eu me esforcei para que a combinação sonoro-imagética não se parecesse com uma junção física, e sim com uma combinação química dos elementos. E de repente descobri que, na tentativa de aumentar a importância e a expressividade do som, eu montava o fonograma e também a imagem, de modo que transgredia aquelas leis e métodos de montagem que antes eu me esforçava para seguir.

Gostaria de, no meu trabalho teórico, dispensar uma atenção especial a essa "transgressão".

É conhecida há muito tempo uma das teses fundamentais propostas por Eisenstein: um plano, chocando-se na montagem com outro plano, dá à luz uma ideia, uma apreciação, uma conclusão. As teorias da montagem dos anos 1920 atêm-se sobretudo à relação entre planos adjacentes. Eisenstein chamava isso de "ponto de junção de montagem";[13] Vertov, de "intervalo".[14]

Durante minha experiência de trabalho no filme *Nós*, eu me convenci de que o que me interessava era outra coisa, de que a essência e a ênfase do trabalho de montagem consistem, para mim, não na colagem dos planos, mas em sua descolagem; não em sua "atracagem", mas em sua "desatracagem". Ficou claro para mim que o mais interessante começa não quando uno dois fraıentos, e sim quando os desuno e coloco entre eles um terceiro, um quinto, um décimo fraıento. Na posse de dois planos fundamentais, portadores de importante carga de sentido, eu busco, em vez de aproximá-los, de chocá-los, criar entre eles uma distância. A ideia principal que quero expressar é alcançada da melhor maneira possível não na junção de dois planos, e sim em sua interação através de um grande número de elos. Alcança-se assim uma expressão de sentido muito mais forte e profunda do que por meio de uma colagem

13
S. M. Eisenstein, op. cit., t. 3, pp. 322-23, 384.

14
Dziga Vertov, op. cit., 1966, p. 48.

direta. Eleva-se o diapasão de expressividade, e cresce em grau colossal a capacidade informativa que o filme é capaz de carregar.

A esse tipo de montagem eu chamo *montagem distancial*.

Devo aqui esclarecer a "mecânica" da montagem distancial no material dos meus filmes. Essa "mecânica" foi completa e inteiramente determinada por um objetivo: expressar aquelas ideias que me emocionavam, levar até o espectador o posicionamento filosófico no qual me apoio.

Em *Nós*, o primeiro elemento fundamental da montagem distancial surge logo no começo. O filme se inicia com uma pausa seguida de um plano: o rosto de uma menina. O significado figurado desse plano ainda não está claro para o espectador, a ele só é transmitido um sentimento de introspecção e inquietação. Nesse ponto entra a música, e depois há uma pausa em uma tela escura. O rosto da menina aparece pela segunda vez quinhentos metros de película adiante, ligado ao mesmo acorde sinfônico. No final do filme, no episódio da repatriação, esse elemento fundamental da montagem é incluído uma terceira vez, mas apenas no som: o acorde sinfônico é repetido no plano de pessoas indo para um terraço. Nessa estrutura, percebe-se mais facilmente uma repetição elementar. Mas a função desses elementos de montagem não se resume à repetição.

Por exemplo, no meu primeiro filme, *Patrulha das montanhas* [*Lernayin parek*, 1964],[15] sobre pessoas destemidas, que diariamente asseguram o "sinal verde" para os trens nos desfiladeiros montanhosos da Armênia, foi igualmente utilizado o recurso da repetição de planos. O filme se inicia e se encerra com os mesmos planos, nos quais se mostram os trabalhadores-alpinistas andando com suas lanternas contra o fundo escuro do céu. Aqui também há uma distância entre esses planos. Mas a distância (e o caráter idêntico dos planos) no filme em questão não exercia uma influência "distancial"; ela levava justamente à repetição, ao retorno do estado de espírito inicial, auxiliando à conclusão lírica do filme.

Esse mesmo recurso foi empregado em *A terra dos homens*,[16] construído inteiramente sobre um método de montagem em princípio diferente – o confronto associa-

15 Produzido pelo Estúdio de Filmes Documentais e Atualidades de Erevan, 1964.

16 Produzido pelo estúdio acadêmico da VGIK [Instituto Estatal Russo de Cinema], Moscou, 1966.

tivo de planos ligados a um tema único. O tema era a permanente descoberta da beleza do mundo, que o homem realiza na sua vida e no seu trabalho; ele se desenvolve com base no material de uma cidade grande mostrada ao longo de um dia de trabalho.

Esse filme começa e termina com a imagem da escultura *O pensador*, de Rodin, girando em torno de si mesma. Essa escultura, conhecida por todos, há muito se tornou um símbolo da expressão eterna do pensamento humano.

Além da função de repetição, que confere ao filme completude poética, é possível aqui – potencialmente – encontrar também a função de influência distancial. No final, a imagem de Rodin adquire qualitativamente um sentido diferente do que tinha no início; como último plano, ele abre um novo ciclo de pensamento, que espera seu prolongamento já para além dos limites do filme.

Quanto a *Nós*, os elementos repetidos de montagem excedem definitivamente os limites daquelas funções verificadas em *Patrulha das montanhas* e *A terra dos homens*. No filme *Nós*, eles cumprem inteiramente o objetivo de sustentação da construção geral da influência distancial.

Um plano mostrado em determinado lugar oferece seu resultado semântico completo apenas passado certo tempo, depois de ter sido estabelecida na consciência do espectador uma ligação de montagem não apenas entre os próprios elementos que se repetem, como também entre aqueles que os circundam em cada caso.

Sendo assim, os elementos fundamentais básicos fornecem somente a expressão mais condensada do tema, mas, além disso, ligando-se à distância, contribuem para o desenvolvimento semântico e a evolução até mesmo daqueles planos e episódios com os quais não possuíam ligação direta.

Tais elementos surgem a cada vez em um contexto diferente, em uma concretude semântica distinta. E o principal é que isso é uma montagem *de contextos*.

Ao trocarmos os contextos, atingimos um aprofundamento e um desenvolvimento do tema. E quando, ao final de *Nós*, novamente ressoa o acorde sinfônico, fica claro o sentido da imagem da menina no início do filme.

Nesta tripla repetição (menina no começo – menina na metade – pessoas no terraço no final) vemos o fundamento básico da montagem distancial. No entanto, há em *Nós* outros elementos fundamentais, fornecidos nas imagens e no som. Eles surgem sucessivamente na primeira metade do filme. Enumero-os: são os suspiros, o som do coro, os grandes planos das mãos, a imagem das montanhas. Depois, esses elementos se ramificam, algumas partes da imagem e do fonograma se deslocam para outras doses, tamanhos, durações de ação. Eles se transportam em partes para outros episódios, confrontando-se com outros elementos e situações. Mas assim que o plano da menina surge pela segunda vez, todos esses elementos desconexos tornam a se reagrupar e, como se tivessem recebido uma nova tarefa, seguem para o cumprimento das novas funções em uma nova ordem, em forma alterada.

Inicialmente surge o coro, na sequência os suspiros (transformando-se em um grito), depois as mãos e, finalmente, de novo, as montanhas.

Sublinho mais uma vez: a montagem distancial pode ser construída tanto nos elementos imagéticos como nos sonoros e em quaisquer junções de imagem e som. Ao organizar meus filmes justamente com base nessas junções de elementos, esforcei-me para que eles se tornassem parecidos com organismos vivos, dotados de um sistema de complexas ligações e interações internas.

É fácil notar que as partes de maior êxito em *Nós* são a primeira e a terceira. Isso porque, nelas, está conservada em maior grau a influência da montagem distancial. Na segunda parte, por conta dos cortes e substituições, os princípios dessa montagem não "funcionam". Daí a fraqueza da segunda parte, que se torna também a fraqueza de todo o filme.

Na minha opinião, esse também foi o motivo das críticas mencionadas acima, tecidas não em virtude das falhas que de fato existem, mas por conta daquelas que não existem.

Uma vez encontrado o sistema de montagem distancial, é impossível introduzir nele alterações parciais, excluir de maneira arbitrária um ou outro elemento. Esse sistema deve ser adotado integralmente ou recusado integralmente.

Podem ser encontradas algumas analogias com a interação dos elementos à distância, sobre a qual eu falo, em formas composicionais da poesia e da música. Mas tais analogias contém um caráter externo e, principalmente, descritivo. A funcionalidade aqui é tão fundamentalmente diferente que uma análise dessas analogias demanda atenção especial e uma discussão detalhada e concreta.

Vou me deter ainda em uma propriedade essencial da montagem distancial. No sistema de ligações distanciais não apenas o significado semântico é modulado de um ou outro plano, como também, de certa forma, a denominação habitual dos planos ("geral", "médio", "grande") se altera e exige correções. Por exemplo, o último plano "geral" de *Nós* – as pessoas no terraço de uma grande casa –, em face das ligações distanciais,adquire a função e a sonoridade de um dos mais "próximos" planos do filme.

O mesmo se aplica aos episódios "Grandes funerais" e "Repatriação", que assumem o mesmo significado de "episódios em grandes planos", apesar de ambos serem constituídos quase que inteiramente de somas de planos "gerais". Como vemos, aqui a influência distancial substituiu o significado de um "grande" plano pelo de um "geral", e de um "geral" pelo de um "grande". Dessa forma, a denominação tradicional dos planos – "grande", "médio", "geral" – adquire um caráter convencional e instável. A cada vez qualquer um dos três pode receber um efetivo "título de grandeza", dependendo do objetivo e da carga que o método distancial depositar nele. Como resultado, mudando o local de sua influência, a montagem distancial pode levar tanto à predominância de um deles quanto a um balanceamento geral.

A mais importante particularidade da montagem distancial consiste no fato de que uma ligação de montagem à distância se estabelece não só entre elementos isolados como tais (um ponto em relação a outro), mas também – o que é mais importante – entre conjuntos inteiros de elementos (um ponto com um grupo, um grupo com outro, um plano com um episódio, um episódio com outro). Assim, acontece uma interação entre um processo e outro oposto a ele. Chamarei isso de *princípio dos blocos* da montagem distancial.

No filme *Nós*, o episódio inicial dos "Grandes funerais", que é construído a partir de vários métodos de montagem, incluindo a montagem distancial, cumpre integralmente essa nova função da nova influência distancial.

Essa "função de bloco" pode ser notada após o início do episódio da "Repatriação", na última parte do filme.

Entrando em interação distancial, esses episódios-blocos por um lado revelam a concretude do tema e, por outro, conferem a ele um caráter de incompletude, quando cada episódio se encerra, "cada qual em seu lugar", com um ponto de interrogação.

Assim, ao assistirmos na tela ao episódio dos funerais, *nós* lemos nele o sentido autônomo dos funerais concretos e percebemos a imagem da população em determinada situação da vida.

O episódio final da repatriação também possui um sentido autônomo, em que vemos o fato concreto do retorno das pessoas à sua pátria e, ao mesmo tempo, absorvemos a imagem da união dos homens com a natureza.

Em virtude de esses dois "blocos", separados por uma conhecida distância na narrativa, terem sido formados com a ajuda dos mesmos elementos temáticos (em um, grandes planos das mãos que carregam o caixão e a imagem das montanhas desmoronando; no outro, mãos se entrelaçando em um abraço, e as montanhas, que aqui não desmoronam, mas se erguem), a interação à distância acontece não apenas entre esses elementos, mas – com a ajuda deles – entre blocos-episódios inteiros.

Em suma, nós vemos como esses episódios se "libertam" das fronteiras dos temas factuais autônomos e, em razão dessa influência da montagem por blocos, alteram suas individualidades e geram uma nova ideia, que dá simultaneamente para cada um dos episódios uma nova coloração, uma nova compreensão, uma nova sonoridade.

No primeiro caso: "*a perda, a morte*"; no segundo: "*a obtenção, a vida*".

Tal método de montagem por blocos foi utilizado também no filme *Habitantes*[17] [*Obitáteli*, 1970], e antes ainda em *Começo*.[18]

17
Produzido pela Belarusfilm, Minsk, 1970.

18
Produzido pelo estúdio acadêmico da VGIK, 1967.

Como tema básico de *Habitantes*, há a ideia de uma atitude humana para com a natureza e o mundo animal: "Pare e olhe ao seu redor, Homem, aonde foi que você chegou?". A questão central é a agressão do homem à natureza e a ameaça iminente de abalo da harmonia natural.

Começo é dedicado aos grandes processos revolucionários de transformação social do mundo. Esse filme se baseia no encadeamento de muitos documentos cinematográficos históricos. Aqui o método de influência por blocos é usado em diferentes combinações de elementos.

O primeiro complexo fundamental da montagem é um grupo de planos: a agitação das mãos de Lênin, o surgimento do título COMEÇO e a imagem de pessoas correndo, à época da Revolução de Outubro. O segundo complexo fundamental é o episódio final, onde novamente aparece o título, mas por cima da imagem de grande quantidade de pessoas correndo, retirada de um cinejornal contemporâneo sobre as lutas sociais em diferentes países do mundo.

Não vou me deter especificamente sobre outros elementos fundamentais da montagem, da esfera sonora e imagética (a música, o som de tiros, a imagem das mãos, os planos de ferreiros com martelos etc.).

Graças à interação a distância desses dois blocos fundamentais, todos os demais temas, separados uns dos outros, se encontram em posição de interdependência composicional de diferentes tipos, e ao mesmo tempo formam um todo acabado, que transmite, além da sensação de profundos vínculos entre o passado e o presente, a ideia de um vínculo entre o presente e o futuro, dando maior capacidade e multiplicidade de planos ao movimento da ideia fundamental de continuidade dialética e infinidade do desenvolvimento social.

Assim, temas diversos, espalhados por "diversos confins" desses filmes, se tornam faces opostas de um mesmo processo devido à interação em blocos.

Se em *Começo* eu mostro o desenvolvimento gradual do processo da vida, das causas às consequências, em *Nós* verifica-se o caminho contrário: das consequências às causas. Inicialmente apresento um fenômeno e depois encontro suas origens, sua explicação histórica.

Como vemos, no filme *Começo* o histórico se torna o contemporâneo, e no filme *Nós* o contemporâneo se torna o histórico.

Aqui fica evidente mais uma possibilidade fundamental que o método de montagem distancial nos fornece.

Como se sabe, em sua polêmica artística com Vertov, Eisenstein opôs ao "cine-olho" de Vertov o seu *slogan* de "cine-punho", e ao "Eu vejo" daquele o seu "Eu entendo". Trata-se de duas abordagens diferentes, duas atitudes diferentes em relação a uma interpretação conceitual, através da montagem, de um material cinematográfico bruto. "Raciocinando na película", Vertov não se desprendia da observação direta da realidade; moldando o que foi filmado em uma forma poética, ele preservava a natureza factual do material extraído da vida. Eisenstein criava e moldava ele mesmo o material bruto de seus filmes, pensando-o já nessa etapa como uma "segunda realidade", o que lhe dava a possibilidade de converter o histórico em contemporâneo, interpretar o contemporâneo como histórico.

Agora já é possível afirmar que os princípios de Vertov e Eisenstein não se opunham um ao outro apenas; eles também concordavam entre si. Em ambos os casos, ainda que de maneiras diferentes, trata-se de um *sistema autoral de concepção de mundo para a medição e a avaliação do material filmado*.

E a experiência de montagem distancial em *Começo* e em *Nós* mostra, por sua vez, que a tarefa de organização das ideias e do sentido e de interpretação do material bruto (primário ou secundário) exige não apenas um "CINE-OLHO" e um "CINE-PUNHO" – sistemas autorais de concepção de mundo para a medição e a avaliação do material filmado –, mas também um "CINE-POSSO", ou seja, um *sistema ou método cinematográfico para a medição do sistema autoral de concepção de mundo*.

Para expressar ainda mais concretamente a diferença específica do princípio de montagem distancial, apresento os seguintes esquemas.

Se a ligação de montagem, examinada do ponto de vista do *"ponto de junção"* ou do *"intervalo"* entre *"planos adjacentes"*, pode ser definida assim:

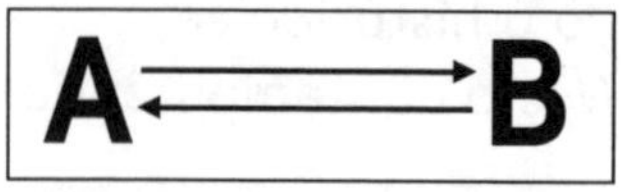

Então, do ponto de vista da *montagem distancial*, a ligação entre planos (ou entre blocos) é totalmente diferente:

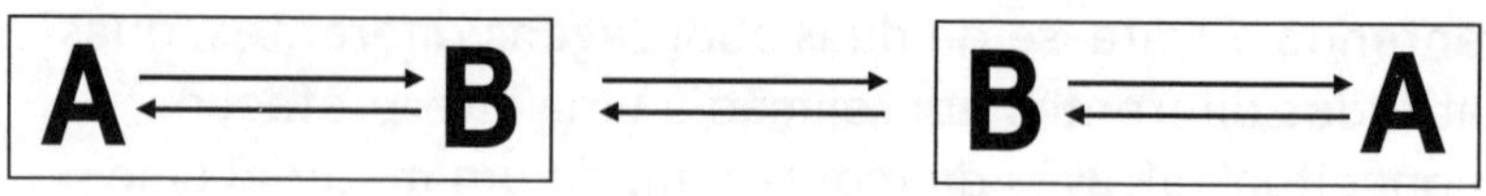

Esse esquema simplifica enormemente o que acontece, visto que a interação distancial entre planos e blocos ocorre entre diferentes distâncias, por meio de diversos elos intermediários, por caminhos tão complexos e tortuosos que seria impossível realizar de uma só vez uma projeção do esquema de seu movimento conjunto. E tampouco há necessidade de fazê-lo.

O principal é: *a montagem distancial não confere à estrutura do filme a forma de um "encadeamento" habitual de montagem, nem mesmo a forma de uma combinação de diferentes "cadeias", mas cria uma configuração circular ou, mais precisamente, uma configuração esférica que gira em torno de si mesma*.

Os planos ou complexos fundamentais, que são os *"focos carregados"* da montagem distancial, não apenas interagem diretamente com outros elementos, como também *desempenham uma certa "função nuclear", sustentando ligações bilaterais com qualquer ponto, com qualquer complexo do filme, por meio de linhas vetoriais. Dessa forma, elas provocam entre todos os elos subordinados "reações em cadeia" bilaterais, descendentes por um lado e ascendentes por outro*.

Os complexos fundamentais, interligados por essas linhas, compõem grandes círculos em suas extremidades, envolvendo simultaneamente em suas rotações os demais elementos. Tais círculos giram em direções centrífugas contrárias, esbarrando-se e como que "se esfarelando", como dentes de engrenagens mal posicionadas.

A cada vez, em qualquer lugar, em qualquer segmento temporal do filme, eles constantemente mudam sua posição e configuração, o que dá à ação do filme um efeito singular de *pulsação* ou *respiração*.

Com o método distancial, a interação entre todos os elementos da montagem acontece de maneira tão rápida, instantânea, quase simultaneamente, que *a velocidade não depende da distância* entre eles.

Se o método baseado no ponto de junção de planos adjacentes criou, no fundo, distâncias entre os planos, "intervalos", o método de montagem distancial, "ao juntar" os planos à distância, os encadeia tão fortemente que acaba por abolir a distância.

A montagem distancial não é uma reserva de técnicas autônomas, prontas, que se pode aplicar quando se quiser.

Trata-se de um método de expressão de uma ideia do autor e do diretor, e só é possível aplicá-lo caso a caso, conforme exigido por uma dada ideia ou por um dado conceito.

É preciso definir e saber de antemão – partindo de uma tarefa conceitual concreta – quais elementos podem, e devem, interagir a distância, assim como conhecer sua composição temática. É preciso programar de antemão todos os seus itinerários, modos de desenvolvimento, formas e trajetórias do movimento complexo, a troca de todas as possíveis coordenadas e ângulos criados por eles a cada seıento temporal, do ponto de partida ao ponto de chegada.

Resumindo, é necessário deixar tudo claro desde o começo para controlar completamente todos os processos e assegurar com precisão o curso de apreensão do filme.

As características e particularidades da montagem distancial que foram reveladas aqui possuem raízes tão profundas que fornecem a base para uma nova explicação da natureza do cinema e das leis da arte cinematográfica.

Por exemplo: o método de montagem distancial não se baseia naquela "interação incessante entre o fonograma e a imagem" descrita por Vertov e Eisenstein, e sim na interação incessante entre *processos "difusos" em que, por um lado, a imagem é decomposta pelo fonograma e, por outro, o fonograma é decomposto pela imagem*.

Por meio de alguns indícios, é possível encontrar na tela o reflexo desses processos, apesar de ser difícil percebê-los.

Entretanto, se analisarmos com atenção, descobriremos que a imagem que corre na tela, por se desvelar detalhe por detalhe, por não ser apreendida antes em seu todo do que em seus detalhes (como é característico das artes espaciais), mas, ao contrário, por ser recebida justamente por meio da *visão*, adquire pouco a pouco o contorno de seu todo, a partir de detalhes sucessivos e que são ligados entre si em nossa consciência através da participação obrigatória da *memória*. E isso, como sabemos, é uma característica das artes *temporais*.

Isso resulta em algo como uma visão dos contornos gerais da arquitetura não como um todo, e sim como detalhe após detalhe, seguindo-se um ao outro e se organizando em um todo por meio da visão e, sobretudo, da memória: não no espaço, mas no tempo.

O decorrer do tempo atribui instabilidade às formas espaciais e, por outro lado, a dinâmica espacial atribui instabilidade às formas temporais. É por isso que, na tela, o "escuto" é um estado instável da visão, e o "vejo", um estado instável da escuta.

Assim, tal estado dos diferentes componentes do filme, que, tomados isoladamente se encontram fora de seus "territórios" e privados de sua estabilidade, fornece uma confirmação complementar ao fato de que na tela não acontece uma interação direta entre diversos componentes espaciais e temporais, mas justamente uma interação entre processos opostos e instáveis – de um lado, a imagem funciona como o fonograma transformado e, de outro, ocorre uma resposta a esse processo: o fonograma funciona como a imagem transformada.

Uma vez que na montagem distancial os elementos das artes espaciais e temporais, embora se encontrem em um processo instável de decomposição, nunca chegam a se fundir, mantendo-se invariavelmente à distância, é possível notar que uma obra de arte cinematográfica já não se organiza como uma síntese das artes espaciais e temporais como tais: ela o faz a partir das bases sobre as quais se organizam as próprias artes espaciais e temporais.

Dito de outra maneira, o cinema baseado no método de influência distancial *já não pode ser considerado uma arte sintética*, pois já não "bebe da fonte" da literatura, da música ou da pintura, e sim daquela de onde "bebem" a literatura, a música e a pintura.

Daqui decorre que o nascimento da arte cinematográfica não deve ser entendido como uma fusão sintética, mecânica ou não, de diversos tipos de arte.

Ele não nasce deles; ao contrário, são eles que a princípio deveriam nascer do cinema, apesar de sabermos que o processo histórico objetivo nos levou a possuir, ver e conhecer a "prole" antes do "progenitor".

Voltemos agora à imagem do monstro que devora aquilo do qual ele mesmo nasce. Talvez essa imagem não mais pareça estranha ou absurda: essa é uma das mais monstruosas conclusões decorrentes da teoria da distância.

Os métodos de montagem de Eisenstein e Vertov não negam e não anulam o método e o sistema de montagem distancial, apenas têm seu "raio de ação" diminuído e passam a desempenhar uma função limitada diante da influência distancial.

Estou convencido de que o cinema baseado no método de montagem distancial é capaz de desvendar e explicar fenômenos conhecidos e desconhecidos do mundo que nos cerca que não poderiam ser desvendados por um cinema baseado na teoria dos "intervalos" ou dos "pontos de junção" de elementos adjacentes.

O cinema da montagem distancial é capaz também de desvendar qualquer forma de movimento, dos mais baixos e elementares aos mais altos e complexos. Ele é capaz de falar simultaneamente as línguas da arte, da filosofia e da ciência.

Convém relembrar a origem do conceito de *cinematógrafo*, que provém das palavras gregas cujo significado é "aquele que escreve o movimento".

Eu considero o filme *Nós* e meus trabalhos anteriores prospectivos. O método de criação de imagens que encontrei não recebeu ainda uma expressão plena e concreta nesses filmes. Justamente por isso, os filmes que realizei não representam o resultado das minhas pesquisas, mas somente uma etapa, ainda que muito importante para mim.

Até o momento, acabei trabalhando exclusivamente com material documental. No cinema atuado, essa experiência poderá ajudar na obtenção de autenticidade e de um caráter convincente na criação de ambientes e atmosferas, bem como no alcance de tensão dramática. Acredito que os princípios da montagem distancial podem e devem encontrar aplicações no cinema atuado. Este, que inclui o jogo de atores e a cor, ajudará a desenvolver todas as possibilidades desse método, que então não se limitará ao meio documental.

Para isso, considero indispensável utilizar todas as possibilidades do cinema que foram abertas por nossos mentores. Mas o desenvolvimento do cinema exige que sejam encontradas também novas possibilidades de expressão artística.

Foi nesse sentido que incluí a antiga história sobre a invenção da roda.

Para encerrar, gostaria de dizer que, se Vertov, apoiando-se em seu método de montagem, que analisa a interação entre elementos adjacentes, convidou os cineastas a um "novo terreno", à relatividade do espaço e do tempo (à teoria da relatividade de Albert Einstein), o método de montagem distancial, apoiando-se nas formas complexas de interação à distância entre diversos processos, atravessa um limite para além do qual as nossas concepções e leis do espaço e do tempo não se aplicam, um limite para além do qual uns, ao nascerem, não sabem quem estão matando, e outros, ao morrerem, não sabem a quem dão à luz.

FREDERICK WISEMAN

Contemporâneo da geração pioneira do cinema direto dos Estados Unidos, Frederick Wiseman (1930) desenvolve há quase meio século uma filmografia totalmente própria no interior da escola do documentário observacional. A unidade de lugar é o traço mais específico de seu cinema, dedicado como nenhum outro a radiografar o cotidiano humano dentro de instituições, sobretudo americanas mas não exclusivamente. Nada de entrevistas, reencenações ou situações encomendadas. É assim desde seu primeiro filme e ainda maior clássico, *Titicut Follies* [1967], rodado num manicômio judiciário e cuja exibição foi proibida até 1991 devido a questões de "direito a privacidade".

A montagem como uma conversa a quatro vozes

[Publicado originalmente como "Editing as a Four-Way Conversation". *Dox: Documentary Film Quarterly*, n. 1, primavera 1994. Traduzido por Fábio Bonillo. Sobre Frederick Wiseman e sua obra ver Zipporah Films: www.zipporah.com.]

Copenhague, 10 de agosto de 1992

Finalizei a filmagem de *Ballet* [1995] ontem à noite. Hoje de manhã, uma grande cena de despedida no aeroporto de Copenhague. Os bailarinos estavam em fila, carregando suas lembrancinhas dos Jardins de Tivoli, enquanto esperavam para fazer o *check in* e passar pela alfândega. Uma grande oportunidade para percorrer a fila e dizer adeus. As despedidas foram difíceis porque trabalhar no filme tinha sido mais do que divertido. Podia ter se transformado num projeto de vida. Estou seriamente considerando me candidatar a um trabalho de secretariado nessa companhia quando o dinheiro para os documentários desaparecer completamente. Eu era um bom datilógrafo no Exército; por que não tentar de novo?

Maine, 12 de agosto de 1992, 6h30

Adoro trabalhar no meu velho celeiro com grandes janelas com vista para Appleton Hills e com a lareira de tijolos esperando pelo primeiro dia frio do outono para que possa receber as secas toras de bétula acondicionadas debaixo do alpendre. No porão aguardando pacientemente estão minha mesa de montagem Steenbeck e 425 rolos de *Zoo* [1994]. Já fiz algum trabalho de montagem em *Zoo*, mas não muito – foram muitas interrupções filmando *Ballet* e *High School II* [1994]. Não gosto de ter três filmes inacabados, mas gosto muito de ter que montá-los. *Zoo* é quase todo feito de ação animal instintiva e muito pouco diálogo. *High School II* é todo falado. *Ballet* é movimento conscientemente criado para acompanhar músicas incríveis. Tenho que encontrar um estilo de montagem apropriado para cada filme. Como de hábito, este não é um problema que eu possa resolver abstratamente. Não posso começar a fazer generalizações sobre estilo de montagem; é preciso encontrar meu rumo conhecendo o material e reagindo ao que eu encontrar. Qualquer documentário, meu ou de outros, de qualquer estilo, é arbitrário, tendencioso, preconceituoso, restrito e subjetivo. Assim como qualquer uma de suas formas ficcionais irmãs, nasce a partir da escolha – escolha de assunto, lugar, pessoas, ângulos de câmera, duração de filmagem, sequências a serem filmadas ou omitidas, planos de cobertura e planos de reação.

Agora que as filmagens de *Zoo* acabaram e eu estou diante dos copiões – 100 horas de filme aguardando na parede da sala de montagem –, surge uma série de diferentes escolhas a tomar. Essa grande massa de material que representa a memória registrada externamente de minha experiência fazendo o filme é necessariamente incompleta. As memórias não preservadas em filme flutuam um pouco em minha mente como fraıentos passíveis de serem recordados, impossíveis de serem incluídos, mas de grande importância no processo extrativo e inconstante conhecido como montagem. Esse processo editorial, às vezes dedutivo, às vezes associativo, às vezes ilógico e às vezes um fracasso, é ocasionalmente entediante e não raro entusiasmante. Para mim, o elemento crucial é tentar pensar a fundo minha própria relação com o material mediante todas as combinações de sentidos possíveis. Isso implica uma necessidade de conduzir uma conversa a quatro vozes entre mim mesmo, a sequência em que estou trabalhando, minha memória, valores gerais e experiência. A principal questão do momento é: conseguirei sentar no porão e começar a pensar especificamente sobre o material de *Zoo*? Escrever estas declarações teóricas sobre montagem é apenas uma distração. Tenho que descer ao porão.

Maine, 12 de agosto de 1992, começo da noite
Fui capaz de sentar e trabalhar por duas horas sem devanear demais. Estou contente de estar nisso novamente. Vi a sequência do nascimento do rinoceronte e também os copiões da apresentação do gorila e do chimpanzé. Eu deveria tentar montar pelo menos a apresentação de um animal por dia.

Maine, 13 de agosto de 1992
De volta à montagem com carga total. Comecei às seis e meia da manhã. Uma curta pausa para o almoço e depois continuei até parar para uma caminhada no início da noite. Penso ou espero estar chegando a algum lugar com a sequência do nascimento do rinoceronte. Este será um evento-chave no filme final. Depois de onze horas em trabalho de parto, imediatamente após o nascimento, a mãe cheirou o bebê e se afastou. O cuidador dos animais ergueu o bebê recém-nascido da baia. O veterinário fez respiração boca a boca no bebê, alternando com o cuidador dos animais, que comprimia o peito do bebê, mas este não respirava. O veterinário chorou, o cuidador e os guardadores ficaram visivelmente tristes. O bebê rinoceronte morto foi colocado na traseira de uma picape e levado ao necrotério.

Acabo de escrever um resumo de 86 palavras (que leva onze segundos para ler) de um evento que durou onze horas em tempo real e do qual aproximadamente três horas foram gravadas em filme. Meu trabalho como montador é reduzir a experiência de observar e gravar o rinoceronte dando à luz a algo que funcione como uma sequência individual e que também se encaixe no ritmo e na estrutura do filme final. Hoje eu passei pelas duas horas e cinquenta minutos de copiões e separei todas as tomadas que acho que poderei utilizar. Separei oitenta tomadas, escrevi uma breve descrição de cada uma em meu caderno e encerrei meu expediente.

Maine, 15 de agosto de 1992
O problema de hoje foi como selecionar algo dentre as oitenta tomadas. Tenho que descobrir o significado de

cada uma, ou seja: preciso identificar para mim mesmo o que está acontecendo em cada tomada. O significado pode às vezes ser um, embora frequentemente sejam vários. Montar é conversar comigo mesmo, e nessa enclausurada e limitada conversa tenho que tentar me forçar a ficar tão ciente quanto possível das várias coisas que estão acontecendo: primeiro na tomada, depois na sequência e por fim na relação entre as várias sequências. A sequência do rinoceronte é um bom exemplo de todas essas questões.

Maine, 17 de agosto de 1992

Minhas ideias sobre as sequências devem ser mais exatas e específicas na montagem do que durante a filmagem. Na filmagem, a motivação para gravar uma sequência particular pode resultar da maneira como alguém caminha ou como está vestido, ou de um palpite, da intuição de que algo interessante possa acontecer quando duas pessoas começam a conversar. Aprendi a seguir essa sensação quando a sinto, o que não quer dizer que o palpite está sempre certo, e sim que, ao não segui-lo, não se assume nenhum risco, e portanto se corre o risco de perder uma "boa" sequência. Durante as filmagens não há tempo para analisar os vários elementos que fazem uma sequência ser "boa". A atenção deve ser dirigida a "conseguir" a sequência, de modo que a análise detalhada possa ser feita depois. (Isso, é claro, depende da subsequente decisão, às vezes feita muitos meses depois, de que a sequência de fato vale ser analisada e montada, confirmando para si mesmo, em outras palavras, que o palpite original estava correto.) Esse tipo de análise retroativa é necessário em todas as sequências, mas algumas, como a do nascimento do rinoceronte, já são claramente importantes para a sequência final do filme.

Um dos aspectos da montagem consiste, portanto, em confirmar ou rejeitar a intuição original, montar e, desse modo, analisar, a sequência de tal maneira que transmita algum significado a um espectador que não estava originalmente presente (no nascimento do rinoceronte, por exemplo), mas a quem o evento e sua interpretação possam ser apresentados de modo compreensível.

(Os excertos do diário saltam um ano.)

Maine, 20 de agosto de 1993
Hoje trabalhei na sequência de *High School II* em que uma garota de quinze anos volta depois de um afastamento de seis semanas por ter dado à luz seu primeiro filho. Como acontece com frequência, deparei com essa sequência totalmente ao acaso durante as filmagens. Eu estava caminhando pelo corredor próximo ao escritório do diretor e vi um carrinho de bebê, uma visão incomum numa escola colegial. Parei e conversei com a garota que estava atrás do carrinho. Ela me contou que estava lá para falar com o diretor e que sua mãe e seu irmão estavam com ela. Perguntei a toda a família se eu podia filmar o encontro com o diretor e expliquei que estava fazendo um filme para a televisão pública. A família e o diretor não fizeram objeção. O encontro transcorreu por uma hora e meia e, exceto por três minutos, tudo foi registrado em filme.

O encontro tinha propósitos diversos. O diretor queria descobrir se a garota realmente queria voltar à escola, que arranjos haviam sido feitos para cuidar do bebê durante as horas letivas, se haveria algum problema entre a garota e o pai do bebê, que também estudava ali, mas não era mais o namorado da garota, se o pai assumia alguma responsabilidade em relação ao filho, qual era a relação entre o irmão e o pai, já que haviam sido melhores amigos, se a nova namorada do pai incomodava a mãe e a criança, se a mãe sabia que havia outras escolas na cidade que possuíam berçários a fim de que a criança pudesse ser levada à escola com a mãe, se a mãe queria concluir o colegial e ir para a faculdade.

O problema da montagem era como dar uma ideia justa do que ocorrera no encontro sem mostrar sua hora e meia de duração. Tentei incluir tantas dessas questões quanto me foi possível, na tentativa de equilibrar cobertura completa, sugestão e superficialidade com vistas a fornecer um relato justo e realçar os aspectos dramáticos da sequência. Agora tenho a sequência reduzida a 22 minutos, mas ela ainda precisa de mais trabalho.

Maine, 21 de agosto de 1993

Removi mais sete minutos da sequência da mãe adolescente, basicamente cortando repetições, reduzindo as pausas e tentando preservar os diálogos que explicam melhor o que estava acontecendo. Felizmente, havia planos de reação suficientes, de modo que pude contornar; se há uma lição que aprendi é que planos de reação nunca são demais. Todos aqueles momentos silenciosos em que ninguém está falando, ou quando você espera que alguém fale e ninguém fala, fornecem as tomadas necessárias para condensar e comprimir uma sequência. A ideia aqui é levar o espectador a sentir que, por pelo menos dois segundos, aquilo que ela está vendo realmente ocorreu da maneira como o veem.

Maine, 22 de agosto de 1993

A sequência da mãe adolescente talvez cause algum problema quando o filme for lançado. Algumas pessoas podem dizer que poucas estudantes de Central Park East se tornam mães e que a sequência não é representativa de um problema na escola, embora seja algo bastante comum. Não tenho como determinar o que é ou não representativo em sequência nenhuma. É suficiente para mim que ela tenha ocorrido quando eu estava presente e que ela se encaixe nos temas que descobri no material. Não estou interessado na realização de filmes ideológicos, quer sejam de direita, quer sejam de esquerda. Lembro-me de ter sido criticado por alguém da esquerda quando fiz *Hospital* [1969]. Eles sabiam, com base em suas posições ideológicas, que médicos e enfermeiros brancos de classe média exploravam negros e hispânicos pobres. Portanto um filme como *Hospital*, que mostrava muitos médicos e enfermeiros brancos (bem como médicos e enfermeiros negros e hispânicos) trabalhando duras e longas horas para ajudar seus pacientes, era ideologicamente ofensivo. Os ideólogos dos filmes não estão interessados no aspecto de descoberta e de surpresa da realização de documentários, ou em confiar no próprio julgamento independente ou no dos outros; eles querem que os realizadores de documentários confirmem os pontos de vista ideológicos e abstratos deles, os quais têm pouca ou nenhuma conexão com a experiência. Alguns realizadores de documentários, incitados por suas autogeradas fantasias políticas baseadas em acadêmicos e outros ideólogos, em magnatas do cinema e burocratas, e em todos aqueles que integram os pelotões parasitários que sobrevoam ao redor dos cineastas, creem que os documentários devem educar, expor, informar, reformar e promover mudanças num mundo resistente e não esclarecido. Pensa-se que os documentários têm a mesma relação com a mudança social que a penicilina tem com a sífilis. A importância dos documentários como instrumentos políticos de mudança é teimosamente arraigada, apesar da ausência total de qualquer evidência comprovatória.

Às vezes, em sua altiva condescendência, um cineasta procura levar esclarecimento ao populacho e força esta ou aquela papa política da última moda goela abaixo de um público que não teve a oportunidade, ou talvez o desejo, de participar da experiência ou da mente do cineasta. Isso, que pode ser chamado de "fantasia de Carlos, o Chacal", sugere ao cineasta que ele é importante para o mundo. Documentários – assim como peças, romances, poemas – são ficcionais na forma e não têm nenhuma utilidade social mensurável.

FERNANDO SOLANAS E OCTAVIO GETINO

Fundadores do Grupo Cine Liberácion na Argentina de final dos anos 1960, Fernando Solanas (1936) e Octavio Getino (1935-2012) defenderam a urgência de um "terceiro cinema", politicamente engajado e em contraposição às produções hollywoodiana e autoral europeia. A colaboração entre eles produziu quatro documentários entre os anos 1968 e 1971, o mais importante dos quais foi o épico de denúncia anti-imperialista e contraditatorial *A hora dos fornos* [*La hora de los hornos notas y testimonios sobre el neocolonialismo, la violencia y la liberación*, 1968].

Prioridade do documentário

[Extraído do texto "El cine como hecho político", da antologia de Fernando Solanas e Octavio Getino, *Cine, cultura y descolonización* (México: Siglo XXI, 1973; 2ª ed., 1978, pp. 161-63). Segundo Mariano E. Mestman, o texto faz parte do anterior, intitulado "Cine militante: una categoría interna del Tercer Cine", de março de 1971, e teria sido reproduzido separadamente por erro. Traduzido por Gênese Andrade.]

O fato de até agora ter predominado quase absolutamente o *documentário* (são pouquíssimos os exemplos de filmes de ficção) em tudo o que o *cinema militante* faz não significa que a dimensão documental não possa ser enriquecida tanto com a ficção (recriação) quanto com outros recursos expressivos. Um cinema de personagem, para dar um exemplo, de modo algum poderia ser descartado em determinados filmes em que o recurso do militante-ator, ou as situações recriadas, pudessem ajudar mais do que qualquer outro recurso para a concretização de certos temas. Entretanto, poderíamos tentar uma explicação para o porquê de a maior parte (ou a totalidade) do *cinema militante* se encontrar ainda sustentada, em nossos países, por um cinema de caráter documental.

Em países libertos, como Cuba, onde existe um nível de informação veraz em todos os planos, um cinema de caráter documental, testemunhal ou informativo pode passar em alguns momentos para o segundo plano diante de um cinema narrativo, histórico ou de personagem, já que a informação transmitida por intermédio de todos os meios de comunicação de massa supre as carências que em países como o nosso [Argentina] são de importância primordialíssima. Nos países não libertos, saturados de falsas informações ou carentes de informações, assume caráter prioritário a elaboração de um cinema (ou de qualquer outra ferramenta de comunicação: literária, artística, musical etc.) que tenda a suprir, na relativa medida de suas possibilidades, esse vazio de informação que é peculiar às situações neocoloniais. Em nossos países, dizíamos em outros trabalhos, a verdade está proscrita; *a verdade nacional questiona o conjunto da situação neocolonial e se torna subversão*.

O que é um cinema de imagens documentais, de fatos-testemunhos ou de abordagem direta da realidade senão um cinema de dado e de prova irrefutáveis? Uma imagem verídica é em si mesma – aos olhos do povo – um fraıento da realidade que se ilumina. A imagem documental, o dado que não se discute, ou seja, *a prova*, alcança uma importância total diante das "provas" do adversário. Este pode absorver, na situação neocolonizada, um jogo de ficções e até de alusões quando elas não se materializam visivelmente em uma realidade concreta (em suas situaçoes, em seus personagens etc.); pode também assimilar uma exposição ideológica ou um debate de abstrações, quando aquela ou este não se instalam na dinâmica imediata e viva da situação nacional. Isto é, pode-se falar de Macondo ou historiar a vida dos cronópios; é até possível fazer referência à "emancipação da Pátria" ou à "libertação do proletariado". O que não é tão admissível de historiar ou de fazer referência é à existência real, não da *Macondo-ficção* nem do *proletariado-abstração*, mas sim de uma e outro materializados em realidades concretas individualizáveis.

Essa prioridade do documento na situação neocolonial não impede, porém, o tratamento de temas mediante recursos convencionalmente não documentais. A recriação ou a fantasia não negam a visão testemunhal de uma realidade; ao contrário, muitas vezes podem ser elementos que a enriqueçam mais do que qualquer outra coisa. A utilização de personagens, de sequências recriadas, de situações "ficcionais", conserva toda a sua vigência na medida em que serve a um objetivo maior que não é outro senão submeter as abstrações e as ficções às necessidades de iluminar testemunhalmente (documentalmente) uma situação histórica ou uma situação política concretas. Por outro lado, essa é, em nosso entender, a maior possibilidade de libertar verdadeiramente e não ficticiamente a fantasia.

Sejam quais forem os gêneros ou os recursos utilizados no cinema militante, toda elaboração expressiva que se realize deles deve enquadrar-se na consciência de uma cultura e de uma política de *construção* e de *destruição*, elaborada, criticada e aprofundada em estreita prática com o povo. A marcha revolucionária é uma sucessão ininterrupta de hipóteses que são constatadas ou não na ação cotidiana. Nossa elaboração parte dessa prática política do povo e se dirige para fora, para transformar, em última instância, o mundo, mas, por sua vez, é corrigida e transformada por ele.

MARCEL OPHULS

Alemão por nascimento, francês de adoção, Marcel Ophuls (1927) estreou no cinema de ficção ao lado de seus contemporâneos da *nouvelle vague* e seguindo os passos de seu pai, o grande Max Ophuls (1902-1957) de *Lola Montès* [1955]. Ao abraçar o documentário, tornou-se seu próprio protagonista, uma espécie de Sherlock Holmes diante das misérias da História, construindo uma das mais sólidas e bem-humoradas filmografias do gênero, em clássicos como *A tristeza e a piedade* [*Le Chagrin et la pitiè*, 1969] e *Hotel Terminus - Klaus Barbie, sua vida e seu tempo* [*Hotel Terminus - Klaus Barbie et son temps*, 1988].

Carta aos espectadores brasileiros

[Publicado originalmente na *Folha de S. Paulo*, 30/03/1997. Escrito às vesperas da visita do cineasta ao Brasil para retrospectiva na 2ª edição do É Tudo Verdade - Festival Internacional de Documentários. Traduzido por Samuel Titan Jr.]

Há pouco tempo, li em algum lugar que o seu novo presidente[1] teria dito, a propósito do seu grande e maravilhoso país: "O Brasil não é um país pobre, é um país injusto". Isso me impressionou, e por duas razões.

Há trinta anos, e muito a contragosto, tenho-me confrontado, no exercício das minhas atividades profissionais, com a injustiça da nossa história contemporânea. Contra a minha vontade, tornei-me, a partir da realização do filme *A tristeza e a piedade*, um tipo de especialista da miséria do mundo. Nada de muito alentador, há que se confessar, sobretudo à medida que os anos passam. Eis-me agora acuado no papel, um tanto ridículo, de dom Quixote encanecido, encarapitado num magro rocim, supostamente usando da câmera como de uma lança de cavaleiro obsoleto contra os temíveis

1 Fernando Henrique Cardoso (1931), presidente do Brasil de 1995 a 2003. [N.O.]

moinhos de vento da barbárie, do genocídio e da injustiça do século XX.

Definitivamente, não há por que se pavonear. E devo ainda confessar que tal "especialidade", dolorosa em si mesma, não melhora em muito o estado da minha conta bancária. Meu pai (Max Ophuls)[2], cineasta de gênio, conheceu a glória a título póstumo, mas ainda hoje, graças às televisões do mundo inteiro, à TV a cabo, aos videocassetes e aos satélites, seus direitos autorais ainda ajudam a "encher a panela" nos anos de vacas magras. Mas o que será da minha família quando o vovô cair no domínio público e quando eu mesmo tiver desaparecido, se já agora não se encontram cópias dos meus filmes nem sequer para a organização de retrospectivas?

2 Max Ophuls (1902-1957) – cineasta alemão, dirigiu filmes na Alemanha (1931-1933), França (1933-1940) e Estados Unidos (1947-1950), entre os quais *Carta de uma desconhecida* [*Letter from an Unknown Woman*, 1948] e *Conflitos de Amor* [*La Ronde*, 1950]. [N.O.]

Questão melancólica a que os quixotescos a meio soldo não podem fugir. George Bernard Shaw (1856-1950), este espírito magnífico, lúcido e excêntrico, pensava que, nas artes de espetáculo, todos os que trabalham para a posteridade são "*pompous arses*" [asnos pomposos], pretensiosos mesquinhos condenados à trivialidade... Formidável! Estou profundamente de acordo, mas depois de uma vida inteira (como a sua mesma) debruçado sobre as taras, os ridículos e os vícios do tempo, quando soa a hora tardia das retrospectivas e das comemorações, tem-se o direito de formular algumas questões. Não se trata necessariamente de orgulho (sabe-se lá!), mas, antes, de uma tomada de consciência da própria mortalidade.

Muito já se afirmou que *A tristeza e a piedade* (o filme sobre a ocupação nazista da França, que me tornou célebre em diversos países, confinando-me, simultaneamente, a um gênero de cinema que não me agrada em especial – teria preferido rodar *Cantando na chuva* [*Singin' in the Rain*, Stanley Donen e Gene Kelly, 1952] e os filmes de Fred Astaire e de Woody Allen) – serviu para mudar a autopercepção histórica de toda uma nação. Não tenho tanta certeza, mas pode até ser o caso! Se sim, creio que este terá sido, acidentalmente, um dos raros exemplos dentro da história do cinema a ter cumprido tarefa tão gigantesca. Mas o improvável não acontece todos os dias, e estou convencido de que o impacto da mídia – e do cinema em especial – sobre a consciência e sobre a vida das pessoas é evanescente, fugitivo, mínimo. Feitas as contas, ainda bem! Não fosse assim e o dr. Goebbels teria tido sucesso ainda maior, ao passo que os espíritos medíocres e demagógicos dos publicitários e dos magnatas da mídia, que, atualmente, controlam nosso consumo audiovisual, celebrariam um verdadeiro triunfo no interior das nossas cabeças.

"Injustiça e pobreza!" A primeira e única vez em que pude visitar o Brasil ocorreu quando retornava de uma filmagem na Bolívia – uma fita sobre a vida e a carreira do ignóbil Klaus Barbie, de título *Hotel Terminus*. Essa filmagem, toda ela em La Paz, Cochabamba e Santa Cruz, em meio aos chefões das drogas e aos antigos protetores e amigos do "açougueiro de Lyon", fora razoavelmente penosa e, sem dúvida, muito perigosa. Após a filmagem, quis voltar a Paris fazendo escala no Rio de Janeiro, decerto influenciado por minhas recordações de *Voando para o Rio* [*Flying Down to Rio*, Thornton Freeland, 1933], de *Interlúdio* [*Notorious*, 1946] – do mestre Hitchcock –, mas também pela leitura da autobiografia de Stefan Zweig e pela notícia de seu encontro com Orson Welles, poucos dias antes do suicídio. Queria também, cumpre confessar, tomar um banho de mar na famosa praia de Copacabana e, se possível, encontrar algumas daquelas moças esplêndidas e seminuas que sempre se veem nas reportagens sobre o Carnaval do Rio.

Mandei a equipe de filmagem de volta a Nova York e sobrevoei sozinho a Amazônia, num avião das Linhas Aéreas Bolivianas, pertencentes ao general Hugo Banzer, amigo e notório protetor de Klaus Barbie e de muitos outros criminosos de guerra. Numa escala em Santa Cruz e em circunstâncias muito misteriosas, roubaram-me um guardanapo contendo todos os endereços dos meus informantes dissidentes na Bolívia. Instalado no Hotel Meridien, no Rio de Janeiro, passei a maior parte do tempo tentando alertar as autoridades consulares e diplomáticas da França e dos Estados Unidos, meus dois países de adoção. Em vão! Não recuperei o guardanapo. Felizmente, o sr. Banzer, algumas semanas mais tarde, perdeu as eleições para um candidato mais democrático e menos suspeito de simpatias nazis. Posso, então, ter esperanças de que meus informantes em La Paz não tenham sido molestados.

Fosse como fosse, trajando um roupão branco e, a conselho da recepção do hotel, despido de carteira, relógio ou joias, acabei por me aventurar sozinho na praia. Era baixa temporada, e eu era o único a andar por aqueles quilômetros de areia, exceção feita a um vendedor de amendoins descalço que passava por mim, de quando em quando. As ondas estavam muito fortes, e eu mergulhava nelas com imenso deleite. É tudo de que me lembro! Amnésia total! Não sei quanto tempo depois dei por mim encostado a uma placa de trânsito ao lado da avenida. Era dia de maratona no Rio, e os corredores, acompanhados pelos carros da TV, desfilavam à minha frente. Um garoto brasileiro apontava o dedo para o meu rosto ensanguentado: "Doutor! Doutor!", dizia ele com voz suave, mas insistente. Acabei por seguir o conselho do gentil pequenino; chamaram o médico do hotel, uma bela moça judia chamada Monica Wolff, que, depois de dar a atenção devida ao meu olho roxo, aconselhou uma transferência para um pronto-socorro, a fim de passar por uma tomografia.

Para dizer a verdade, eu não estava muito inclinado a seguir o conselho. Havia poucos dias que o seu último presidente, recentemente eleito, sucumbira a uma série de dez intervenções cirúrgicas, tudo por causa de uma banal apendicite. Decidi-me, então, a convidar a bela doutora para um almoço e a retornar à França tão logo fosse possível. O resultado é que agora tenho um buraco na cabeça e sofro perdas de memória. Terá sido uma vingança dos amigos de Klaus Barbie no Brasil, aqueles *"boys from Brazil"* que, por tanto tempo, protegeram o dr. Mengele, de sinistra memória? Quem sabe?

A maravilhosa declaração do presidente Cardoso, corajosa e autocrítica, tranquiliza-me bastante quanto à situação presente das instituições políticas e hospitalares no Brasil. Desde então, a democracia e os direitos humanos parecem ter feito progressos significativos em seu país. Em tais condições, será que os meus filmes, longos, e sobrecarregados com as legendas em português, terão algo a "ensinar" ao público brasileiro? Seja como for, sou mais que cético quanto às supostas virtudes pedagógicas do meu cinema. Para mim, mui francamente, trata-se, no melhor dos casos, de filmes "de sucesso". Se é que há "virtudes" neles, estas não serão outras que as do cinema em geral, arte popular do nosso século – e, neste caso, creio que são consideráveis. Como qualquer profissional do espetáculo, tento sobretudo seduzir, agradar, distrair.

NB: Meus filmes, compostos quase que exclusivamente de entrevistas filmadas e de documentos de arquivo, são bastante longos, complexos e inteiramente estruturados sobre as falas das inúmeras testemunhas. Creio que poderíamos chamá-los de "testemunhos múltiplos". A despeito do apoio considerável das legendas em português, desaconselho a espectadores sem grandes conhecimentos de francês e inglês o sofrimento desnecessário de quatro horas de "*talking heads*". Não podia deixar de preveni-los! Obrigado e até logo!

Cordialmente,
Marcel Ophuls

KRZYSZTOF KIESLOWSKI

Nos 21 documentários curtos que realizou entre 1966 (*O escritório* [*Urzad*]) e 1988 (*Sete dias por semana* [*Siedem dni w tygodniu*]), o cineasta polonês Krzysztof Kieslowski (1941-1996) foi tão inovador e cirúrgico na estruturação de suas narrativas quanto nas obras ficcionais que o consagraram (*Cinemaníaco* [também conhecido como *Amador* [*Amator*, 1979], *Decálogo* [*Dekalog*, 1989]). Variando dispositivos e estratégias, sua produção documental manteve sempre o foco sobre a particularidade de cada vida humana e sobre o poder do acaso.

[Texto escrito originalmente em 1991 para o catálogo do Festival de Filmes Documentários de Yamagata, Japão. Traduzido por Fábio Bonillo.]

Sobre o filme documentário

Há dez anos venho fazendo filmes documentários. Eu adorava esse gênero e o abandonei com arrependimento e vergonha; sentia-me como um homem que foge de um navio que afunda em vez de salvá-lo ou naufragar honradamente. O filme documentário naufragou. Desapareceu acompanhado da generalizada falta de interesse e hoje noto com admiração pessoas que dizem que ele existe e que tentam provar isso simplesmente fazendo filmes.

A realidade é o assunto do filme documentário, e é algo que existe de fato; gente de verdade, eventos de verdade, sentimentos de verdade, estados de espírito, rostos, pensamentos e lágrimas verdadeiros.

A essência desse gênero é a relação pessoal e subjetiva do autor diante de tudo isso, em geral manifestada por meio da construção do filme (dramaturgia, se quiserem) e obtida com um laborioso e fantasticamente interessante trabalho na sala de montagem. O filme documentário não conta nada sobre seu autor; conta sobre o mundo e as pessoas a partir do ponto de vista do autor. A argúcia, a expressividade e a flagrância desse olhar do autor conferem importância ao filme.

Portanto, coberturas esportivas de partidas de futebol, longos relatórios diários da Guerra do Golfo, a câmera transmitindo à Terra a imagem de Armstrong encostando o pé na Lua, e uma reportagem de TV sobre um antílope devorado por um leão – apesar de mostrarem eventos reais, não são filmes documentários.

Uma vez que seu pressuposto fundamental é a objetividade do relato.

O filme documentário existe hoje? Espero que sim e descobrirei isso aqui, em Yamagata.

MARİNA GOLDOVSKAİA

Quando curiosos e pesquisadores do futuro olharem para trás para um balanço do que foi a experiência soviética e de como ela se encerrou, será incontornável – e fascinante – assistirem aos documentários da cineasta russa Marina Goldovskaia (1941). Formada pela mítica VGIK, uma das pioneiras como operadora de câmera e diretora de fotografia na produção documental soviética para TV e cinema, Marina estabeleceu-se como diretora notadamente de retratos no final dos anos 1960. Aos poucos, sobretudo a partir da *Glasnost* gorbatcheviana de meados da década de 1980 e da mudança da cineasta para os Estados Unidos no começo da de 1990, seus documentários assumem cada vez mais sua subjetividade, tornando-se extensões ou reelaborações de seus diários filmados. Títulos como *Um gosto de liberdade* [*A Taste of Freedom*, 1991] e *O espelho estilhaçado* [*Oskolski Zerkala*, 1992] registram o frenesi a um só tempo público e privado da vida em seu país refundado.

A jornada do documentário

[Publicado originalmente como "Documentary Trip", em *Woman With a Moving Camera*. Austin: University of Texas Press, 2006, pp. 218-26. Traduzido por Fábio Bonillo.]

Antes de comprometer-me com um assunto, tenho que ouvir um sininho soar dentro de mim. Minha intuição me impele a aceitá-lo; na verdade, sinto uma cutucada. Eu penso: "Sim, aí está um tema que posso fazer". Ninguém pode prever como ficará, mas será interessante. Responde a alguma coisa dentro de mim.

Então eu digo: "Vamos lá!" e começo a trabalhar. Surgem em seguida as dúvidas, o pavor, os pesadelos, a falta de confiança. Arrependo-me até de ter começado; juro que nunca o farei de novo. Mas lá no fundo, há uma outra voz, uma voz confiante, que diz: "Não tenha medo. Tudo vai ficar bem. Continue trabalhando". Não sei explicar o que me impele a decidir que filmes fazer. Peço conselhos aos meus amigos, compartilho minhas preocupações, mas dentro de mim já sei que estou envolvida.

O que penso primeiro é se serei capaz de contar a história que quero contar. Os personagens são interessantes o suficiente? Que eventualidades posso esperar durante a filmagem, e quais terei que provocar? Também penso sobre o que serei capaz de testemunhar (caso seja um filme-diário) mediante uma observação prolongada. Tenho um conceito consistente? O que quero dizer com o filme, e por que o estou fazendo agora? Serei capaz de exprimir com esse material a ideia que está me perturbando no momento? Serei capaz de revelá-la aqui? O que quero mudar no mundo com esse filme? Serei capaz de mover o mundo em direção ao progresso? Estou brincando, é claro: nenhum filme faz algo progredir, mas é útil ter a ilusão (até mesmo os equívocos têm sua energia própria) de que pelo menos algum bem será gerado pelo filme.

A princípio, tenho somente uma vaga ideia de como ele será. Ainda não o vejo nem o entendo – tenho apenas um vislumbre. Ele está crescendo dentro de mim, um pequeno ser vivo, que existe unicamente em meu subconsciente. Então ele cresce e se cristaliza, e eu consigo visualizá-lo bem, juntando pedaços em porções que crescerão na mesa de montagem. As porções crescem em partes maiores, e as partes, num todo.

O documentário, tal como o vejo, é antes de tudo um movimento que vai do não conhecer ao conhecer. Começo do zero. Tenho uma ideia dos meus personagens, apenas um esboço do meu tema, e decido fazer o filme na esperança de aprender sobre eles. Flaherty comparava o documentário a uma viagem ao vasto mundo. Essa era sua visão, e, embora não fosse um diretor dedicado à popularização da ciência, mas um verdadeiro documentarista, ele sempre salientava a necessidade de pesquisa pelo bem da descoberta. Ao longo do caminho, aprendo algo novo, faço revelações e encontro novo combustível para minha curiosidade. Este é provavelmente o traço distintivo do documentário. Ele lida com a realidade viva, a qual eu mesma tenho que entender antes de exibi-la a um público. O aspecto mais interessante é quando essa descoberta acontece no processo do filme, e o público a testemunha junto com o cineasta, e descobrimos juntos algo novo, importante e emocionante.

Ao realizar filmes, aprendo algo sobre a vida. Quando comecei, eu basicamente dizia a mim mesma: "Estou fazendo este filme porque quero dominar este pedaço da realidade e entender o que está acontecendo nele, caminhar nesta estrada junto com o público". É preciso que o público e eu estejamos interessados na jornada, na descoberta de algo novo ao longo do caminho, como em uma escavação arqueológica, quer estejamos escavando na História, quer nos dias de hoje. Atualmente há amplo escopo para escavações.

Por exemplo, quando eu estava filmando *The Prince is Back* [O príncipe está de volta, 2000], tentei ir além da superfície dos eventos e entrar na psicologia e mente de meu herói, entrar na economia e situação de nossa sociedade, na tentativa de descobrir o que estava se passando em meu país. Só o fato de estar em contato com a realidade já me faz querer entendê-la.

Assim que inicio um filme, tenho uma ideia do que se trata – eu elaboro isso com bastante clareza para mim. Naturalmente, no processo de filmagem, me afasto muito do meu plano original. Planejo filmar uma coisa, e outra completamente diferente acontece. Querendo ou não, tenho que voltar ao foco e mudar. Mas a direção principal tem que permanecer a mesma – embora às vezes eu tenha que mudar tudo, até o assunto.

Situações inesperadas sempre surgem quando filmamos. Consequentemente, começo a procurar meios de sair de tais situações sem me afastar demais de meu conceito original. Luto para reelaborar minha tarefa principal, para retornar ao curso original e para encontrar outro mais adequado à situação que estou vivenciando. Em geral, bem no início, faço uma anotação de três ou quatro linhas sobre o que quero dizer com o filme e do que irá se tratar. Fazer isso é muito importante para mim. Escrevo numa caderneta e então, depois de um tempo, retorno à anotação. Então faço acréscimos: "Eu queria ter feito isso, mas mudei de ideia. Agora quero fazer algo ligeiramente diferente – o tema mudou". Passado mais tempo, o conceito pode mudar novamente, pode transformar-se; nesse caso, faço novas anotações, acompanhando meu progresso na criação do filme.

Por fim, o filme todo foi gravado. Agora, a fim de construí-lo, tenho que assimilar o material. Tenho que me lembrar de todas as nuances, todos os detalhes, todas as tomadas. Tenho boa memória visual. Esqueço rapidamente o que li. Entretanto, me lembro de imagens de filmes. Assim que filmo algo, consigo me lembrar: "Ah, sim, tem uma piscada interessante naquele ponto, e este aqui tem uma rajada de vento nos galhos, e aqui um cachorro corre da direita para a esquerda, e ali, da esquerda para a direita". Isso permanece em mim. Eu me lembro de detalhes que ocorreram numa tomada muitos anos depois de filmá-las.

O primeiro estágio da montagem é ordenar o material e desfazer-se de tudo o que não funciona, tudo o que tem baixa qualidade técnica. Jogo tudo isso fora impiedosamente. Também me livro de um bocado de material que nitidamente nada tem a ver com o assunto em foco. Às vezes acontece de eu me deixar levar pela paisagem ou pelos personagens. Gosto de filmá-los, e podem até ser bonitos, mas sei que não pertencem ao filme.

No momento em que dou início à montagem tenho transcritas todas as fitas cassete. Escrevo uma detalhada descrição de cada uma delas; se de repente precisar de algo que descartei, posso encontrar facilmente. Filmei setenta horas para *The Prince is Back* e, depois da primeira rodada de cortes, acabei ficando com dez. Supõe-se que o filme deva durar uma hora; começo a criar uma história a partir daquelas dez horas. Primeiro faço um rascunho bruto. Chamo-o de "salsicha". É disforme, comprido e não tem estrutura ou ritmo. Quanto mais trabalho com o material, melhor me informo dele, e torna-se mais claro o melhor modo de manuseá-lo. Delineio o enredo. Já tenho duas horas removidas daquelas dez. É muito mais fácil construir uma hora a partir de duas. Ponho-me a polir, a dar ao filme sua forma, e cortar tudo o que lhe é alheio.

Para mim, é muito importante usar a "proporção áurea" ou "seção áurea" como um princípio para minha composição estrutural. A seção áurea é a proporção mais harmônica e mais organicamente percebida; os antigos lhe atribuíam propriedades mágicas. A linha é dividida num ponto de modo que a razão entre as duas partes, a menor em relação à maior, seja a mesma entre a parte maior em relação à linha toda. Posso pensar nisso como colocar o foco central a aproximadamente dois terços ou três quintos ao longo do caminho, em vez de exatamente no meio. Muitas obras-primas da pintura, escultura e arquitetura seguem esse princípio. Os projetistas do Partenon o usaram. Serguei Eisenstein usou-o em *O encouraçado Potemkin* [*Bronenosets Potemkin*, 1925], universalmente reconhecido como um dos maiores filmes do mundo. Ele conscientemente o construiu com proporções áureas. O ponto culminante – a tomada da bandeira vermelha hasteada, a única tomada colorida no filme preto e branco – está exatamente no ponto da seção áurea.

É crucial introduzir os personagens e anunciar o tema bem no começo do filme. O público tem que ser atraído, intrigado e fisgado. Que tipo de filme será? Do que se trata? Quem são aquelas pessoas? Tudo tem que ser disposto como num tabuleiro de xadrez antes de o jogo começar. O público tem que entender as regras do jogo logo no início. Dedico cinco minutos a isso, nada mais – então é hora de mover as peças.

Tento desdobrar a ação suave e facilmente de forma que cada cena empurre a história adiante. Ela tem que se desenvolver, não pode parar por um segundo, cada episódio deve conduzir o espectador escada acima e revelar algo novo. A curiosidade do público deve ser despertada: "Ah, eu não sabia disso! E o que é isto? E isto?". Jamais o espectador deve sentir as rédeas se afrouxarem. Posso fornecer um leve descanso após uma forte cena de informação e emoção. A pausa pode ser atmosférica ou musical, mas não vazia, seja qual for o caso. A dramaturgia não tolera o vazio num filme; tudo tem que ser saturado. E, uma vez que não posso testar qualquer coisa em um documentário à frente de seu tempo, tenho de continuar procurando. Eu procuro enquanto gravo. Eu procuro na sala de montagem – olho para a tela e pergunto: funciona ou não? Se não funciona, o que tenho que fazer para que funcione?

Em algum lugar perto do fim do segundo terço do filme, no exato ponto da seção áurea, é hora de alcançar a culminação, o clímax do filme. Deve acontecer algo que irá surpreender e aturdir os espectadores, fazê-los dizer: "Uau!". Isso é quase obrigatório. Sem isso, o filme irá carecer de catarse. O público precisa ser aturdido. É claro, o documentário não é um longa-metragem de ficção – às vezes nunca consigo o material que realmente irá chocar as pessoas –, mas esse tem que ser o ponto mais emotivo do filme.

Como exemplo, exibo aos meus alunos *Miejsce urodzenia* [Terra natal, 1992], do cineasta polonês Pawel Lozinski. É a história de um escritor americano que viaja à vila polonesa onde nasceu e onde ele, aos cinco anos, com seu pai, sua mãe e seu irmão de um ano, se escondeu dos nazistas e dos poloneses. Os poloneses entregaram o irmão bebê aos alemães, que o fuzilaram. Seu pai foi morto pelos poloneses; milagrosamente, ele e a mãe sobrevivem e acabam indo para os Estados Unidos. Em

1992 ele retorna ao país para ver seu lugar de nascimento e para entender como seu pai morreu, algo que ele e a mãe ainda não sabiam.

Durante cinquenta minutos, o público se movimenta junto com o autor, enquanto este aprende. Passo a passo sua família volta à vida nas histórias dos aldeões poloneses. O público vê a vida cotidiana e percebe como ela era para a família, cinquenta anos antes. Personagens aparecem na tela, cada um muito diferente do outro, alguns agradáveis, outros não, como os perversos e invejosos beberrões de nariz vermelho. Meu Deus, todas essas pessoas passaram por tanta coisa – os poloneses e os judeus que viveram entre eles. Muitos poloneses eram antissemitas e com frequência entregavam judeus aos nazistas, que com prazer os exterminavam. Às vezes os poloneses os matavam apenas para ficar com sua última vaca – foi o que aconteceu com o pai do protagonista.

O diretor conduz seu protagonista (e nós) rumo a essa informação. O escritor encontra o assassino e o túmulo do pai. Os aldeões ajudam-no a cavar o local. Primeiro encontram uma garrafa; o protagonista a reconhece – seu pai sempre levava consigo leite naquela garrafa –, pois, quando era garoto, sempre bebia dela. O corpo deveria estar perto da garrafa, dizem os aldeões. Vamos procurar por ele. E eles encontram o crânio de seu pai, esmagado por um machado. Esse crânio é a tomada culminante. Atinge os espectadores no plexo solar de forma que eles não conseguem retomar o fôlego. Eu sempre forneço um descanso aos meus alunos após exibir esse filme. "Vamos dar um passeio", digo. "É impossível discutir o filme logo após vê-lo."

Esse é o paradiia de um filme. É claro, os documentaristas geralmente não descobrem uma história como essa e conseguem moldá-la com um efeito tão poderoso. Mas esta é arte do realizador de documentários – encontrar um assunto e construir uma história que irá excitar e comover o público. Este único filme é melhor do que todos os outros sobre o Holocausto. Eu nunca havia visto nada mais poderoso sobre o tema.

Assim que crio o enredo, é hora de polir o filme. Repasso cada cena, tiro dois segundos aqui, outro segundo lá, e segundo a segundo, cena a cena, às vezes tirando apenas um ou dois quadros, eu o comprimo e lhe dou forma. É assim que obtenho um rumo e o concluo.

Então eu começo a enfeitar o filme ao adicionar sons e pensar sobre a música – em que ponto ela ficará mais alta? Onde deve ser mais suave? Uso a música minimamente, apenas quando é necessária. Então acrescento o texto com todo cuidado. Para o meu gosto, deveria haver o mínimo possível. Nesse estágio eu brinco com os mais minúsculos detalhes. Tudo deve estar em seu lugar. Tudo deve ser feito com capricho. A esse respeito, a tecnologia informática de hoje, segundo meu ponto de vista, mima os cineastas e os impede de aprender a trabalhar com capricho. Eles ainda assim conseguem, é claro, mas tudo é fácil demais. E, quando é fácil demais, tende-se a fazer um trabalho desleixado.

Recentemente um aluno trouxe-me um pequeno filme. Era bem-feito, mas precisava de muito mais trabalho. Eu lhe perguntei: "Quantas versões você fez?".

"O que você quer dizer?"

"Quantas versões você fez?"

"Esta aqui, esta versão."

"Só esta?"

"Sim, só esta."

"Você sabe quantas versões eu faço? Pelo menos doze ou quinze. E Leacock faz vinte e cinco."

"Vinte e cinco?"

"Sim."

Ele não conseguia acreditar. Contudo, se os alunos forem sérios a respeito do trabalho que realizam, essa é a única maneira de proceder. Assim também trabalham os escritores com o texto: eles escrevem, reescrevem, reescrevem de novo, até sentirem que a obra está pronta. Sei que parece antiquado na era da informática. Nos velhos tempos, as cartas não eram escritas rapidamente; elas eram reescritas e editadas antes do envio. Agora as pessoas apenas tamborilam um e-mail e clicam em "Enviar" sem reler. Eu fico realmente satisfeita com o meu trabalho quando tudo está polido e não sobra nenhuma aresta bruta – é quando o trabalho está finalizado.

Em princípio, seria bom deixar de lado um filme finalizado durante um mês ou dois, dormir um pouco e manter alguma distância, e só então dar uma olhada renovada nele. Se assim fosse, eu não teria aqueles terríveis momentos que com frequência experimento. Após um tempo, quando meu encantamento com o filme se dissipa, eu o vejo e penso: "Oh, meu Deus, como pude? Isso devia ter sido removido, esta parte, encurtada...", e assim por diante. Eu passei a minha vida fazendo filmes não para mim, mas para a televisão, sob encomenda. Eu tinha prazos e estava sempre apressada. Nunca dispus de um mês para deixar um filme se assentar, nem mesmo três dias.

É interessante que, quando finalizo um filme, ele acaba se revelando exatamente o que eu havia imaginado e sentido no princípio. Eu não sei quão exata é essa percepção. A fronteira se dissolve entre mim mesma antes e meu eu atual e entre o que eu costumava pensar e como percebo no presente o que havia pensado no passado. Mas há documentos, propostas, anotações originais que posso comparar com o filme finalizado, e a comparação me diz que não estou errada.

Trabalhar num filme gera muitos eventos inesperados e reviravoltas, todos os tipos de circunstância que demandam enorme energia espiritual; é simultaneamente tão exaustivo e tão atraente que não sei de nada mais que traga tamanha alegria. Eu me viciei.

É uma profissão estranha. Eu nunca sei aonde irá me levar. Eu nunca sei se o que escrevi no roteiro ou na proposta irá funcionar. Tenho que estar preparada para as mudanças mais inesperadas e não me perder, não ter medo e não desistir. Fazer um filme é como correr num túnel escuro; em algum lugar do outro lado há luz. Às vezes perco de vista aquela luz, tudo fica escuro e eu topo com as paredes, acabo ferida e machucada. Mas, se tenho força para continuar (e, graças a Deus, até agora eu tive), de repente verei a luz no fim do túnel e correrei ao encontro dela. A melhor parte da realização de documentários é a imprevisibilidade do resultado. Eu nunca sei como as coisas irão acabar, quando estou filmando. Isso dá espontaneidade e frescor à tela. E meu próximo filme começa novamente do zero. Todo diretor ou diretora começa do zero, não importa o êxito de seus filmes anteriores.

Serguei Gerasimov, o grande cineasta soviético de longas-metragens de ficção, costumava dizer que se gastam os primeiros dez anos trabalhando por uma reputação e então a reputação trabalha por você. É importante ter uma reputação sólida: torna-se mais fácil obter financiamento, formar uma equipe... E ainda assim, quando começa um filme, se é um diretor de verdade, você começa do zero. Há sempre a imprevisibilidade, a ansiedade, o infinito número de incertezas – especialmente no documentário. Em longas-metragens de ficção, tenho certeza de que é um tanto mais simples. Pelo menos o diretor tem um roteiro. Acrescentem-se bons atores, um bom cinegrafista, um bom montador – e o diretor consegue fazer um bom filme afinal. No documentário, contudo, ficamos cara a cara com a vida. E como adivinhar que truque ela irá usar amanhã?

Para mim, é sempre muito importante que o filme seja construído visualmente. Eu começo com os pontos altos. Escrevo sobre a importância das tomadas do helicóptero em *La Maison de la rue Arbat* [A casa da rua Arbat, 1993]. O mesmo se aplica a *O regime Solovki* [*Vlast Solovetskaya. Svidetelstva i dokumenty*, 1988]. Eu não conseguia imaginar o filme sem tomadas aéreas sobre as ilhas Solovki. Também senti que devia ter filmagens no inverno. Eu não sabia como seria lá no inverno, mas, uma vez que se tratava do norte, do mar Branco, o filme não teria funcionado sem tomadas da gelada floresta glacial e panoramas nevados. E definitivamente eram necessárias tomadas aéreas do mar com sombras refletidas nele.

Essa foi a situação em *Arkhangelski muzhik* [O mujique arcanjo, 1986] e em *The Shattered Mirror* [O espelho partido, 1992] e em quase todos os meus filmes. Para *Mirror*, eu sabia que o filme devia ter muito das ruas, barulhentas, caóticas, com mercadores e hare krishnas vagando por Moscou. Era um hospício que aparecia durante a loucura da *perestroika*. Eu precisava de caos, barulho, alvoroço, cacofonia, desarmonia, do alarido das vozes. Embora não houvesse imaginado o filme nitidamente, já conseguia ouvi-lo.

Quando começo a pensar sobre um filme, quando o conceito está tomando forma, ele ressoa em mim. Não posso dizer que ouço música de verdade – não sou musicista –, entretanto ouço o filme, e posso sentir o que ele deverá ser. Eu ouço a "música" do filme antes de ver qualquer tomada específica. O filme já está vivo e rodando dentro de mim. Não é um processo cognitivo racional; é uma sensação intuitiva.

Para mim, todo filme começa com sensações. Então gradualmente o barulho do filme cresce e se desenvolve, preenchendo-me de imagens concretas e assumindo traços mais nítidos. A lógica da narrativa se desenvolve da mesma maneira. Mas em princípio a única coisa que sei é o que quero dizer e por quê.

É importante ouvir a mim mesma e entender o que quero dizer; talvez seja por isso que continuo a fazer filmes principalmente sobre a Rússia, onde nasci e cresci, onde passei grande parte da minha vida.

Assim que meu avião faz a aproximação final rumo a Moscou, começo a me preocupar. Não sei do que se trata, porém, quando ponho os pés naquela terra, sinto que tudo lá é meu, e tudo me enche de ansiedade e dor. O mesmo acontece quando meu neto fica doente – tudo dói dentro de mim. Eu temo por ele. Quando o filho de alguma outra pessoa está doente, sinto dor também, mas é diferente. Suponho que não posso assumir um filme sem esse sentimento, pois ele careceria de tensão. O produto final seria desapaixonado; no filme não haveria cordas vibrando.

Às vezes me pergunto se não estou imaginando tudo isso, flagelando meu estado emocional. Não consigo trabalhar de nenhum outro jeito; preciso estar vibrando dentro de mim. Não consigo elaborar exatamente o que é, mas sei que, sem isso, a tela é morta.

Diz-se que o documentário é a rota mais curta rumo à pobreza. É verdade que realizadores de documentários não são ricos. Têm dificuldade de encontrar dinheiro para seus filmes; é difícil trabalhar e sobreviver em qualquer país. É tudo difícil. Todos buscam caminhos. Eu encontrei o meu – não muito lucrativo, mas independente. Sou grata a meu pai por ter me ensinado a exercer várias profissões e a trabalhar em várias áreas. Nunca me esquecerei do que ele me disse: "Trabalhe, meu bem. Sua experiência nunca será desperdiçada".

Sou muito feliz por ensinar. Adoro fazê-lo e parece

que sou boa nisso; consigo o suficiente para subsistir. Às vezes meus filmes chegam a dar dinheiro. Mas tenho uma profissão que me dá prazer verdadeiro – e montanhas de problemas também, e crises nervosas durante o trabalho. Isso, todavia, não é nada comparado com a grande alegria de que sou tomada ao captar uma emoção imprevista, captar a vida de repente exibindo um lado inesperado.

Graças a Deus que o documentário e eu nos encontramos. Sou grata à confluência de circunstâncias, se é que foi esse o caso, ou a Deus, se é que foi ele o que determinou como minha vida seria. Minha profissão exige que eu esteja sempre em boa forma, fazendo as sinapses do meu cérebro funcionarem, descobrindo como sair de buracos inesperados e como zarpar com segurança de imprevisíveis tempestades enquanto me agarro ao conceito principal do filme.

A câmera é parte indivisível de mim. Caso eu esteja num lugar em que existe a possibilidade de algo interessante acontecer e não estou com minha câmera, perco o interesse. Sem ela, o evento é apenas para mim, e isso não é interessante o suficiente. Mesmo que somente meus netos achem interessante o que eu filmei, terá valido a pena. A câmera me emancipou. Com ela sinto-me livre e absolutamente feliz. Quando não estou com minha câmera, quando não estou fazendo um filme ou não tenho um acordo ou um contrato para um filme em andamento, fico deprimida.

Nunca me canso quando estou filmando. Posso trabalhar vinte horas sem parar. Na verdade, já trabalhei mais do que isso. É somente quando largo a câmera que percebo quão cansada estou. No entanto, a exaustão desaparece se algo acontece diante da câmera de novo. Mesmo agora, na minha idade, consigo trabalhar sem descanso. Raramente uso um tripé, faço todo o trabalho na mão, e não me canso. Isso provavelmente acontece porque amo o que faço. Nasci para isso, e o documentário nasceu para mim. Tenho consciência de nosso amor mútuo.

Cabe aos outros julgar se dei alguma contribuição a esse gênero, embora eu acredite ter feito alguns bons filmes. Mas com certeza sei que sou a mulher mais sortuda do mundo, com a melhor profissão do mundo.

Marina Goldovskaia

HARUN FAROCKI

Autodefinido como "o mais conhecido cineasta desconhecido da Alemanha", Harun Farocki (1944-2014) dedicou sua extensa obra, de mais de 120 filmes e instalações, além de escritos e curadorias, à anatomia social das imagens. Seus documentários, rigorosos e exigentes, investigam o significado oculto de planos, sons e palavras, preexistentes ou por ele criados, como prenunciam seus títulos: *Imagens do mundo e inscrições da guerra* [*Bilder der Welt und Inschrift des Krieges*, 1989], *Trabalhadores saindo da fábrica* [*Arbeiter verlassen die Fabrik*, 1995], *Os criadores dos mundos dos shoppings* [*Die Schöpfer der Einkaufswelten*, 2001].

Trabalhadores saindo da fábrica

[Publicado originalmente como "Arbeiter verlassen die Fabrik", na revista *Meteor*, em 1995. Traduzido por Gênese Andrade.]

O filme *A saída dos operários da fábrica Lumière* [*La sortie des usines Lumière à Lyon*, 1895], dos irmãos Louis e Auguste Lumière, dura 45 segundos e mostra cerca de cem empregados da fábrica de artigos fotográficos de Lyon-Montplaisir saindo do local por dois portões e abandonando a imagem por ambos os lados. Durante os últimos doze meses, dediquei-me a registrar a maior quantidade de variações possíveis do tema desse filme: empregados deixando seu local de trabalho. Encontrei exemplos em documentários, em filmes sobre a indústria, em noticiários e longas-metragens de ficção. Deixei de lado os arquivos televisivos, pois eles dispõem de uma quantidade de material para cada tema impossível de abarcar. Também não recorri aos arquivos de publicidade para cinema e televisão, em que o trabalho industrial aparece raramente. Nos anúncios publicitários, há dois temas que causam pavor: a morte e o trabalho fabril.

Berlim, 1934: enfileirados, trabalhadores e empregados das fábricas da Siemens abandonam o terreno da empresa para juntar-se a uma manifestação nazista. Vemos uma fila de mutilados de guerra e também muita gente vestida com guarda-pó branco, como se com isso se quisesse ilustrar a noção de militarização da ciência.

República Democrática Alemã, 1963 (sem outra especificação de lugar): uma milícia de trabalhadores, sob a direção do Partido, se dispõe a fazer exercícios de treinamento. Homens e mulheres de uniforme sobem, com muita seriedade, em pequenos veículos militares e se embrenham no bosque, onde enfrentarão alguns homens que usam boinas e fazem papel de "sabotadores". Quando a brigada cruza o portão, a fábrica parece um quartel.

República Federal Alemã, 1975: diante das oficinas da Volkswagen em Emden, ouve-se a música do alto-falante de um pequeno veículo: versos de Vladimir Maiakóvski cantados por Ernst Busch. Um sindicalista convoca os operários do turno da manhã para uma reunião contra a transferência da fábrica para os Estados Unidos. Para acompanhar a imagem dos trabalhadores da indústria na Alemanha Ocidental de 1975, o sindicato põe no filme uma música de otimismo revolucionário que parece sair do cenário real, e não, como na prática tosca de muitos filmes de 1968, somente da banda sonora. É irônico que a ruptura com o comunismo tenha sido tão cabal que os trabalhadores já não saibam que, nessa canção, ecoa a Revolução de Outubro.

Em 1895, a câmera dos Lumière focalizou o portão da fábrica e se tornou a precursora das muitíssimas câmeras de vigilância que hoje produzem, às cegas e automaticamente, uma quantidade infinita de imagens para proteger a propriedade privada. Com essas câmeras, talvez se pudessem ter identificado os quatro homens que, no filme *Assassinos* [*The Killers*, 1946], de Robert Siodmak, conseguiram entrar na fábrica de chapéus, disfarçados de trabalhadores, para roubar o dinheiro dos salários. Nesse filme, vemos saírem de uma fábrica alguns operários que na realidade são gângsteres. As câmeras que vigiam os muros, alambrados, depósitos, telhados e quintais chegam agora ao mercado com sensores automáticos de movimento (*video motion detection*): essas câmeras podem desconsiderar uma mudança na iluminação ou no contraste e estão programadas para poder diferenciar um movimento irrelevante de uma ameaça real (o alarme dispara quando uma pessoa sobe no alambrado, mas não quando um pássaro o sobrevoa).

Assim se prenuncia a criação de um novo tipo de arquivo, uma futura biblioteca de imagens em movimento em que se possam consultar os elementos de uma imagem. Entretanto, continua sendo absolutamente impossível classificar e registrar os elementos dinâmicos e compositivos que definem uma sequência de imagens, os fatores decisivos quando se busca fazer um filme a partir de uma sequência de imagens.

A primeira câmera da história do cinema focalizou uma fábrica, mas, depois de cem anos, pode-se dizer que a fábrica como tal atraiu pouco o cinema; mais exatamente, a sensação que causou foi de repulsa. O cinema sobre o trabalho ou o trabalhador não se constituiu em um gênero central, e o espaço diante da fábrica ficou relegado a um lugar secundário. A maioria dos filmes narra aquela parte da vida que se dá depois do trabalho. Tudo o que constitui uma vantagem do modo de produção industrial diante de outros: a divisão do trabalho em etapas mínimas, a repetição constante, um grau de organização que quase não requer tomadas de decisão individuais e concede ao indivíduo um campo de ação mínimo, tudo isso dificulta a aparição de fatores inesperados para a construção de um relato. Quase tudo o que ocorreu na fábrica nos últimos cem anos, palavras, olhares ou gestos, escapou à representação cinematográfica. A invenção da câmera e do projetor é essencialmente mecânica e, em 1895, a época de florescimento das invenções mecânicas já havia terminado. Os processos técnicos que surgiam então, como a química e a eletricidade, praticamente já não eram acessíveis para a compreensão visual. A realidade que se apoia nesses métodos técnicos carece virtualmente de movimentos visíveis. A câmera de cinema, porém, sempre foi capturada pelo movimento. Há dez anos, quando ainda eram utilizados aqueles computadores enormes, que tinham apenas uma peça cujo movimento era visível (uma fita magnética que se deslocava de um lado para outro), as câmeras filmavam esse movimento perceptível como representação substituta das operações ocultas. Esse acréscimo ao movimento dispõe cada vez de menos material e pode levar o cinema à autodestruição.

Detroit, 1926: alguns operários descem os degraus de uma passarela que cruza uma rua paralela ao edifício central da Ford Motor Company. A câmera faz uma panorâmica à direita e vemos um portão que se abre, tanto como para permitir a passagem de várias locomotivas ao mesmo tempo. Atrás, vê-se um pátio retangular amplo o suficiente para servir de pista de aterrissagem para um globo aerostático. Nas laterais do pátio, vemos centenas de trabalhadores rumo às saídas, as quais alcançarão em alguns minutos. Bem ao fundo, na imagem, passa um trem de carga com uma velocidade no mesmo compasso de *tempo* da panorâmica. Vê-se depois uma passagem de nível idêntica à primeira, e as escadas divididas em quatro trechos estão novamente cheias de trabalhadores. A câmera põe a fábrica em cena com tal maestria e contundência que o edifício se transforma em uma cenografia, como se tivesse sido construído pela produção do filme para conseguir a panorâmica perfeita. A força onisciente da câmera transforma os operários em um exército de figurantes proletários. Os trabalhadores estão na imagem principalmente para provar que não estamos vendo a maquete de uma fábrica automobilística ou, dito de outra maneira, que o modelo foi realizado em escala 1:1.

No filme dos Lumière de 1895, é perceptível que os trabalhadores esperavam enfileirados atrás das portas e irromperam para a saída após receber o sinal do operador. Antes que a direção cinematográfica começasse a intervir para condensar a ação, já existia uma ordem industrial que sincronizava a vida dos indivíduos. Foi por essa ordem preestabelecida que eles saíram em um momento determinado e as portas da fábrica estavam ali para capturá-los como dentro de uma moldura. A câmera dos Lumière ainda não contava com visor e, portanto, não era possível ter certeza do enquadramento, mas, com as portas da fábrica, concebeu-se a noção de um enquadramento do qual não se pode duvidar.

As portas da fábrica estruturam a formação dos operários e operárias reunidos pela ordem do trabalho e essa compressão produz a imagem de um proletariado. É evidente (é uma conclusão obtida a partir do olhar) que os indivíduos que atravessam o portão têm em comum algo fundamental. Por aproximar-se muito do conceito, essa imagem se tornou uma figura retórica. Encontramo-la em documentários, em filmes sobre a indústria ou de propaganda, às vezes acompanhada por música e/ou palavras, sempre representando noções como as de "explorados", "proletariado industrial", "trabalhadores braçais" ou "sociedade de massa".

Entretanto, a aparência coletiva não dura muito. Os operários transformam-se em indivíduos tão logo cruzam o portão; essa é a parte de suas vidas que a maioria dos filmes de ficção recupera. Se os trabalhadores não se reúnem para ir a uma manifestação após sair da fábrica, a imagem de sua existência proletária se desintegra. O cinema poderia conservá-la, fazendo-a dançar pelas ruas como o movimento semelhante a um bailado que se encontra na representação da existência operária em *Metrópolis* [1927], de Fritz Lang. Nesse filme, os operários usam o uniforme de trabalho e se movimentam realizando os mesmos passos toscos. Essa imagem futurista não se concretizou, pelo menos na Europa ou na América do Norte, onde é quase impossível perceber na rua se alguém vem do trabalho, de uma atividade esportiva ou da Secretaria de Assistência Social. O capital (ou, na linguagem de *Metrópolis*, os donos das fábricas) não pretende que os escravos do trabalho tenham uma aparência uniforme.

Como a imagem do coletivo não se sustenta depois de abandonar a fábrica, essa figura retórica em geral aparece no início ou no final do filme, como um *slogan*, quando pode funcionar sem compromisso, como epílogo ou preâmbulo. É surpreendente que o primeiro filme da história já contenha algo difícil de superar, que expresse algo ao qual não é possível acrescentar nada.

A entrada da fábrica pode tornar-se um cenário muito produtivo quando se trata de mostrar uma greve ou o boicote a uma greve, a invasão ou a desocupação de uma fábrica. O portão, que constitui o limite entre a esfera resguardada da produção e o espaço público, é o lugar ideal para transformar a luta econômica em uma luta política. Os trabalhadores em greve cruzam o portão e se reúnem com seus outros companheiros e com os membros de outras classes sociais. Mas a Revolução de Outubro não começou assim e os regimes comunistas também não foram derrubados dessa forma. Contudo, durante a tomada do estaleiro Lênin em Gdansk, um grupo de pessoas que não pertenciam à classe operária permaneceu diante das portas dos galpões para demonstrar à polícia que não seria possível desocupar a fábrica veladamente. Isso contribuiu muito para o fim do comunismo na Polônia. O filme *O homem de ferro* [*Czlowiek z zelaza*, 1981], de Andrzej Wajda, relata esse acontecimento.

Em 1916, em um episódio moderno de *Intolerância* [*Intolerance*], D. W. Griffith realiza uma representação dramática de uma greve. Primeiro, o salário dos trabalhadores é reduzido (porque as associações que pretendem melhorar moralmente os trabalhadores demandam mais recursos). Depois, quando os operários em greve saem às ruas, aparece a polícia, que cerra fileiras e dispara na multidão com suas armas. A luta operária é mostrada como uma guerra civil. As mulheres e os filhos dos trabalhadores estão reunidos diante de suas casas e observam com horror o banho de sangue. Também há um grupo de desempregados que espera ocupar o posto de trabalho dos grevistas, literalmente um exército de reserva. Provavelmente, esse é o maior tiroteio diante do portão de uma fábrica filmado nos cem anos de história do cinema.

1933: na representação de Vsevolod Pudovkin (*O desertor* [*Dezertir*]) de uma greve dos trabalhadores portuários de Hamburgo, vemos o integrante de um piquete observando os fura-greves descarregarem os navios. Ele vê um cambalear sob o peso de um caixote e suportar a carga por mais algum tempo, até cair. O grevista observa então o operário desvanecido com um olhar frio e escrutinador, enquanto algumas sombras cruzam seu rosto. São as sombras de outros desempregados que se apressam em chegar à porta para substituir o que acaba de cair. São figuras miseráveis, tão debilitadas pela pobreza que parecem crianças ou anciãos. O operário em greve olha profundamente um homem idoso que passa a língua nos lábios, e desvia o olhar horrorizado. Há tantas pessoas que não podem encontrar nem um trabalho nem um lugar na sociedade do trabalho que é preciso se perguntar como se poderia realizar uma revolução social nesse contexto. O filme mostra os rostos dos pobres através das grades da porta da fábrica. Seu olhar sai do cárcere do desemprego e observa a liberdade, o trabalho assalariado. Essa situação filmada através da grade faz crer que eles já estão presos em um campo de trabalho. No século XX, milhões de pessoas foram declaradas descartáveis, classificadas como nocivas para a sociedade ou inferiores por sua raça. Essas pessoas foram presas pelos nazistas ou pelos comunistas em campos de concentração para serem reeducadas ou exterminadas.

Charlie Chaplin aceitou um trabalho na linha de montagem e a polícia o expulsou da fábrica durante uma greve... Marilyn Monroe esteve diante da linha de montagem de uma fábrica de peixe em um filme de Fritz Lang... Ingrid Berıan esteve um dia na fábrica e, quando entrou, surgiu em seu rosto uma expressão de terror sagrado, como se estivesse entrando no inferno... As estrelas de cinema que chegam ao mundo proletário são pessoas importantes ao estilo feudal. Sua experiência é similar à dos reis que se afastam do caminho nas caçadas e aprendem o que é a fome. No filme de Michelangelo Antonioni, *O deserto vermelho* [*Il deserto rosso*, 1964], Monica Vitti quer participar da vida proletária e toma um pedaço de pão mordido de um dos grevistas.

Se compararmos a iconografia do cinema com a pintura cristã, a figura do operário se equipara à de uma estranha criatura: o santo. Mas o cinema também mostra o operário sob formas distintas, tomando elementos da vida proletária que aparecem em outros estilos de vida. Quando o cinema norte-americano fala do poder econômico ou da dependência, costuma exemplificar a ideia utilizando o exemplo do pequeno ou do grande gângster, e não tanto o dos operários e patrões. Como, nos Estados Unidos, a máfia controla alguns sindicatos, a passagem do filme de trabalhadores para o filme de bandidos tem certa fluidez. A concorrência, a criação de monopólios, a perda da independência, o triste destino dos empregados e a exploração acabam juntos no submundo. O cinema norte-americano transferiu, da fábrica para os caixas dos bancos, a luta pelo pão e pelo salário. Também os *westerns* costumam abordar o tema dos conflitos sociais, sobretudo entre os pecuaristas e os agricultores, porém os problemas em geral não se resolvem nos campos ou nas fazendas, e sim mais exatamente nos becos dos povoados e nas tabernas.

Inclusive, na vida real, as lutas sociais em geral não ocorrem na fábrica ou diante dela. Quando os nazistas eliminaram o movimento dos trabalhadores na Alemanha, a luta teve lugar nas casas e nos bairros, nas prisões e nos campos de concentração, mas pouco frequentemente nas fábricas ou diante delas. Os grandes atos de violência do século XX, as guerras civis e as guerras mundiais, os campos de concentração para a reeducação e o extermínio, muitas vezes estavam intimamente ligados ao modo de produção industrial e suas crises. Muitos conflitos estão relacionados a isso, no entanto tudo ocorre muito longe do cenário da fábrica.

1956: um informativo do British Pathé transmite imagens da luta de classes na Inglaterra. Alguns trabalhadores em greve diante das fábricas Austin, em Birmingham, tentam evitar que os fura-greves deem continuidade à produção, por isso bloqueiam as entradas e usam a força para impedir que as peças prontas entrem ou saiam da fábrica. Tentam forçar a porta de um caminhão e tirar um dos fura-greves, mas não conseguem alcançá-lo através da janela aberta para que se detenha ou abra a porta. Aparentemente, essa luta segue algumas regras tácitas que limitam a escalada da violência. Os grevistas são fanáticos, porém não demonstram nenhum desejo de ferir ou de quebrar algo. Quase sempre as lutas dos trabalhadores são muito menos violentas que aquelas que são realizadas em seu nome.

Dediquei-me a reunir, estudar e comparar essas e muitas outras imagens que retomam o tema do primeiro filme da história do cinema e realizei com elas um filme: *Trabalhadores saindo da fábrica* [vídeo, 37 minutos, preto e branco e colorido, 1995]. A montagem do filme teve sobre mim um efeito totalizador: assim que tive a montagem em vista, assaltou-me a ideia de que o cinema havia trabalhado durante cem anos sobre um único tema. Como se uma criança repetisse, durante um século, a primeira palavra que aprende a dizer para imortalizar a alegria de poder falar. Ou como se o cinema seguisse os passos dos pintores do Extremo Oriente, que sempre pintam a mesma paisagem até atingirem a perfeição e tornarem-se artistas de fato. O cinema foi inventado quando já não era mais possível acreditar nessa perfeição.

No filme dos Lumière sobre a saída da fábrica, o edifício ou toda a área opera como uma espécie de contêiner, que no início está cheio e no final fica vazio, satisfazendo a curiosidade do olhar que pode estar apoiada em outros desejos. No primeiro filme, o objetivo era representar o movimento e, desse modo, ilustrar a possibilidade de fazê-lo. Os atores têm consciência disso, alguns levantam os braços tão alto e pisam com tanto cuidado ao caminhar como se estivessem ilustrando essa ação para um novo *Orbis pictus* de imagens em movimento. Em um livro com essas características, poderíamos descobrir, como em uma enciclopédia, que o motivo do portão já aparece em um dos primeiros textos da história da literatura, a *Odisseia*. O ciclope já cego sente saírem da caverna os animais da manada com Odisseu e seus acompanhantes preocupados com seus estômagos. Mas a saída da fábrica não é um motivo literário, não é um tema que tenha sido adotado pelo cinema a partir de algum texto literário. Entretanto, não se pode pensar em nenhuma imagem cinematográfica que não recorra a imagens anteriores ao cinema, a imagens pictóricas, escritas, narradas ou inscritas em nossas mentes. Desviando do caminho, podemos observar algo desse passado.

Em 1895, imediatamente depois de receberem o sinal para a saída da fábrica, os trabalhadores e trabalhadoras se lançaram porta afora, e, embora alguns tenham se esbarrado no caminho e haja uma mulher jovem que puxa outra pela saia logo antes de se separarem e se afastarem em direções diferentes (a mulher sabe que sua colega não se animará a revidar o puxão diante do olho estrito da câmera), o movimento geral é ininterrupto. Talvez isso se deva ao fato de que o objetivo principal era representar o movimento, e provavelmente um novo plano simbólico estava sendo inaugurado ali. Mais tarde, depois de haver aprendido que as imagens cinematográficas capturam ideias e são capturadas por elas, vemos que a determinação com que os operários e as operárias realizam seus movimentos tem um caráter simbólico, que o movimento humano ali visível representa os movimentos ausentes e invisíveis dos bens, do capital e das ideias que circulam na indústria.

PATRICIO GUZMÁN

Tivesse apenas realizado a monumental trilogia *A batalha do Chile* [*La Batalla de Chile*, 1975-79], sobre os momentos finais do governo socialista de Salvador Allende e o começo da brutal ditadura do general Augusto Pinochet, Patricio Guzmán (1941) já teria inscrito seu nome na história do documentário. Mas Guzmán continuou desenvolvendo uma das mais sólidas obras do gênero, sofisticando ainda mais seu discurso fílmico ao combinar as lições do cinema direto de viés político com a autorreflexividade (*Chile, la memoria obstinada*, 1997) e o discurso poético (*Nostalgia da luz* [*Nostalgia de la luz*, 2010]).

A importância do documentário

Um país que carece de documentário é como uma família que carece de álbum de fotografias

[Texto apresentado originalmente na Filmoteca Española, em Madri, em abril de 1997, recolhido em Jorge Ruffinelli (org.), *Patrício Guzmán*. Madri: Cátedra/Filmoteca Española, 2001, pp. 391-95. Traduzido por Gênese Andrade.]

O documentário nasceu exatamente em 1922, com a estreia do filme *Nanook, o esquimó*, de Robert Flaherty. A partir daí, o chamado "segundo gênero" não parou de crescer, percorrendo um caminho surpreendente, imprevisto e variado.

Os primeiros documentaristas foram grandes exploradores (Flaherty, Vertov, Grierson), que realizaram expedições de trabalho aos lugares mais remotos do mundo para filmar pela primeira vez acontecimentos ou culturas que ninguém conhecia de perto. Assim trabalharam e viveram a primeira e a segunda gerações, formadas por homens lendários (Karmén, Medvedkin, Ivens, Rouch, Marker).

A televisão – a partir da década de 1960 – ameaçou gravemente esses pioneiros, obrigando-os a reformular seu trabalho, substituindo-os parcialmente por modernas equipes de repórteres que duplicaram sua capacidade de viajar.

Porém, depois desse período – pouco a pouco –, os diretores de documentários descobriram que era possível fazer filmes sem nem sequer sair do bairro. Apareceram inúmeros documentários sobre qualquer atividade do homem; por exemplo, sobre pintura, ciência, política, música, esportes, literatura, medicina etc., que demonstraram que esse gênero era útil para mostrar geografias remotas e também para registrar qualquer aspecto da sociedade.

Um cinema mais humano

Assim começou a surgir o chamado "documentário de autor", que até hoje consiste em mostrar qualquer atividade humana, por mais simples que seja, mas sempre do *ponto de vista pessoal* do cineasta.

Tratava-se de filmes com maiores recursos narrativos que os velhos documentários. Nem a técnica nem o dinheiro eram, contudo, o mais importante, e sim a maneira de contar as histórias, expondo cada tema com senso maior de relato, sem apoiar-se apenas na voz em off do narrador, mas também nos personagens e utilizando melhor a linguagem cinematográfica.

O surgimento desse novo tipo de documentário elevou a categoria do gênero, que abandonou o "realismo" e a retórica educativa dos tempos iniciais.

Atualmente, na Europa, são produzidos numerosos documentários autorais. Somente na França foram realizadas 739 horas desse tipo de cinema em 1995. A duração média de cada um deles é de 52 minutos e seu custo médio é quatro vezes mais barato que o de um filme de ficção.

A Europa é o principal produtor de documentários autorais do mundo. As principais produtoras são France-2, France-3, La Cinquième, Canal Plus, La Sept-ARTE e Planète Cable (na França); ZDF e WDR (na Alemanha); Channel Four e BBC (na Inglaterra). Na maioria dos casos, trata-se de canais públicos que souberam se adaptar melhor à concorrência do mercado sem abandonar a cultura.

A cada ano, esses e outros países apoiam e financiam importantes festivais, mercados e competições de documentário em todos os lugares: Marselha, Lussas, Fipa (Festival Internacional de Programas Audiovisuais), Nyon, Sheeffeld, Cork, Goteborg, Leipzig, Amsterdã, Paris-Du Réel, Florença-Dei Popoli, Bombay, Seul, Yamagata, Nova York, Sundance, Toronto, o prêmio Itália, o prêmio Golden Gate de San Francisco, o Oscar de Hollywood etc. E muitos acolhem os documentaristas nas respectivas academias cinematográficas.

Na Espanha, infelizmente, a Academia de Madri não destina nenhum prêmio Goya para o gênero documentário de longa-metragem, e a única competição que possui (pelo menos até agora) uma sessão exclusiva de documentários é o Festival de Málaga, além da antiga sessão "Tempo de história" do Festival de Valladolid.

Na América Latina, há somente quatro competições (todas muito modestas): Santiago do Chile, Rio de Janeiro, São Paulo e Bahia, mais a sessão de documentários dos festivais de Havana e Mar del Plata.

A necessidade de produzir documentários

No presente e no futuro imediato, é essencial apoiar e financiar os produtores e realizadores *independentes* de documentário, por várias razões:

Primeiro: porque o aparecimento dos canais de televisão especializados está criando uma demanda cada vez maior de documentários em todo o mundo. Em 1995, a França aumentou em 80% a produção desse gênero com relação ao ano anterior. É extremamente necessário, portanto, que, no futuro próximo, cada país disponha desses profissionais e não se veja na obrigação de importar todo o material documental que consome. Cada cultura, além disso, possui uma maneira diferente de se expressar, e os documentários também fazem parte dessa voz única e diferenciada.

Segundo: o número de universitários na Espanha e na América Latina aumentou consideravelmente desde 1970 (na América Latina, o aumento foi da ordem de quinze vezes). Milhões de jovens puderam ter acesso à educação superior, animando centenas de *campi* universitários em todos os lugares. Uma juventude com novos códigos de vestimenta, de sexualidade e de cultura irrompeu há muito tempo no seio de nossas sociedades, e foram poucas as mudanças (ou nenhuma) na velha estrutura dos canais de televisão fortes.

No futuro, esses setores mais ilustrados aceitarão a programação convencional das grandes redes de televisão espanholas e latino-americanas, ainda sem espaços culturais amplos?

Terceiro: se as grandes redes não mudarem (o que é mais do que provável), de todo modo continuarão aparecendo mais e mais canais de televisão "temáticos" (que representam o futuro, selentados ou com programações a escolher), um padrão muito mais apropriado para o gênero documentário, porque são canais que não interrompem as obras com inserção de propagandas (lembremos que os documentários de longa-metragem não suportam bem as interrupções dos comerciais), e a produção se manterá ou aumentará.

Quarto: como já mencionei, o ponto de vista nacional – espanhol ou latino-americano – não pode ficar à margem do gênero.

Há mais equipes inglesas, norte-americanas, norueguesas ou canadenses trabalhando sobre temas espanhóis ou latino-americanos do que equipes "nossas" trabalhando sobre eles.

As embaixadas latino-americanas na Europa, e as embaixadas espanholas na América Ibérica, têm *menos* material documental sobre nossa cultura que os suecos, dinamarqueses, suíços ou belgas em seus respectivos países.

Por exemplo, documentários sobre o deserto de Atacama, sobre a floresta brasileira, sobre a Guerra Civil Espanhola, sobre Mariscal, sobre Dalí, sobre Picasso, sobre Els Joglars, sobre o rei Juan Carlos, sobre a Rota dos Incas, sobre o flamenco, o tango e a salsa, sobre Neruda, Botero, Borges, sobre a ilha de Robinson Crusoé, sobre a arquitetura de Chiloé, sobre as ruínas de Nazca, sobre a cozinha africana da Bahia, sobre os bulevares de São Paulo, sobre a obra plástica de Antonio Saura etc., são, de modo geral, grandes obras documentais alemãs, holandesas ou francesas.

Isso é enormemente tranquilizador e ao mesmo tempo dramático. O que seria de nossa memória histórica e de nossa memória visual sem o trabalho, a energia e a criatividade desses cineastas estrangeiros?

Ao mesmo tempo, não deixamos de nos fazer uma pergunta: quanto tempo mais terá que transcorrer para que pelo menos uma ínfima parte do rico patrimônio cultural da Espanha e da América Latina seja recuperada por nosso próprio documentário?

EDUARDO COUTINHO

Eduardo Coutinho (1933-2014) foi um dos mais originais e marcantes artistas a dedicar-se ao cinema no Brasil. Para sorte do documentário, abraçou o gênero, tornando-se o maior documentarista nacional e um dos maiores do mundo. Com *Cabra marcado para morrer* [1964-84], fez ao mesmo tempo o principal filme sobre o impacto trágico do golpe militar de 1964 e modernizou o longa não ficcional brasileiro. A partir da segunda metade dos anos 1990, voltou a renovar-se e a renovar o gênero com seu "cinema de conversa" (*Santo Forte* [1999], *Edifício Master*, [2002]). Em títulos como *Jogo de Cena* [2007] e *Um dia na vida* [2010], continuou pelo século XXI a reinventar-se e a surpreender-nos até o fim.

O olhar no documentário – carta-depoimento para Paulo Paranaguá

[Texto escrito para o catálogo do Festival Cinema du Reel em 1992. Publicado no Brasil em Milton Ohata (org.), *Eduardo Coutinho*. São Paulo: Cosac Naify, 2013, pp. 15-21.]

Colocado diante do compromisso de escrever quatro a cinco laudas sobre a questão do olhar no documentário cinematográfico e na televisão, sinto-me angustiado além da medida. Diante do papel em branco que exige ser preenchido por ideias e palavras, não conseguiria repetir as noções gerais que definem a televisão como o lugar específico do simulacro, do não olhar, da não contemplação, da destruição da memória, do imaginário e de qualquer experiência com o real. Mesmo se decidir escrever sob um ponto de vista estritamente pessoal, permanecem as dificuldades de escolher palavras e ideias num contexto abstrato, já que não conheço meus eventuais leitores. Em geral, acabo cedendo aos compromissos desse tipo e produzindo, arduamente, um texto que é uma "média" de minha opinião destinada a uma "média" de leitor previsível. Depois de completado o compromisso, sinto-me covarde, omisso, superficial, e rezo aos deuses para que não seja interpretado, compreendido através desses textos de compromisso, "médios", sem sangue nem paixão.

No meu caso, independentemente de neuroses temporárias ou permanentes, essa dificuldade tem a ver com a escolha do documentário — e sobretudo um tipo especial de documentário — feita há uns quinze anos. Adotando a forma de um "cinema de conversação", escolhi ser alimentado pela fala-olhar de acontecimentos e pessoas singulares, mergulhadas na contingência da vida. Eliminei, com isso, até onde fosse possível, o universo das ideias gerais, com as quais dificilmente se faz bom cinema, documentário ou não, e dos "tipos" imediata e coerentemente simbólicos de uma classe social, de um grupo, de uma nação, de uma cultura. O improviso, o acaso, a relação amigável, às vezes conflituosa, entre os conversadores dispostos, em tese, dos dois lados da câmera — esse é o alimento essencial do documentário que procuro fazer. O que não exclui, é claro, uma ideia central, prévia à filmagem, que preside a construção do filme mas que não passa de uma hipótese de trabalho a ser testada na prática desses sucessivos encontros com personagens de carne e osso.

Nesse sentido, nunca fiz roteiros de documentário. Fiz pesquisas, leituras, recolhi dados. E disso tudo recolhi "roteiros" de viagens, de encontros, de perguntas principalmente.

Portanto, notas de trabalho, e privadas, para uso próprio. Aqui, ao contrário, se trata de escrever pensadamente, sem improviso, palavras definitivas, porque impressas e para uso público. Nada me alimenta senão uma relação abstrata com leitores desconhecidos, que podem ou não estar interessados. É pouco, é vago; supõe que minha fala seja normalizada de alguma forma.

Ah, a escolha das palavras, problema metafísico. As palavras são quase infinitas, do mesmo modo, talvez, que posições de câmera num dado cenário. Isso nos filmes chamados de ficção. Justamente, no tipo de documentário que escolhi, reduzi ao mínimo esse dilema. As limitações impostas pelo improviso, pela captação do acontecimento ao vivo, pelas relações primordiais olho a olho entre os conversadores, que exigem amiúde a atenção total do diretor — todas essas contingências tornam a posição da câmera tão dependente do real que não se pode mais falar de escolha livre, como seria o caso da ficção. Em resumo, faço essa confissão penosa — escolhi o documentário para não ter de escolher, soberanamente, onde colocar a câmera. Por isso, a tarefa mais difícil para mim, no cinema, é a de elaboração do texto da narração, quando não é possível eliminá-lo do filme. Por isso, não fossem os compromissos inevitáveis, escolheria agora o silêncio. Ou, em último caso, a expressão oral, improvisada e precária por definição.

Dito isso, ou melhor, escrito isso, quase me arrependo. Mas concluo que, apesar do caráter simplificador e um pouco terrorista do parágrafo anterior, ele vale como provocação e desabafo sincero, pessoal e intransferível. Creio que assim estou atendendo, ainda que de forma sinuosa, ao compromisso referido no início. Estou falando do meu "real" e da necessidade que tenho do "real", dos outros como trampolim de associações e estruturas. Estou falando de real, olhar, documentário.

Poderia terminar por aqui, e sofreria menos, e seria mais honesto. Mas, já que é preciso, alinho adiante algumas notas, tiradas ao léu do caos das experiências pessoais, sem saber de antemão se elas farão sentido — porque não consigo programar o que devo selecionar, sublinhar, estruturar. De certa forma, improviso, se isso é possível. E que sejam blocos, não necessariamente ligados numa estrutura de argumentos cerrada.

Em agosto de 1975, entrei para a TV Globo, no Rio, para trabalhar no *Globo Repórter*, um programa semanal de documentários e reportagens, o único da TV brasileira. Estávamos em plena ditadura militar, embora se anunciasse a abertura "segura e gradual" que levou dez anos para ser completada. Vinha de uma frustrada experiência na ficção cinematográfica (três filmes e alguns roteiros), primeiro na militância do Centro Popular de Cultura da União Nacional dos Estudantes, depois na chamada indústria do cinema. Nunca tinha feito documentário. As desilusões políticas e pessoais, entre outros fatores, ajudaram a detonar uma paixão imediata por uma coisa simples — olhar e escutar pessoas, em geral pobres, do campo e da cidade — o Outro social e cultural. Tentar entender o país, o povo, a história, a vida e a mim mesmo, mas sempre fixado no concreto, no microcosmo.

Tornou-se um truísmo, no Brasil, dizer que o cinema é um meio arcaico e o vídeo, o equipamento eletrônico, representa o progresso, o contemporâneo. O que vi no *Globo Repórter* mostra o perigo de análises puramente tecnológicas, sem levar em conta os condicionamentos sociais e políticos. No fim dos anos 1970 toda a produção da Globo, inclusive a jornalística, era feita em *tape*; *o Globo Repórter* era a única exceção. Trabalhávamos com filme reversível, isto é, sem copião, sujeito a sujar-se e ficar riscado na moviola. Isso aumentava a distância entre o produto tecnicamente limpo que caracterizava o "padrão global de qualidade" e o *Globo Repórter*. Resumindo, nessa época, apesar da ditadura, nosso núcleo constituía-se num nicho dentro da emissora, onde se permitia um trabalho mais autônomo, mais lento, mais aberto à controvérsia e a uma relativa experimentação.

Em 1982, o programa entrou na era eletrônica. De um golpe, o controle se tornou mais fácil e estrito — bastava passar no corredor de ilhas onde se editam os programas, pegar a fita com o produto em processo e levá-la para ser julgada pela direção geral. Em pouco tempo, o documentário transformou-se em reportagem, igual às produzidas pelos outros setores do jornalismo. Tornou-se asséptico, integrado, neutralizado. Lógica do processo industrial tal como ele se desenrola na Globo e na televisão em geral, lógica da homogeneização e da rentabilidade a qualquer preço.

Nos anos 1970, em plena ditadura, era mais interessante trabalhar no jornalismo da Globo do que hoje. Antes, a censura era externa; agora, ela é interna, e abrange não só o conteúdo, quanto a linguagem. Aconteceu comigo algo que exemplifica isso: num programa sobre a eterna seca no Nordeste, em 1976, fiz um plano de três minutos e dez segundos em que um flagelado falava sobre as várias espécies de raízes que ele fora obrigado a comer durante as secas que tinha vivido. Falava e mostrava as raízes. O programa, assim como o plano, foram para o ar integrais, devidamente aprovados, depois de passar pela censura externa. Hoje, isso seria impossível, mais até por questões de forma que de conteúdo. Um plano de mais de três minutos, o que significa isso? Diz o *Manual da Globo* — "Quando alguém fala mais de trinta segundos, desconfie". No jornalismo, a média dos planos é de três a quatro segundos; quando há movimento de câmera, pode-se chegar aos sete, oito segundos; as falas não excedem trinta segundos, nos jornais diários, e um minuto, nas reportagens mais extensas. Isso são regras não escritas, é claro. Isso se tornou um consenso entre os profissionais do ramo.

O silêncio é proibido na televisão brasileira porque é um tempo morto, induz o público a acreditar num defeito técnico e leva o espectador a mudar de canal. Mais grave que romper esse tabu é a revelação de que um filme é um filme, e não a realidade. Em seu naturalismo virulento que diz "isto é real, nós estivemos aqui, isso de fato aconteceu", nossa televisão abomina mais que tudo mostrar as negociações que presidem a uma filmagem, as relações de confronto entre as duas instâncias instaladas nos lados opostos da câmera. Enfim, como dizem os eruditos, desvelar o trabalho da enunciação é crime de lesa-credibilidade.

O sistema de concessões e de funcionamento da televisão no Brasil é o produto de um conluio entre o Estado e a iniciativa privada, cheio de regras secretas, barganhas e pressões políticas que se superpõem às pressões do mercado, com o Ibope reinando como deus. É um sistema perverso de controle da informação e da publicidade — com larga participação do Estado — que estende seus braços aos estados, onde as oligarquias locais compram concessões de repetidoras que são sinônimo imediato de poder político e econômico. Como tornar esse quadro inteligível para um europeu? Como falar de olhar, tema suposto deste texto, quando o povo é visto na TV como uma espécie rara de orquídea que convém olhar com distante consideração, ou então, de muito perto, como um ingênuo repositório de folclore e "sabedoria"?

O mito da informação, balanceada e imparcial. Objetiva. Em nome disso, que sequer se tenta cumprir, rejeita-se todo produto que tenha um olhar paciente e respeitoso. Tudo que não for "informação" é poesia inútil, antropologia pretensiosa, divagação elitista.

Às vezes, a televisão exibe documentários. São em geral produzidos por grandes empresas estatais ou privadas, por razões institucionais ou de prestígio. Elas compram o horário e a emissora ganha dinheiro quase sem trabalho. Na verdade, pode-se dizer que empresas e emissoras compram "proteção", como a máfia dos velhos e novos tempos. Álibis.

Fala-se em olhar, que supõe escuta. Todos os documentários estrangeiros feitos no Brasil, a despeito das melhores intenções, acabam reproduzindo os estereótipos do etnocentrismo ou, de qualquer forma, passando longe do real. Como pode alguém dialogar com um interlocutor do qual não domina a língua? As palavras escondem segredos e armadilhas que implicam hesitações, silêncios, tropeços, ritmos, inflexões, retomadas diferenciadas dos discursos. E gestos, franzir os lábios, de sobrancelhas, olhares, respirações, mexer de ombros etc. Nesse universo, o que não conhece a língua só pode sobreviver se, ao invés de contornar esses problemas, tematizá-los e fizer da diferença um trunfo, da estranheza um método de conhecimento. O resto é folclore.

Na minha experiência, verifiquei a extraordinária riqueza das falas de analfabetos, sobretudo em regiões menos industrializadas. Assim, é mais tentador investigar um pequeno tema do cotidiano no Nordeste, por exemplo, do que um grande tema em São Paulo. Nas regiões de cultura oral, popular, ainda viva, enriquecida com todas as impurezas, mesmo o alfabetizado põe na fala todos os seus recursos de expressão. Esse argumento não é uma defesa da odiosa cultura da pobreza, da miséria e do analfabetismo. Mostra apenas uma contradição, quando o modelo de industrialização brasileiro transferiu rapidamente o indivíduo da cultura oral para a cultura de massa, tal como ela é feita entre nós, sem passar por uma escola digna desse nome. O nome disso é catástrofe.

Muitos dos documentaristas ditos progressistas, de esquerda ou de qualquer forma interessados no social, costumam filmar aqueles acontecimentos ou ouvir aqueles personagens que confirmem suas próprias ideias apriorísticas sobre o tema tratado. Daí se segue um filme que apenas acumula dados e informações, sem produzir surpresas, novas qualidades não previstas. O acaso, flor da realidade, fica excluído. Creio que a principal virtude de um documentarista é a de estar aberto ao outro, a ponto de passar a impressão, aliás verdadeira, de que o interlocutor, em última análise, sempre tem razão. Ou suas razões. Essa é uma regra de suprema humildade, que deve ser exercida com muito rigor e da qual se pode tirar um imenso orgulho.

Filmar sempre o acontecimento único, que nunca houve antes e nunca haverá depois. Mesmo que seja provocado pela câmera. Mesmo que não seja verdade. Sem esse sentimento de urgência em relação ao que estará perdido se não for filmado simultaneamente, para que fazer cinema, atividade no fim das contas lenta, cansativa e pouco rentável?

Só se pode subverter o real, no cinema ou alhures, se se aceita, antes, todo o existente, pelo simples fato de existir.

Um abraço, Eduardo Coutinho.

P.S.: Deve estar ruim e grande demais. Corte o que achar necessário, você o fará melhor que eu. Espero uma comunicação sua sobre se tudo está bem.

PETER WINTONICK

Diretor de poucos e marcantes filmes, ensaísta e produtor, o canadense Peter Wintonick (1953-2013) foi também o grande embaixador do documentário na aurora da era digital, cruzando o planeta numa espécie de festival de cinema ininterrupto no qual atuava como curador, palestrante e mentor de toda uma geração de jovens cineastas. Sua crença no documentário como gênero iluminista afirmou-se já em seu primeiro longa-metragem, *Consenso fabricado: Noam Chomsky e a mídia* [*Manufacturing Consent: Noam Chomsky and the Media*, 1992], codirigido por Mark Achbar, em que traduz para o grande público as ideias do célebre linguista e filósofo político americano. Seus dois outros longas giram em torno da própria história do cinema e do documentário. Em *Cinéma Verité: Defining the Moment*, 2000, e *Ver é crer: câmeras portáteis, direitos humanos e as notícias* [*Seeing is Believing: Handicams, Humans Rights and the News*, 2002, codireção de Katerina Cisek], ele pioneiramente destacou as linhas de continuidade entre a escola do cinema direto e a nova era do documentário digital.

Documentar o mundo

Os cineastas devem criar seu manifesto pessoal: uma visão de mundo, um estilo de autor, um ponto de vista cinematográfico singular para suas narrativas. Então, deve-se entrar num segundo "mundo". Há um crescente mercado internacional que exige habilidade em fazer propostas, *pitchings*, marketing, ideias de *branding*, festivais, embromação e distribuição. Chamemos esse mundo da mídia de *manifiesta*, uma congregação sem barreiras pessoais, divisões, fronteiras nacionais ou limites tecnológicos. É muito competitivo e fraientado, mas os cineastas têm que aprender a negociar um lugar nele, se querem prosperar – e sobreviver.

[O seguinte manifesto foi originalmente publicado na ediçao da primavera de *Point of View Maganize*, 2007, n. 65 com o auxílio da Hello Cool World; disponível povmagazine.com. Traduzido por Fábio Bonillo.]

1. Honre o que originalmente o inspirou

Meu pai me deu minha primeira câmera quando eu tinha sete anos. Ele foi levado embora pela crise dos mísseis de Cuba, então eu sempre fiz uma conexão psicológica entre câmera e família. Eu tento honrar sua memória.

O povo na televisão protestando contra a guerra me inspirou. Desde então, eu continuamente questiono tudo. Pessoas como Mandela e Vandana Shiva me ensinaram a manter a fé, Irmã, e meu olho no prêmio, Irmão.

Gandhi me ensinou que Satyagraha (resistência não violenta) significa "a força da verdade". Creio que o documentário é a narrativa da verdade. No Fórum Social Mundial, Arundhati Roy me ensinou que "nossa estratégia não devia ser somente confrontar o império, mas sitiá-lo. Com nossa arte, nossa música, nossa literatura, nossa teimosia, nossa alegria, nosso esplendor, nossa completa implacabilidade – e nossa habilidade de contar nossas próprias histórias".

2. Estude a história do cinema e adote mentores cinematográficos

Sempre adorei filmes e imagens. Eu vejo continuamente importantes trabalhos da história do cinema. Filmes de Fellini, Chaplin, Donald Brittain, Robert Frank. Meu mentor, Emile de Antonio, foi o padrinho do documentário político. Nascido para lutar, foi o único cineasta a ser incluído na lista de inimigos do presidente Nixon. Se alguma vez existiu algo como um exército radical, De Antonio teria sido o general progressista conduzindo as tropas da mídia alternativa à guerra contra a opressão. Sua guerra era pela expressão independente e livre.

O que me leva a Werner Herzog. Qualquer um dos seus trinta e tantos documentários definiria singularmente a forma de arte do documentário. Herzog disse: "Talvez eu persiga coisas utópicas, espaço para honra e respeito humanos, paisagens ainda não molestadas, planetas que ainda não existem, paisagens sonhadas. Pouquíssimas pessoas perseguem essas imagens hoje em dia". Uma vez ele me disse: "O mundo não foi feito para se fazerem filmes. Toda vez que você fizer um filme terá que se preparar para protegê-lo do Diabo em pessoa. Mas vá em frente, droga! Acenda o fogo".

3. Um documentário é um empreendimento ético

A obra de Aristóteles sobre ética é bastante útil para documentaristas. Ele escreveu: "Nós não estudamos ética para saber quão bons são os homens, e sim para agir tal como os bons homens agem". Fiquei maravilhado ao descobrir que, em grego, as palavras para "ética", "caráter" e "hábito" vêm todas da mesma raiz.

A ética é importante em nossas atividades diárias, e em todos os processos usados para criar ou consumir mídia. Nunca houve um filme que não levantasse questões éticas. Variando desde quem está financiando o filme, passando por questões sobre a relação do cineasta com os assuntos durante a filmagem, até manipulações editoriais e marketing, a ética ergue sua adorável cabeça. É por isso que adoro fazer filmes.

4. Um documentário significa instrução midiática

A instrução é a capacidade de entender, analisar, responder criticamente e produzir textos em diferentes contextos. A mídia é tão ubíqua quanto a água que bebemos. É a linguagem que nossas crianças falam. Num mundo em que a mídia é o próprio ar que respiramos, precisamos expandir nossa ideia de instrução para incluir a instrução midiática. Devemos entender o que a mídia é, o que faz e como funciona. E também como fazê-la nós mesmos: como "ler" e "escrever" com luz, num mundo em que, hoje, a caneta é a câmera, em que a escrita está na parede – na forma de uma tela. Qualquer tela, em qualquer lugar.

5. Vida é política

Vivemos num mundo político. Assim como todos os artistas, os documentaristas devem clamar à posteridade contra a injustiça, onde quer que ela resida. "Mentir" é a palavra de ordem desta era. Estamos, sempre estivemos e sempre estaremos, em guerra. É uma guerra pelas mentes humanas e sua vontade ativa. Pensadores independentes, realizadores de documentários e artistas de mídia digital são os soldados de infantaria dessa guerra midiática.

Deveríamos tentar verter nosso trabalho e ativismo na forja do serviço humano. Tornemo-nos nossos próprios senhores, levemos nossa mídia para longe dos conglomerados, do consumo e dos colonizadores da mente das massas. Tentemos "Robin-hoodizá-los", transformando nossa arte do documentário em mídia verdadeira para as massas.

6. Documentários podem mudar o mundo
Comunicação é um direito humano fundamental. Midiativistas estão trabalhando no mundo todo com suas câmeras digitais em trincheiras no *front*, defendendo direitos individuais, definindo o direito coletivo das comunidades e protegendo todos os nossos direitos. A comunicação de direitos e o direito à comunicação estão no cerne da luta social democrática. Lutam por maior diálogo digital, pluralismo, tolerância e participação. A revolução do documentário digital constitui-se de audiências tornando-se "prod-usuários", isto é, produtores-usuários, em vez de receptores passivos. O sonho digital é agora uma realidade prática. Munido de informação, o mundo pode mudar.

7. Criar o futuro
Os documentaristas devem abraçar as novas tecnologias. Podemos pegar o que sabemos sobre o documentário tradicional e fundi-lo com o que há de melhor na nova mídia, na próxima mídia e na mídia atual. Para a Geração D (de digital), vivendo na Era Digital, o documentário está se reencarnando como documento digital. Um documento que pode incorporar elementos de ficção, realidade, animação, artes gráficas, linguagens cibertextuais, áudio, TV e design de games. Conteúdo para todas as plataformas e sistemas de distribuição. Em nosso novo mundo, dissolvem-se as definições, e novas formas emergem. Trata-se de combinações, misturas, transfronteiras, transgressões e transgêneros. Expandir a linguagem do cinema aceitável. A cultura da tela pode levar realidade e poesia ao público, interface a interface. Fornece informação absolutamente essencial à sustentação do futuro.

Seus primeiros passos: pensar localmente na fiesta global
Munido de seu próprio manifesto e tendo começado a fazer filmes que mostrem um ponto de vista, aonde você deve ir? Revertendo as palavras do ecossábio: "Deve-se pensar localmente e agir internacionalmente. Em outras palavras, seja globalocal".

Peter Wintonick

Assim que fizer isso, você alcançará o estrelato internacional do documentário. Satisfação garantida! Você entrará na corrente como um jogador internacional na "manifiesta" do documentário, que é uma combinação de negócios, marketing e trabalho duro, temperado pela casual celebração.

Em minha cosmologia há quatro estágios que se devem dominar. Você deve escrever a proposta mais original já escrita, apregoá-la no mercado com perfeição, realizá-la da melhor maneira que puder, considerando seus recursos sempre limitados e, finalmente, distribuir o filme por aí afora. De fato lá fora. Somente então você poderá colher sua justa recompensa, algumas estátuas de ouro e algumas menções honrosas.

Primeiro estágio: a ideia e a proposta

Fazer documentários é como apaixonar-se. O primeiro estágio surge naquele belo momento em que você pensa em uma ideia para um filme. É como espiar sua musa atravessando o quarto. Amor à primeira vista. Mas seria o momento "Ah Rá!" ou somente outro momento "Rá Rá Rá"? Ela cruza o quarto. Você se levanta para o ensejo, abraçando a ideia. Eis, porém, que o objeto de seu desejo lhe dá um tapa na cara. Mais uma grande ideia eliminada.

Mantenha uma despensa abastecida com ideias. Seus arquivos devem estar explodindo. Um pequeno recorte de um jornal – você compra jornais, não? – ou um fraiento da web pode despertar seu interesse, reforçando seu ponto de vista singular. Realize pesquisas a todo momento em sua vida, do despertar ao dormir. É preciso ficar obcecado com uma ideia só; escolha somente uma de sua ninhada de mil animais felpudos. Prepare-se para correr com ela durante um ano ou dois, gastando tempo e dinheiro e energia, com a total consciência de que há 90% de chance de não fazer o filme, por centenas de motivos. Trabalhe também em seis outras grandes ideias ao mesmo tempo. Uma pode estar sendo editada, outra pode estar sendo filmada, uma em desenvolvimento, algumas na fila de espera, enquanto outras morrerão logo de cara.

Considerando tudo, você ainda tem que crer, e você irá. Sugiro fortemente fazer pesquisa de mercado. Veja quais outros filmes estão sendo feitos ou já estão circulando antes de perder seu tempo. O International Documentary Festival Amsterdam (IDFA) recebe mais de duas mil inscrições todo ano. E são os mais importantes documentários de longa e média-metragem, sociais e políticos, e não tudo o que é produzido anualmente, que chega a dezenas de milhares. Seja único e obtenha acesso exclusivo. Nesses tempos de aldeias interNETionais, em que a pesquisa está a um clique de distância, todas as potenciais histórias estão aí fora, ao alcance do cérebro de qualquer cineasta. Então, pense obscuro, pense exclusivo, pense "globalocal".

Nunca aceite dinheiro de uma pessoa qualquer para o desenvolvimento. Busque o financiamento total imediatamente. Ou comece a filmar sem dinheiro algum. Ele virá. A verba para desenvolvimento de projetos em geral é uma maneira de os financiadores aguardarem seu momento e cobrirem suas apostas, e manter cineastas irritantes ocupados e longe de seu encalço. As emissoras estão desenvolvendo muito mais projetos do que os que vão ao ar. Alguém tem que perder.

Invista em sua própria viagem de pesquisa. Aos confins da Terra. Uma amiga partiu para investigar um filme potencial sobre um poeta muito obscuro da Ásia Central. Quando ela chegou à remota vila montanhesa do poeta, encontrou outras duas equipes de cinema, competindo pelos direitos de filmar a mesma história. Faça sua pesquisa de antemão. Claro, há apenas sete enredos cinematográficos contados neste mundo, ou talvez apenas dois: tempo e memória são os únicos assuntos de todo filme. Mas emissoras e distribuidoras têm memória melhor do que a média de bateria dos celulares. Elas sabem quais filmes estão no *Zeitgeist*. Pergunte a elas.

Nunca siga a onda. Estude a televisão. Baixe as grades e os guias de emissoras internacionais. Nas seções de produção de seus sites, confira o que estão procurando. Esteja certo de que, se você vir uma nova tendência na televisão em relação a uma forma ou tema em documentários, será tarde demais para emulá-la ou pensar em fornecer um clone similar ao *mainstream*.

Necessidades de programação são satisfeitas com um ano de adiantamento pelo menos. Pense dois ou três anos à frente. É o tempo que se leva para fazer um documentário sério.

Aprenda a escrever palavras no papel. Use um corretor ortográfico. Melhor ainda, contrate um escritor. Cineastas não necessariamente são bons escritores. Tampouco as melhores pessoas para fazer o *pitching* de seus projetos. Nos velhos tempos, eu adoraria escrever dezenas e dezenas de páginas para meu propósito habitual. Algumas agências cinematográficas mais retrógradas ainda exigem isso. Minha teoria é de que a pessoa que o ampara inicialmente numa agência de financiamento ou emissora talvez esteja preparado para ler tudo o que você escreve. Mas o chefe dele ou o diretor de departamento precisará apenas de uma página, e o chefe do chefe apenas de um parágrafo. Quando chegar ao topo da cadeia alimentar cinematográfica, o diretor executivo precisará apenas de uma frase, das cinco palavras que talvez apareçam num guia de televisão. Esteja preparado para trabalhar durante um ano para reduzir tudo a menos do que um haicai. (Como num... num grande filme sobre um grande filme.)

O que financiadores, agências e agentes internacionais de licenciamento querem, no tocante a papel, são parágrafos claramente articulados e sucintos. Encapsule sua proposta numa simples sinopse escrita em inglês básico. Inclua breves exemplos de um tratamento ou visualizações, pequenas biografias, filmografias e uma tabela do limite de orçamento. É preciso saber como empacotar suas palavras com um bocado de design, incorporando fotos e ilustrações. Cineasta: domine teu software gráfico.

Mais do que vender uma ideia, você está vendendo sua paixão. No fim, o único objetivo de uma proposta é garantir uma segunda reunião. Para que assim possa acompanhar a conversa, seja ao vivo, seja em teleconferência, de modo que você e seu potencial financiador consigam avaliar um ao outro, e as necessidades do outro. É aqui que entra a sedução.

Tão logo tenha redigido a proposta ideal, envie-a ao mundo todo em oito dias. Você pode produzi-la em série de panfletos coloridos e singulares, páginas únicas ou até mesmo páginas datilografadas padrão. Cópias físicas e PDFs enviáveis. Uma boa proposta deve ser adaptável. Um financiador internacional pode querer determinada coisa, outra emissora nacional pode querer algo completamente diferente; em geral, trata-se da mesma coisa, mas escrita de maneiras diferentes. O produtor que há em você tem que conciliar todas essas diferenças, usar da diplomacia e ainda assim conseguir o que você deseja.

Então, sua proposta está rodando por aí. Você poderia contratar um *call center* em Déli para fazer chamadas frias a potenciais financiadores, ou enviar a estes e-mails não solicitados. Eu não aconselho isso. Sua possível obra-prima poderia ser considerada lixo eletrônico. Uma vez enviei uma carta de proposição pelo correio tradicional para cada emissora pública do mundo. Recebi três respostas positivas. Uma delas veio de um pequeno e remoto país insular, que possuía uma autoridade de transmissão, no entanto, até aquele momento, nenhum aparelho de televisão para seus cidadãos. Mas eles gostaram da ideia. Mark Achbar e eu enviamos 1 500 propostas genéricas de nosso filme sobre Chomsky, *Manufacturing Consent: Noam Chomsky and the Media*, para todas as fundações possíveis dos Estados Unidos. Recebemos apenas algumas respostas positivas. Então, em vez de uma infrutífera abordagem genérica, é mais útil conseguir um cineasta mais experiente para apoiar seu projeto e apresentá-lo. A única maneira verdadeira de vender a si mesmo e seu filme é cara a cara.

Segundo estágio: pitching e financiamento

Como você consegue o dinheiro para sua grande ideia? Bem, você pode implorar à família, abordar instituições e tentar a captação de recursos na internet, como fez o cineasta americano Robert Greenwald para seu recente filme sobre o Iraque (*Iraque à venda – os lucros da guerra* [*Iraq for Sale: The War Profiteers*, 2006]). Pode recorrer às subvenções de artes, agências governamentais e não governamentais. Ou buscar consolo, ou esmolas, na televisão. Para o documentário social padrão de uma hora de duração, sobreviveram cerca de quarenta emissoras públicas no mundo. Há também centenas de canais digitais, via sinais aéreos, comerciais, sob demanda, via satélite, especializados, a cabo e na internet. Conhece teus amigos, e teus inimigos também. Todas as emissoras tendem a comparecer no MIP, o International Program Market [Mercado Internacional de Conteúdos para Televisão] na primavera e no outono, todo ano em Cannes. É um gigantesco mercado de pulgas de tudo o que é propagado além ou aquém no mundo. Lugares como Cannes são difíceis de penetrar, mas você pode se aferrar a delegações de sua área e ir junto para a fase da embromação.

No entanto, faz mais sentido para documentaristas comparecer aonde as pessoas com dinheiro para documentários vão. Isso quer dizer o Fórum da IDFA em Amsterdã, o SunnySide of the Docs em La Rochelle, na França, o Hot Docs, em Toronto, o Silver Docs, em Washington, D.C., o U.K.'s Sheffield Docfest, o AIDC (Australia International Documentary Conference) e alguns outros mercados de encontros, nos quais você pode encarar as pessoas e obrigá-las a ouvi-lo. Prepare-se para estar em todo e qualquer lugar do mundo para esses essenciais mercados de desenvolvimento de projetos.

Esteja pronto para vender suas ideias no âmbito privado e no público diante de uma multidão. Torne-se um gladiador perante uma equipe de imperadores de TV cujos polegares, e almas, geralmente apontam para baixo devido à gravidade. Sem mencionar seus bolsos. O Fórum da IDFA foi uma iniciativa pioneira do *pitching* de projetos e líder da primeira revolução do financiamento de documentários. Foi concebido como um lugar de encontros para desenvolver redes de cooperação, contatos e expertise entre cineastas particulares e sistemas públicos de televisão. Os primeiros anos foram muito animados e possibilitaram muitos novos encontros. Os primeiros *pitchings* eram acontecimentos estimulantes, dinâmicos, criativos, coletivos e inovadores. Os primeiros fóruns também se desenvolveram em lugares reais para fazer negócios. Os filmes eram o foco, em vez de serem complementos da grade de programação das emissoras ou a mensagem de uma rede específica para o mundo.

Desde o nascimento do *pitching* público formal para documentários há quase duas décadas, sistemas idênticos de financiamento vêm se replicando ao redor do mundo numa constelação de entidades muito similares, operando em mercados de documentários, festivais e fóruns. Elas evoluíram para um sistema competitivo e adverso, criado para fazer bons produtos. Observe-as em ação. Entre na briga.

Há incontáveis histórias de sucesso individual. Também há tantas críticas aos diferentes sistemas de *pitching* quanto licenciadores, produtores e cineastas fazendo tais reclamações. Hoje, com mais de quarenta fóruns do tipo ao redor do globo, há uma mobilização crítica segundo a qual os agentes de licenciamento se tornaram a força motriz – e, diriam alguns, o próprio show.

Contudo, a maior parte dos produtores e financiadores mantém uma relação de amor e ódio com o processo. Eles assumem uma atitude de "Você não consegue viver com ele, você não consegue ganhar seu pão sem ele". Em algum momento do passado, os cerca de 45 novos projetos apregoados em cada um dos principais fóruns ao redor do mundo podiam ter sido suficientes. Mas milhares de documentários sociais são realizados todo ano, e não há janelas suficientes nos sistemas de *pitching*, tampouco nas grades convencionais de transmissão, para acomodar nem mesmo os mais valiosos dentro das maneiras tradicionais e lineares de pensar a programação.

Agora é o momento de os realizadores de documentários olharem para novas formas de financiar a não ficção. Uma coisa é certa: um hiperfluxo de avanços tecnológicos está acelerando o número de mudanças na produção, distribuição, transmissão e webtransmissão de documentários e filmes factuais. Os documentários estão se transformando na faixa inferior do edutretenimento e da próxima mídia. Estamos entrando num mundo em que farão parte da grade padrão a transmissão de vídeo-pods via peer-to-peer (P2P), DVDocs, docucidadãos interNETionais, realidade móvel wireless, digidocs multi(plata)formas, VODocs sob demanda e wikidocs.

Os hábitos de visualização estão mudando rapidamente, a audiência está migrando, em grandes rebanhos, para longe da transmissão convencional. Novas oportunidades se abriram para os realizadores de documentários. A televisão pública está se reinventando, rumo a modelos públicos de difusão.

Eu consideraria financiar meus documentários sociais e outros filmes factuais exclusivos, cuja visão de mundo incluísse em meu léxico de não ficção especulativa, expressões tais como parcerias público-privadas, financiamento *crossmedia*, empreendedores sociais e servico público de difusão.

Terceiro estágio: a realização

Recentemente, escrevi um conjunto de regras de filmagem para jovens cineastas, como uma meditação sarcástica. Entre meus princípios estavam: "Nada de cabelos em frente à abertura da câmera, raspe sua cabeça antes de filmar; foque, depois foque de novo; você jogará fora os primeiros dez minutos do corte bom; não entreviste ninguém sentado numa cadeira; lembre-se de ouvir as pessoas".

Não gastarei muito tempo neste estágio. Vamos assumir que você fez alguns filmes, frequentou os cursos certos e seminários de desenvolvimento profissional e leu todos os manuais. Este seria meu conselho. Leia os manuais de todos os seus equipamentos. Então pratique, e pratique um pouco mais. Pratique em curtas-metragens. Pratique em filmes alheios. "Apenas filme, filme, filme", como me disse meu mestre cinematográfico Ricky Leacock.

Certo. Você fez o melhor filme que pôde fazer, neste particular momento da sua vida, exaurindo todos os recursos financeiros e psicológicos. E é um *tour de force* original.

Quarto estágio: marketing

Agora que você realizou sua obra-prima, como passá-la para frente? Aprenda tudo o que há para saber sobre distribuição, marketing, festivais e a venda de sua faustiana alma cinematográfica.

Aprenda a emular Hollywood. Teste seus filmes no mercado antes de finalizados. Não pense que algo seja imutável ou perfeito. Prepare-se para trabalhar no marketing de seu filme muito e arduamente durante tantos meses ou anos quanto os que você gastou para escrevê-lo, vendê-lo e fazê-lo. Como em Hollywood, invista tanto dinheiro, ou suor, no marketing quanto no orçamento de filmagem.

Ou você terá que aprender a ser um publicitário de pés descalços, fazendo o seu marketing e o de seu filme com parcos recursos ou nenhum. Isso pode significar aprender a pedir favores. Pode significar conquistar colunas sociais ou páginas de editoriais em vez de pagar por anúncios. Aprenda a usar o marketing viral. YouTube ou Democracy Player podem ser a maneira mais eficiente de vender você e seus filmes.

Para propósitos de marketing e publicidade, seu filme precisa de uma aparência consistente. Recorra a artistas para desenvolver um logo, uma tipologia, um estilo. Faça um trailer. Redirecione o vídeo de *pitching* que deve ter feito antes para vender sua ideia. Escreva excelentes releases e kits de imprensa. Acima de tudo, redija a sinopse perfeita de duzentas palavras. Quando essa sinopse for usada por um jornalista ou no catálogo de um festival de cinema, ficará como que gravada em pedra. Essa descrição será aquela que todos os subsequentes festivais e escritores usarão como base. Escolha suas palavras muito cuidadosamente. Controle tudo o que puder neste estágio.

Faça cartazes e material gráfico com design limpo e arrojado, com tipos grandes, garrafais. Num festival de cinema, seus cartazes podem estar competindo com a poluição visual de seiscentos cartazes de outros filmes obviamente menos valiosos. Lembre-se de que você deseja que seu cartaz seja aquele que as pessoas roubam da parede após o término do festival.

Os festivais são tudo e nada. Há, pelo menos na minha contagem, 2 600 festivais no mundo. Existem festivais de categoria A, B, C, D e Z. Você não precisa entrar em todos. Nunca entre num festival que cobre por sua presença. Você poderá cobrar por ela. Há poucas dezenas de festivais importantes para o gênero documentário, incluindo a maior parte dos principais festivais internacionais de ficção.

Se você tiver sorte o bastante para ser convidado, torça para que paguem sua passagem. Caso contrário, consiga agências públicas ou embaixadas para financiá-lo. Descubra se você pode dar palestras e workshops extras.

Sempre se voluntarie para mesas-redondas de festivais. Eles dão a você, e ao seu projeto, visibilidade. Tenha algo espirituoso ou controverso para dizer.

Nos coquetéis, fique perto da entrada de serviço. Assim você terá a primeira mordida nos *hors d'oeuvres* e manterá suas despesas baixas.

Assegure-se de ter um kit de imprensa completo e profissional, além de cópias de DVD para a imprensa corretamente etiquetadas e lindamente embaladas. Sempre tire ao menos quatro boas fotografias no local, que poderão ser usadas no marketing.

Lide com a imprensa da mesma maneira que você lidaria com um amigo. Respeite-os. Compartilhe de seu cinismo. Não seja afobado. Forneça-lhes um ângulo ou um anjo, um personagem que dê boas manchetes. Seja articulado, pelo menos por alguns momentos. Sente-se aprumado quando estiver sendo entrevistado. Nos primeiros estágios de vida da distribuição de seu filme, tenha certeza de conseguir resenhas positivas importantes nas publicações-chave da indústria: *Variety*, *Screen International*, *Cahiers du Cinéma*, *Hollywood Reporter*, e em suas irmãs de não ficção: *DOX*, *Documentary*, *Real Screen* etc.

Aprenda a transformar até mesmo as resenhas mais medíocres em endossos vibrantes. Uma resenha sete estrelas do *Dubai Daily Planet* tem peso de ouro. Inclua todos esses enaltecimentos ao seu crescente kit de imprensa.

Sempre trate os voluntários de um festival com elegância e polidez. Agradeça aos programadores e diretores de festivais por tê-lo convidado. Faça tudo o que lhe pedirem. Nunca faça encenações, exigências intrometidas nem pense ser mais importante do que o menor dos menores cineastas do grupo. Todos os cineastas nasceram iguais. Alguns têm um marketing melhor.

Use os festivais para angariar resenhas-chave ou para entrar em contato com o público. Nunca perca uma sessão de Perguntas & Respostas. Use os festivais para ser convidado a outros festivais. Uma boa exibição e discussão irão ajudá-lo a vender seu filme no país em que o festival é realizado. Mas, sobretudo, use os festivais para encontrar agentes internacionais de venda, distribuidores, emissores e mercados secundários para seus filmes.

Há no mundo apenas um punhado de excelentes agentes internacionais de venda para documentários. O trabalho deles é vender seu filme a distribuidores, quer sejam emissoras de TV, distribuidores de cinema, outros exibidores ou selos digitais disseminando seu trabalho em outras formas, mídias e territórios.

Eu não defendo a autodistribuição. Você gastou metade da vida de uma pessoa normal fazendo o filme. Realmente quer gastar o resto dos seus dias em busca de mercados esquivos e múltiplos? É por isso que eles os chamam de "agentes". Tenho uma opinião dividida em relação a isto. Existem, sim, indícios de que uma campanha de distribuição apropriadamente alimentada e autofinanciada pode trazer mais receitas. Mas é trabalhoso. E leva muito tempo, que você poderia gastar fazendo mais filmes.

É muito útil manter para si tanto dinheiro e direitos autorais quanto possível. Mas no fim será preciso dividi-los igualmente com os distribuidores.

Todos nós lemos sobre como o documentário conseguiu grandes incursões no mercado de distribuição cinematográfica. Porém, quando se analisam os números, não mais do que um punhado de documentários de longa-metragem realmente obtém seu dinheiro de volta todo ano. Tem sido assim por duas décadas. São tempos difíceis para filmes de arte de qualquer gênero. A distribuição em cinemas pode, no entanto, contribuir com a reputação do filme e o sucesso no longo prazo. Com companhias como a FilmsWeLike, do Canadá, na qual atuo como consultor não remunerado, e muitas iniciativas de cinema digital por toda a Europa, bem como exibições de cinema de repertório nos Estados Unidos, pode-se começar a sair no empate. O que é melhor do que Hollywood, ou a cena nacional de ficção, onde nove em cada dez filmes estão fadados ao fracasso.

Os números da distribuição cinematográfica são assustadores. Na versão simplificada, o exibidor, o proprietário do cinema ou da casa, leva sua parcela de 50 ou

60%, depois os custos de impressão e publicidade são descontados, os distribuidores ganham sua fatia e lhe devolvem o que sobrou, que é repassado aos seus investidores de capital. Isso pode significar cinco ou dez centavos por dólar na bilheteria – em um dia bom.

Portanto, são as vendas internacionais de DVDs e os downloads de vídeo-pods e vendas de transmissão que representam a maior promessa para os documentaristas, e a maior parte dos *royalties*. Aprenda a transformar a distribuição em uma etapa da produção. Envolva distribuidores já no desenvolvimento de sua ideia. Eles podem até investir algum dinheiro no filme. Aprenda a subverter a tirania da duração. Você terá que administrar direitos digitais dentro do novo contexto tecnológico, por isso domine os conceitos de direitos autorais, licenciamento, grades de programação e a contínua disseminação de documentários através de novas plataformas, territórios e épocas.

Depois disso, boa sorte e bom *timing*. Ninguém no mundo tem a fórmula perfeita para o sucesso de um filme. Ou para o que o público deseja. Esse tem sido o Santo Graal da realização de filmes por 112 anos. Seu palpite é tão bom quanto o dos outros. Mas, enquanto você mantiver seu manifesto em sua cabeça, e no seu coração, não pode dar errado.

No futuro, talvez possamos todos ansiar pelo Dokumat 500, um robô documentarista sem necessidade de humanos, automatizado e um faz-tudo que encontrei na web. Ele é assim descrito: "O Dokumat é um robô documentarista totalmente automático. Consiste em um tripé modificado e uma câmera de vídeo. O tripé, que se move autonomamente, gira e inclina a câmera. Liga e desliga a câmera e um holofote, acoplado ao lado da câmera independentemente. Assim, os vídeos documentários são editados diretamente dentro da câmera e o robô fornece um produto final completo e concluído. Tudo o que você tem que fazer é ligar o aparelho e inserir uma fita".

Mas até que todos os cineastas sejam substituídos pela maravilhosa inteligência artificial, celebremos o documentário como a mútua reflexão da dura realidade do mundo cruel e de nossa humana e impressionante criatividade. No fim, pensando além do padrão das ideias dominantes, você terá que desenvolver seus manifestos, seus atalhos e suas *manifiestas* – um novo mundo que apenas você pode dominar.

VIKTOR KOSSAKOVSKI

Entre os documentaristas contemporâneos, raros equiparam-se ao russo Viktor Kossakovski (1961) quanto ao método observacional para captar *flashes* de poesia na vida cotidiana de pessoas comuns. Estes podem ser encontrados no minimalismo obsessivo dos registros feitos por um ano a partir da janela de seu quarto, em *Tishe!* [2003], e nas gravações épicas em locações diametralmente opostas no planeta (Argentina e China, por exemplo) de ¡*Vivan las Antipodas*!, 2011); tanto na descoberta pelo próprio filho de seu reflexo no espelho, em *Svyato* [2005], como nos retratos das 101 pessoas que partilham com Viktor a data e o local de nascimento, em *Quarta-feira – 19/07/1961* [*Sreda19.07.61*, 1999].

Dez conselhos para principiantes

[Apresentado originalmente no IDFA (International Documentary Film Festival), Amsterdã, 2006. Traduzido por Gênese Andrade.]

1. Não filme se puder viver sem filmar.
2. Não filme se quiser dizer algo – diga ou escreva. Filme somente se quiser mostrar algo ou se desejar que as pessoas vejam algo. Isso afeta tanto o filme em seu conjunto como cada plano dentro do filme.
3. Não filme se já souber de antemão o que quer dizer. Isso somente o transformará em um professor. Não tente salvar o mundo. Não tente mudar o mundo. É melhor que seu filme mude você mesmo. Descubra o mundo e descubra a si mesmo enquanto filma.
4. Não filme algo que odeie ou algo que ame. Filme quando não tiver certeza se o que sente é amor ou ódio. As dúvidas são cruciais para a arte. Filme na medida do possível quando odiar e amar ao mesmo tempo.

5. Você precisará de sua mente antes e depois de filmar. Não a use durante a filmagem; nesse momento, use somente seu instinto e intuição.
6. Busque não obrigar as pessoas a repetir uma ação ou falas. A vida é impossível de repetir e imprevisível. Espere, observe e sinta que tem que estar disposto através de sua própria forma de filmar. Lembre-se de que os melhores filmes são os impossíveis de repetir. Lembre-se de que os melhores filmes estão baseados em planos impossíveis de repetir. Lembre-se de que os melhores planos capturam momentos da vida impossíveis de repetir, filmados de uma forma impossível de repetir.
7. Os planos são a base do cinema. Lembre-se de que o cinema foi inventado como um plano único. Antes de mais nada, esses planos devem proporcionar aos espectadores impressões inéditas.
8. A história é importante para o documentário, mas a percepção é ainda mais importante. Pense, em primeiro lugar, o que os espectadores sentirão ao ver seus planos.
9. A estrutura dramática de seu filme pode transformar os sentimentos do espectador. O documentário é a única arte em que cada elemento estético quase sempre tem aspectos éticos e cada aspecto ético pode ser utilizado esteticamente. Busque continuar sendo humano, sobretudo na montagem. Talvez as pessoas boas não devam fazer documentários.
10. Não siga minhas regras. Encontre as suas próprias. Sempre há algo que só você pode filmar, e mais ninguém.

ANDRÉS DI TELLA

Se Birri foi o pioneiro do documentário social argentino e Solanas e Getino as figuras centrais do militante-participativo, Andrés Di Tella (1958) o renova ao combinar o modelo performático, a narrativa autobiográfica e a ênfase autorreflexiva. Criado e formado a distância de seus pais, por razões familiares, Di Tella chegou ao documentário depois de passar pelo jornalismo, pela TV e pela videoarte, como é típico de sua geração na América Latina. O documentarismo político marca seus dois primeiros longas – *Montoneros, una historia* [1998] e *Prohibido* [1997], com o pioneirismo dos temas se sobrepondo a maiores ousadias formais. A ruptura essencial dá-se a seguir no díptico familiar formado por *La TV y yo* [2003] e *Fotografías* [2007], em que investiga a própria identidade a partir da reconstituição, respectivamente, das trajetórias paterna (argentina) e materna (hindu).

O curioso incidente do cachorro durante a noite

[Texto lido na conferência *Visible Evidence*, São Paulo, ago. 2006. Publicado originalmente na revista *Archivos de la Filmoteca*, pp. 56-57, Valência, 2008. Publicado também na revista eletrônica *Blogs&Docs*, 07/10/2008. Traduzido por Gênese Andrade.]

1.

Quero falar de minha experiência de fazer um documentário, ainda em processo, que se chamará *Fotografías* (e do qual os senhores acabam de ver algumas imagens). Para não complicar, poderia dizer que trata de minha relação com a Índia, onde minha mãe nasceu. Meu pai é argentino de origem italiana, algo muito comum na Argentina, como os senhores sabem. Mas quase não há indianos em nosso país. Por isso, em meu *romance familiar*, minha mãe sempre foi "a única indiana da Argentina" (isso até que encontrei o "outro" indiano da Argentina; mas não quero antecipar toda a história). No filme, essa relação é contada em primeira pessoa, a partir de uma série de fotografias que evocam a vida de minha mãe. Também é contada por meio de recordações e imagens relacionadas com a Índia e com uma identidade indiana que eu nunca quis — ou nunca pude – assumir como própria. Em parte, porque minha mãe não quis – ou não pôde — transmitir-me nada de sua cultura. Em parte, por alguma experiência traumática de minha infância, passada em Londres, onde descobri que ser identificado como indiano equivalia a pertencer a uma categoria indesejável. Toda essa problemática ganha imediatismo, no documentário, a partir de uma viagem à Índia: minha primeira viagem à Índia a partir de uma única e distante viagem anterior na infância.

Andrés Di Tella

2.

Diante da perspectiva da viagem à Índia, pus-me a ler relatos de viajantes. Por exemplo, o de meu colega cineasta Louis Malle, que realizou, em 1969, uma série lendária de nove documentários sobre a Índia, *L'Inde fantôme* [Índia fantasma]. Publicou-se, recentemente, na França, um caderno de trabalho registrado durante aquela experiência. Transcrevo uma anotação de Malle que eu mesmo poderia ter feito: "19 de janeiro. O perigo desta empresa está em perder o lado subjetivo, ao trabalhar com uma realidade tão complicada, tão absorvente". Posso até chegar a entender a sensação que uma frase, excessivamente francesa, como "L'Inde, ça n'existe pas" expressa. Mas o que não posso compartilhar – por mais que quisesse – é a permanente sensação de alheamento que se repete, nos cadernos de trabalho e também na voz em off de Malle, com a inapelável constância de um *leitmotiv*. Perto do final da viagem, Malle anota: "Como ser um indiano? A grande pergunta – a estranheza, a diferença, o exotismo, o folclore – que volta repetidas vezes. Esses olhares inquietantes, inexplicáveis, essa interrogação de mão dupla, nós que os filmamos sem entendê-los, eles que nos olham filmá-los como se fôssemos marcianos. Dois mundos que se tocam sem penetrar-se: isso é tudo o que há, entre a câmera e o sujeito".

Ainda que possa compartilhar determinada sensação de exotismo, ou até de alheamento, eu – diferentemente de Louis Malle e de tantos viajantes europeus ou ocidentais – não posso deixar de me sentir envolvido. Meu "lado ocidental" pode identificar-se com a perplexidade dos viajantes diante da "alteridade" da Índia; porém, ao mesmo tempo, não posso deixar de sentir que, se esses viajantes se encontrassem comigo – com minha cara de indiano –, eu também seria "o outro". A sensação incômoda que me causam todos esses textos é esta: estão falando do "outro", mas estão falando de mim.

3.

O interessante do mecanismo autobiográfico é que permite, justamente, que vejamos a nós mesmos como outro: quem escreve narra a vida de quem a viveu. E, na autobiografia contemporânea, a identidade do autor já não é um ponto de partida, mas, em todo caso, a autobiografia se torna uma experiência que permite desenhar uma identidade, unindo os pontos. A identidade como algo contingente, necessariamente incompleto, que muda o tempo todo, em função da experiência, que a confronta com diferentes possibilidades.

A identidade como algo que só se pode contar de forma fraıentada. O relato autobiográfico que *Fotografias* elabora reflete a *construção* de uma identidade, que se apoia, alternadamente, primeiro na recordação, depois em referências da cultura e, por fim, no encontro com a Índia, que ressignifica todos os elementos anteriores. Por isso mesmo, poder-se-ia dizer que *Fotografias* fala menos de uma realidade registrada na Índia que de seu próprio processo de construção. No contexto do filme, os fatos e encontros registrados naquele país têm que servir para contar o que aconteceu comigo (a mim, documentarista documentado) nessa experiência de construção de uma identidade. Esse é o conto, não outro.

E a quem importa essa identidade ou o que acontece ou deixa de acontecer comigo? Resposta: unicamente ao espectador. Às vezes há uma desaprovação aos autores de documentários pessoais ou autobiográficos, como se fôssemos egoístas ou sofrêssemos de narcisismo agudo. (Seguramente, há narcisismo. Como não haveria? Mas ninguém fala de falta de autoestima ou de negação da intimidade quando se faz um documentário dos chamados "objetivos" ou "sociais".) Na realidade, é quase ao contrário. Pôr em jogo matéria-prima autobiográfica, expor intimidades da própria experiência, abrir as portas da família, tudo isso, em última instância, é uma espécie de oferenda pública, quase um sacrifício ritual. Todo documentário autobiográfico (toda obra autobiográfica?) é um curioso ato de *responsabilidade*. Faço-me responsável por essa história. Respondo com minha vida. Respondo por minhas ideias sobre o cinema e a arte (e a vida) com minha própria vida. Ponho o corpo, sem mediações. Evidentemente, também confesso minhas limitações. E, nesse caso, posso testemunhar também como espectador: a generosidade que recolhi de tantos projetos autobiográficos me impulsionou a encarar meu próprio projeto. Segundo Proust, o escritor que conta sua vida oferece ao leitor uma espécie de instrumento óptico que lhe permite ver aquilo de sua vida que, sem o livro, ele não poderia ver por si mesmo. O fato de o leitor reconhecer em si mesmo o que o livro diz é a prova da verdade deste. Ou seja, Proust escreveu uma obra abertamente autobiográfica, embora se trate de um romance. Entretanto, é preciso dizer que ele não a escreveu porque queria contar sua vida, e sim que contou sua vida para iluminar nos leitores a vida deles?

4.

Evidentemente, na obra autobiográfica, há sempre um elemento de ficção, inevitável quando "nos contamos" a nós mesmos. É necessário, pelo menos, inventar esse personagem que sou *eu*, o narrador da autobiografia e o protagonista do documentário. Não vou negar que há uma discreta operação ficcional no meio. Mas não é uma construção fictícia qualquer. É uma construção que revela uma verdade. Você não pode fazer qualquer construção autobiográfica, simplesmente não pode. Você vai fazer um tipo de construção que vai falar quem você é, diga o que disser, vai terminar confessando quem você é. Acredito que seja assim. De algum modo, também é a ideia de Freud, que é muito interessante e muito paradoxal: a ideia do romance familiar, de criar uma espécie de mito, ou de fabricar recordações, a inevitabilidade da fábula. Contudo, qualquer coisa que você fabrique e construa e fabule sempre vai revelar quem você é. Quando você fala de si mesmo, não há onde esconder-se.

Não gostaria tampouco de cair na discussão da questão "ficção *versus* documentário". Parece-me importante haver certa crença, tanto no documentarista como no espectador de documentários, de que estamos tratando de algo verdadeiro, de que nessa história há uma relação muito direta com o real, que não é uma coisa que imaginei. E me parece que é esse fator, próprio do documentário, que impulsiona no espectador uma reflexão ou uma associação com sua própria vida. Há igualmente uma questão de transmissão de conhecimento, que é o mais tradicional no documentário. Inclusive, acredita-se que há algo chamado "epistefilia", que é o desejo de saber, de conhecimento, como uma espécie de motivação do espectador de documentários. Pode ser assim, e não descarto que em meus documentários também haja algo disso, mas não deixa de existir essa outra dimensão fantasmática, para alguns relacionada com a ficção. Sem querer me afastar do terreno documental, essa é a dimensão que sempre me interessou, e mais ainda no trabalho que estou realizando agora.

Há uma cena, no início de *Fotografias*, na qual meu filho Rocco e eu estamos, na escuridão de um porão, abrindo um baú que pertencia à minha mãe. É um bom exemplo de como o simples processo narrativo o conduz para o lado da ficção ou para o fantasmático. Mostro Rocco revirando o baú de sua avó; ele encontra alguns *slides* da casa de Freud, depois estatuazinhas e quadros indianos, objetos vários que pertenciam a minha mãe e que dizem algo – ou muito – sobre quem ela era: uma psicoterapeuta, uma mulher indiana etc. Finalmente, tiramos do baú um casal de gigantescas marionetes indianas, enormes e estranhas, que causam um pouco de medo em Rocco. "É melhor guardar", ele diz. Aí já há um relato, sem acrescentar nada mais. Evidentemente, eu tinha ideia das coisas que estavam ali. Mas não sabia exatamente o que havia, nem em que ordem os objetos iriam aparecer, muito menos qual seria a reação de Rocco. Também não sabia que a descoberta dos bonecos e o susto de meu filho iriam ser a conclusão, digamos, dramática da cena. Aí há um relato, uma dramaturgia: ficção, nesse sentido. Agora, se eu acrescentar a história, verdadeira, de que disseram a minha mãe que aquelas marionetes estavam possuídas e que ela deveria queimá-las, e que ela não quis queimá-las, já estou dando mais um passo no terreno da construção ficcional, embora se trate de algo que de fato aconteceu. Isso, por sua vez, cria no espectador uma expectativa de que esse elemento narrativo tão forte que acabo de propor ganhe um sentido mais adiante: a lógica do relato não permite que depois não aconteça nada com as marionetes amaldiçoadas. E aí você já está envolvido pela lógica da ficção. É um pouco como afirma Borges, em "A arte narrativa e a magia". Uma vez que alguém guarda uma pistola em uma gaveta, algo vai ter que acontecer com essa pistola. Então, temos que lidar com esses elementos e essas tensões geradas entre o real e a narração do real. Em todo caso, aí já estamos nos afastando do mito do puro registro documental.

5.

O que aconteceu comigo na Índia foi que voltei a Buenos Aires com o material e comecei a contar, como fazemos, aos amigos, à minha montadora, a meu produtor, o que aconteceu comigo na Índia. De repente, a sensação era de que nada do que eu contava tinha sido filmado... Ou seja: fui com uma ideia, que era muito difícil também, de vencer todos os medos que eu tinha, o temor de enfrentar a Índia, o temor de não me entender com ninguém, o temor de que meu filho se perdesse na multidão. Pensar tudo isso, embaralhar todos os elementos, que meu filho não ficasse doente, que minha mulher não se sentisse desconfortável, que o pessoal da equipe não tivesse problemas, e em meio a tudo isso encontrar-me pela primeira vez com a família, a família de minha mãe, que me era quase completamente desconhecida... Tudo isso junto se tornava algo muito difícil de administrar, em termos práticos e emocionais. E, ao mesmo tempo, tentar fazer com tudo isso um documentário! Era demais. A isso se deve acrescentar, evidentemente, o que estava acontecendo comigo, o desdobramento interno. Por exemplo, durante toda a primeira semana de minha estada, não consegui dormir, estava em uma espécie de estado febril. Cada dia era preciso decidir o que iríamos filmar e muitas vezes eu não tinha a menor ideia. Mas, para não desmoralizar a equipe, tentava aferrar-me ao roteiro registrado nos papéis, que evidentemente não correspondia ao que "estava acontecendo", e sim ao que eu havia imaginado ou suposto antes de viajar. E os papéis, como costuma acontecer com os papéis, se queimaram.

No primeiro dia, saímos para filmar em um bairro popular de Madras. Eu tinha medo de que me assaltassem, de que roubassem os equipamentos, todo tipo de medo. Claro, vindo da Argentina... Depois, não aconteceu nada disso; na verdade, foi exatamente o contrário:

tive uma relação fantástica com minha família e com a Índia, aconteceram muitas coisas que realmente posso dizer que mudaram minha vida. Ou, melhor, mudaram meu sentido de situação na vida, que é como dizer justamente "a identidade". A identidade é o que o situa em um lugar que seria o do "próprio", em contraste com outro território, que seria o do "alheio". A definição deste último, do alheio, é tanto ou mais importante para a identidade que a do próprio. Nisso se baseia o chamado "orientalismo", que descreve o Oriente para melhor deixar assentada a identidade do Ocidente: a alteridade do oriental, no olhar ocidental, serviu historicamente para estabelecer diferenças, relações de poder, inferioridade, superioridade. Nesse caso, no entanto, ocorria algo muito mais perturbador. É como se me tivesse sido aberta uma porta para uma dimensão possível de minha identidade que, até a viagem, permanecia situada no território do alheio. E, de súbito, se revelou ser parte do próprio. Tratava-se de uma experiência-limite com o sinistro, no sentido que Freud dá a essa palavra, na tradução castelhana. *Das Unheimlich*: a experiência de quando o estranho se torna familiar ou, ao contrário, quando o familiar se torna estranho. E, ao mesmo tempo, a experiência de perder as referências, de já não saber onde começa uma coisa e onde termina outra. Uma experiência muito pessoal e particular, mas, simultaneamente, ocorre-me, uma experiência da mais absoluta contemporaneidade, puro *Zeitgeist*, o espírito do tempo.

Porém, no material que eu trouxe da Índia, *isso* não estava filmado. Pelo menos não de modo evidente. É que não era fácil perceber por onde passava esse processo. Na Índia, eu tinha a sensação permanente de que, em todo caso, o que estava acontecendo acontecia fora da câmera. Igualmente, o problema era que não havia como fazer previsões. Se um dia acontecia "algo" em um jantar de família, no dia seguinte eu pedia à equipe que realizasse as filmagens durante o jantar (que também era o jantar deles) para ver se acontecia algo novamente. Como se pode imaginar, nessa noite não acontecia nada. E foi assim. É como o desafio impossível do documentário: como registrar os processos, digamos, "internos" das pessoas por meio do registro direto exterior? O desafio passou, então, da filmagem para a etapa da montagem. Como vou contar, em um documentário, o que *não* filmei? Ou, melhor – e é importante a distinção –, como fazer para que o que filmei reflita essa experiência que aparentemente *não* filmei? (Aqui poderíamos dizer: onde está a *visible evidence*?) Então: voltar a examinar o material para ver onde poderia encontrar algum eco da experiência, mesmo nos erros, nas coisas que à primeira vista não serviam para nada.

6.

Isso também tem a ver com meu descobrimento de uma veia do documentário vinculada à tentativa, no sentido da expressão *tentativa e erro*. Se não há tentativa e erro, só fala a voz da autoridade. Falar com autoridade sobre um tema: há algo desagradável nisso. Para não falar de outro: meu primeiro filme, *Montoneros, una historia* [1998], é uma versão bastante heterodoxa dos *montoneros*, da guerrilha na Argentina, de toda essa experiência política dos anos 1970. Mas não deixa de ter, formalmente, certo vício de autoridade, como se dissesse: "Esta é a versão". Embora eu esclareça: "Montoneros, *uma* história". É *uma* história, das muitas possíveis. De todo modo, não deixa de ser bastante contundente. E não aparecem em nenhum lugar as muitas dúvidas que tive, nem os caminhos errados, nem como minha visão do fenômeno documentado foi mudando. Em meus últimos trabalhos, entretanto, seguramente como resultado de toda essa experiência anterior, atuando dentro dos limites convencionais do gênero documentário, aparece essa ideia da tentativa como algo que só torna possível a possibilidade do erro. E o erro começa em casa, não é? Penso, cada vez mais, na eloquência do erro e do fracasso. Tenho pensado muito em como o fracasso de um projeto, o equívoco de uma ideia que se choca com a realidade, pode expressar a verdade dessa ideia, o sentido desse projeto. E busco como refletir esse fracasso, de alguma maneira, no filme. (Não é tão fácil quanto parece!) Por exemplo, nesse filme sobre a Índia, há um momento em que o *cameraman* deixou a câmera ligada sem querer, enquanto eu não estava, e começou a reclamar da falta de roteiro, de que eu havia chegado tarde à filmagem, que isso não era possível, que estávamos na Índia e o diretor nos fazia esperar duas horas... Esse momento reflete, talvez melhor do que todos aqueles mais "bem-sucedidos", onde conseguimos o que nos propusemos filmar, a tentativa de resgatar uma experiência que me escapa, de fazer um documentário na Índia, de entender a história de minha mãe, o motivo de ter abandonado sua família e nunca nos ter falado de seu passado, de fazer perguntas que não têm resposta. Esse erro imprevisto, talvez, esse momento do *cameraman* documentarista que, já se sabe, não se limita a registrar o que ocorre diante de sua câmera. O documentarista, primeiro, sempre imagina o que pode chegar a acontecer. E faz um roteiro para tentar captar isso em imagens. Às vezes, baseado no que observou, filma o que já sabe que vai acontecer. Muitas outras vezes, espera que aconteçam coisas que não acontecem. Via de regra, o que NÃO ocorre de acordo com o roteiro é o mais revelador. Entretanto, é preciso saber estar atento. É como naquele conhecido caso de Sherlock Holmes, em que um policial pergunta a Holmes se havia observado algo que chamara sua atenção. Ele responde: "O curioso incidente do cachorro durante a noite". O policial objeta: "Mas o cachorro não fez nada durante a noite". Holmes então arremata: "Esse foi o curioso incidente". O fato de o cachorro não ter latido quando alguém entrou na casa era a prova de que o criminoso era conhecido do cachorro. Do mesmo modo, o documentarista tem que estar atento ao que não acontece, ao que não se diz, ao que não se vê. E, depois, como Holmes, saber tirar suas conclusões do caso e contar a história.

RITHY PANH

O cambojano Rithy Panh (1964) é o maior cronista fílmico do reino do terror instaurado entre 1975 e 1978 pelo Khmer Vermelho de Pol Pot em seu país. Toda sua obra documental dedica-se a reconstituir o impacto devastador de um dos maiores genocídios após o Holocausto sobre o povo e a cultura do Camboja, incluída sua própria família. É assim que seus filmes mais marcantes migram do geral ao particular, do público ao privado, com a radiografia histórica do processo de extermínio em *S21: a máquina de morte do Khmer Vermelho* [*S21, La Machine de Mort Khmère Rouge*, 2003], sucedida uma década depois pelo autobiográfico *A imagem que falta* [*L'Image manquante*, 2013], no qual recorre à animação de miniaturas de argila para representar a dimensão familiar da tragédia, contextualizada pelos raros vestígios fílmicos da tirania de Pol Pot.

Sou um agrimensor de memórias

[Publicado originalmente na revista *Cahiers du Cinéma*, n. *587*, jan. 2004. Traduzido por Luís Felipe Flores, para o catálogo da retrospectiva dedicada ao cineasta promovida pelo CCBB, em 2013.]

O filme *S21: a máquina de morte do Khmer Vermelho* representa uma etapa importante no percurso que anima e dá sentido ao conjunto do meu trabalho. Para realizar o meu primeiro documentário, *Site* 2 [1989], refiz os meus passos, no campo de refugiados na fronteira entre o Camboja e a Tailândia. Depois, não parei de retornar à pista que conduz ao centro da mesma questão, que mudou completamente a minha existência e, sobretudo, a do meu país: por quê?

Poderiam ser escritas centenas de páginas, ou serem feitos filmes e mais filmes sobre o que viveu o povo, pois essa busca parece não ter fim, como se a ferida não pudesse cicatrizar; é assim que me sinto. Não encontramos as palavras, achamos muito difícil falar disso, como se isso tivesse nos paralisado. Como se uma parte de nossa história estivesse entre parênteses, formando um bloco escuro, duro como a pedra. Cerca de 2 milhões de mortos em três anos, oito meses e vinte dias se resumem a poucas páginas anódinas nos livros escolares. Os jovens de hoje não conhecem nada, ou conhecem muito pouco, sobre a história recente de seu país, de seus pais.

Logo no começo, na época que caiu o regime dos Khmers Vermelhos, desejei não voltar nunca mais àquele genocídio. Sem dúvida, foi a principal razão pela qual decidi abandonar o Camboja. Não fugi do meu país: quis esquecer o horror para tratar de viver outra vida, em outro mundo. É instinto de sobrevivência pensar que é possível apagar tudo e recomeçar do zero.

Mas, quando se passou por um genocídio, creio que já não se pode escapar totalmente. Fica-se exposto a uma terrível sensação, que tem suas raízes no fundo da consciência e que, a qualquer momento, se manifesta. Sabe-se que o mal existe. Tenta-se esquecê-lo. Deseja-se ser um homem comum, ter o coração leve. Mas a alma foi marcada para o resto da vida. Marcada pelo horror inefável da negação do humano. Vinte anos de amadurecimento foram necessários antes que minha equipe e eu pudéssemos fazer um filme sobre os mecanismos criminosos do genocídio do Khmer Vermelho. O tempo necessário para tomar distância e adquirir o discernimento para fazer uma autêntica reflexão. Também é o tempo necessário para aprender a viver com a dor.

Sem o genocídio, sem as guerras, eu não teria me tornado cineasta. Mas a vida depois de um genocídio é assustadora. É impossível viver no esquecimento. Corre-se o risco de perder a alma. Dia após dia, eu me sentia absorvido pelo vazio. Como se me calar fosse ceder, morrer. Contrariamente ao que eu acreditava no princípio, reviver é também reconquistar a memória e a palavra. "A memória é a ressurreição do passado, dos mortos, da vida e da cultura morta que implica também a ressurreição daquele que recorda" (András Bálint Kovács e Ákos Szilágyi, *Les Mondes d'Andrei Tarkovski*).

Como falar, contudo, da experiência vivida quando a memória é feita de fraıentos? Porque, de um lado, está o saber teórico, fruto do indispensável trabalho dos historiadores. As cifras, as estatísticas, as provas, as análises. E, do outro, a imobilidade retrospectiva de todo um povo abandonado ao assassinato planejado de centenas de milhares de inocentes, culpados apenas por existir. Quando um indivíduo depara com um caos tão total como o genocídio provocado pelo Khmer Vermelho, é impossível para ele entender globalmente a situação. Ainda mais quando o governo aboliu a escola, a universidade, a religião, e ao mesmo tempo todas as formas de cultura, comunicação ou informação foram substituídas pela propaganda. "A pá é vossa caneta; o arroz é vosso papel", repetiam os Khmers Vermelhos.

O mero ato de pensar se converteu em crime e a submissão ao Angkar (a Organização, o Partido Comunista da Kampuchea Democrática) devia ser total, de corpo e alma. Quando o terror passa a ocupar o espaço social e um povo inteiro é reduzido à fome, como se pode pedir aos indivíduos que analisem o que está acontecendo? Como resistir? Nos convertemos em "restos humanos" e, como dizia Primo Levi, "os restos não se rebelam". Já não éramos mais que pó, estranhos a nós mesmos, esmagados pela máquina do Angkar.

Talvez a resposta à dolorosa pergunta "por quê" se encontre no prisma das histórias individuais tomadas uma a uma. Todas essas histórias contam a mesma história terrível. O testemunho daqueles que viveram — mesmo que não entendessem as razões, mesmo na urgência da pura sobrevivência — aqueles quatro anos de horror é insubstituível. Nessa memória parcial há uma prova de que o humano resiste. Daí a necessidade de reunir, peça por peça, essas memórias fraientadas. Essa memória impedirá que aconteçam outras tragédias? Não sei. Mas permanecer calado depois de um genocídio supõe aceitá-lo como um simples acidente do destino e concordar que isso pode voltar a ocorrer.

Só quero que meu trabalho gere uma tomada de consciência. Meus compatriotas frequentemente me reprovam: "Por que você só faz filmes tristes, pessimistas? Por que sempre a mesma história?". Como se houvesse algo patológico, um desejo de imolar a si mesmo na evocação da dor do passado. Não sou um cineasta da desgraça e, como escrevia Jean Améry, "ser vítima não é uma honra em si". Não insistirei sobre isso. Não basta filmar esteticamente as paisagens e os animais, as festas populares e o famoso sorriso khmer, para dar conta da realidade do meu país. Ali, na esquina de uma rua, no fim de um caminho, o famoso sorriso se cansa, está no limite da exaustão.

Não faço uma memória ilustrada. Para mim, não é uma questão de fabricar miragens. O cinema documental é a escritura que eu escolhi para dar testemunho. Não concebo meus documentários como obras artísticas sobre essa coisa horrível que é o genocídio. Sinto-me como um agrimensor de memórias, e não como um criador de imagens. A tarefa do cineasta é saber encontrar a medida justa, a distância adequada: nem exploração política, nem complacência masoquista, nem sacralização. A memória deve ser um ponto de referência. Deve continuar sendo humana. O que busco é a compreensão da natureza desse crime, e não o culto da memória. Para evitar a repetição por meio da recusa da cegueira e da ignorância.

A base do meu trabalho documental é escutar. Não fabrico acontecimentos. Crio situações para que os antigos carrascos pensem em seus atos e as vítimas possam contar os sofrimentos a que foram submetidas. E o mais comum é que eu tente enquadrar a história o mais humanamente possível, de maneira cotidiana, no nível de cada indivíduo: tal como cada um vive, sofre ou se comporta nessa história. Nunca pensei em fazer um filme como uma resposta ou uma demonstração. Concebo-o como um questionamento. Também o faço porque não suporto que as vítimas permaneçam anônimas. Dois milhões de vítimas e poucos nomes para dar aos rostos. O anonimato em um genocídio é cúmplice da aniquilação. A abstração dos números de identidade produz vertigem e desemboca na fascinação do horror.

Mais que criar, filmar é "estar com", de corpo e alma...

Tomar deliberadamente partido por acreditar que nada é imutável e que sempre pode surgir, em algum lugar, uma espécie de graça: a dignidade. O que busco é orientar a reflexão sobre o aspecto mental desse crime massivo. Limitei meu trabalho aos feitos e à vida cotidiana. Quero que meu olhar foque a maneira com que o criminoso concebe seus atos mais simples. A ideia do filme *S21* pairava na minha cabeça desde 1991. Acabavam de ser firmados os Tratados de Paz de Paris e os Khmers Vermelhos estavam entre os signatários. A palavra "genocídio" não aparecia no texto dos tratados. Naquele ano me encontrei pela primeira vez com Vann Nath, um sobrevivente de S21, o centro de detenção e extermínio de Phnom Penh. Durante os dez anos seguintes, ele se tornou o personagem central de meu trabalho sobre a memória.

Rithy Panh

Com *S21* quis fornecer um "olhar interior" à nossa memória coletiva. No contexto desse trabalho, decidi me dedicar à formação de um grupo de técnicos cambojanos que me acompanham há mais de dez anos. Eu precisava de uma equipe que falasse a mesma língua, que tivesse vivido a mesma história. Essa equipe supõe uma grande força que nunca diminuiu, inclusive nos momentos mais delicados, quer dizer, perigosos.

Ao começar o filme, não suspeitávamos da importância que teria S21. Esse lugar, assombrado e impregnado pelo drama que nele se desenvolve, se converteu no único espaço de filmagem e no principal personagem do filme. Impôs-se, tanto como instituição do Estado Khmer Vermelho, quanto como um símbolo da responsabilidade do indivíduo diante de seus atos passados. Uma articulação que permite a manifestação do traço de união entre a ausência de trabalho de memória e as contradições que enfrenta a sociedade cambojana hoje: a violência, a impunidade, o medo. Esse medo que alimenta os velhos demônios, sempre prontos para reaparecer.

No princípio, eu havia situado o eixo do meu trabalho na preparação dos processos dos Khmers Vermelhos. Mas rapidamente vi a necessidade de descrever as engrenagens de sua maquinaria mortal, da qual uma das funções era precisamente esvaziar a memória. Quanto mais eu avançava nas minhas investigações, mais evidente me parecia: para submeter todo um povo a uma ideologia única, para eliminar toda resistência, todo pensamento individual, toda intenção de liberdade, deve-se passar pela abolição da memória. O que explica, em parte, o fenômeno de amnésia que sucede o crime. E isso impede o duelo.

Eu queria que fosse possível colocar um nome sobre um rosto, não queria vítimas anônimas nem carrascos com a face coberta. Aos antigos funcionários do S21, avisei que o filme não era nem um tribunal nem uma tribuna política. Que, como cineasta, não posso nem julgar, nem perdoar, nem apagar as faltas dos culpados. Que se trata da memória, do destino humano. Que eu não era neutro e que não estava do lado deles. Alguns se encolheram na sua arrogância, repetindo que não eram culpados de nada, que não fizeram mais do que obedecer a ordens. Em geral, esses se negaram a dar detalhes e a falar das próprias experiências. Pertencem à terrível classe dos criminosos que levam seus segredos para o túmulo. Outros, que compreendiam terem sido escolhidos e formados pelo Angkar para se converter em uma máquina de destruição, tinham necessidade de falar. Onde deixavam sua parte humana quando levantavam a mão para golpear ou matar outro homem? O que passava por suas cabeças?

Passei muito tempo indo ao S21, lendo os dossiês e olhando as fotos conservadas nos arquivos do campo. Como muitos regimes totalitários, os Khmers Vermelhos acumulavam arquivos com um cuidado maníaco. Esses documentos, elaborados com o objetivo insano de provar a presumida culpa das vítimas, se voltaram depois contra seus autores, já que provam aos olhos da história a implacável lógica do crime genocida. Aquelas absurdas confissões, aquelas fotos assustadoras "falam por si mesmas". E, no entanto, ocultam outros segredos, e se alguém deseja trabalhar sobre isso à maneira de um arqueólogo, descobre-se, no retorno de uma frase, por trás de um olhar, na posição de um corpo, a vontade de resistência deste (ou daquela) que ia ser torturado e executado nos dias ou semanas seguintes. Essas presenças se negam a morrer.

As vítimas estão ali, já não estão ausentes, levantam questões. Muitos esperavam poder viver, outros se negavam a ceder à morte, apesar da tortura, da fome, da humilhação. Um detalhe em uma confissão, em uma foto, supõe um sinal para mim, ilumina minha busca, me guia no modo de filmar.

Os Khmers Vermelhos não mataram apenas homens e mulheres: eles quiseram matar o pensamento individual transformando a língua. Nos dossiês do S21, não se escrevia "executar", e sim *kamtech*, "destruir, reduzir a pó". Esse terror, gravado nos espíritos, opera como uma anestesia, bloqueando a memória, favorecendo o esquecimento e a negação. Foi necessário um amplo trabalho de reativação da memória, com a confrontação carrascos/ vítimas, carrascos/ carrascos, carrascos/ arquivos, no mesmo lugar do crime, para fazer surgir uma palavra verdadeira. Escolhi deliberadamente esse início de situação e me impus um rigor moral que exige conservar a distância necessária em relação às testemunhas e não se deixar desviar do objetivo perseguido.

As filmagens duraram três anos. Cada vez que uma testemunha abordava um tema, trabalhávamos e voltávamos a trabalhar com outras, segundo vários pontos de vista. Deixei que cada ex-trabalhador do S21 tivesse a possibilidade de modificar ou de completar suas declarações, mas, diante dos arquivos e dos testemunhos dos sobreviventes, principalmente o de Vann Nath, era difícil para eles se entrincheirarem por trás de uma mentira.

Entretanto, só estamos no começo de nosso questionamento, resta muito por dizer e não se poderá dizer nem compreender tudo. Em um primeiro momento, nosso trabalho se concentrou na palavra, fora do espaço do S21. Por um lado, foi porque eu queria demonstrar aos antigos trabalhadores do S21 que era capaz de encontrá-los e de chegar até eles; por outro, queria evitar o recurso artificial dos elementos dramáticos "úteis" para o filme. A maior dificuldade para as testemunhas era colocar em palavras o inefável. Não sei se há uma linguagem humana para descrever tal nível de violência e crueldade. Dei-me conta de que um jovem ex-guarda só conseguia testemunhar por meio de slogans, aprendidos no centro de formação antes de entrar no S21. Custava-lhe descrever seu trabalho sem gritar. Soltava as palavras em um tom duro e brusco e as acompanhava com gestos, como se outra mecânica da memória tivesse sido posta em marcha: o automatismo do gesto, a rotina do crime. Mais tarde, propus que ele registrasse aqueles "gestos de rotina" no seu antigo lugar de trabalho. Parecia que, de repente, aquele homem se projetara mais de vinte anos atrás, "revivendo" as cenas com uma precisão alucinante e de acordo com uma cronologia minuciosa.

Nesse momento, S21 se converteu no único lugar do filme. Só nos restava trabalhar sobre o tempo e permanecer o mais próximo possível do tema. O trabalho de memória em imagens tinha adquirido todo o seu sentido. Os antigos funcionários do S21, graças a esse trabalho coletivo, reconheceram seus atos. Muitos não tinham falado disso antes. Tudo isso tinha ficado reprimido no fundo de suas consciências; eles tratavam de mentir a si mesmos, de conviver com isso. A confissão do crime cometido colocou-os diante da questão da responsabilidade. Todos buscaram alguma maneira de se esquivar dela. Mas aceitaram falar, chegaram ao estado da confissão, do reconhecimento do crime.

Esse não é o caso dos dirigentes dos Khmers Vermelhos. Khieu Samphan, antigo chefe de Estado, declarou, depois de ver o filme, reconhecer que o S21 era uma instituição do Estado, mas afirmou que, até então, não sabia do que acontecia ali. De repente descobria que se tratava de um genocídio planejado ("Queria confessar que acabo de me dar conta de que houve assassinatos e encarceramentos sistemáticos, como mostra o filme do senhor Rithy Panh. De 1975 a 1978, não soube de nada disso nem tive notícias do S21. Agora vejo que o S21 era uma instituição do Estado em Phnom Penh, logo não pode se tratar de um fenômeno exagerado ou acidental. Realmente era uma parte desse regime"). Não é preciso comentar essa declaração. Como os outros dirigentes Khmers, Khieu Samphan tenta livrar-se de sua responsabilidade política e pessoal e para isso se esconde atrás da misteriosa opacidade do todo-poderoso Angkar.

Desejei secretamente que *S21* se tornasse um instrumento pedagógico. Quando foi projetado no Camboja, o filme provocou forte reação porque rompia com um tabu imensamente pesado: o silêncio. O primeiro obstáculo a ser superado era o do segredo, do esquecimento imposto, da palavra proibida. Com esse filme, os espectadores cambojanos puderam, pela primeira vez, ouvir os carrascos e reconhecer seus atos. Isso, por incrível que possa parecer, representa uma etapa importante no trabalho de libertação das consciências. A palavra ganhou forma coletivamente. As tragédias individuais se confrontaram à lógica de um sistema organizado, cujas engrenagens começaram a revelar-se. Os filhos perguntaram a seus pais. Os pais se atreveram a erguer a cabeça. As vítimas de repente têm menos medo. Os carrascos, em face das provas, deixaram de negar a evidência.

JIA ZHANGKE

O cinema de Jia Zhangke (1970), seja no documentário, seja na ficção, almeja reencenar a vida cotidiana das pessoas comuns da China de sua geração, rompendo com a grandiloquência e a ultradramaticidade que envelopavam a produção cinematográfica chinesa pós-revolucionária. É esse o desafio vencido por seus filmes, por meio de narrativas temporalmente dilatadas (os anos 1970 no ficcional *Plataforma*, a China desde o triunfo de Mao em 1949 no documentário *Memórias de Xangai*) ou pontuais (*Dong*, um retrato de seu amigo pintor, Liu Xiaodong, *Um toque de pecado*, sua ficção mais recente, de 2013, inspirada por três episódios reais de violência na mutante China atual). É o que ele próprio chama de "aspereza do real" que ancora e irmana toda sua obra.

Dedicatória ao Festival Internacional do Filme Documentário de Yamagata

[Redigido, na qualidade de membro do júri, para o catálogo do Festival Internacional do Filme Documentário de Yamagata, em sua edição de 2005. Traduzido por Hugo Mader.]

Quando eu era menino, gostava de parar na rua para observar as pessoas. Os desconhecidos que iam e vinham despertavam em mim uma inexplicável sensação de afeto. Às vezes, eu me perguntava se a vida que levavam era igual à minha, se o quarto de dormir, a alimentação, os objetos sobre a mesa, as famílias, as preocupações deles eram semelhantes às minhas. A possibilidade de perder a curiosidade pelos outros me apavora. Realizar documentários me ajuda a superar esse temor.

O homem perde facilmente o sentido de sua proximidade com os outros. Na verdade, o nosso mundo é povoado por pouquíssimas pessoas. O documentário pode alargar o nosso universo, romper a nossa solidão. E, o que é ainda mais importante, no momento da filmagem o espírito de justiça e de coragem que ameaçava abandonar meu corpo retorna. A filmagem me permite voltar a sentir a dignidade da existência de cada um, inclusive da minha.

O cinema é uma maneira de preservar a memória das coisas. O documentário nos ajuda a conservar os traços daquilo que se passou. É um meio de resistir ao esquecimento.

JOÃO MOREIRA SALLES

Talvez por ter se tornado documentarista por acaso, João Moreira Salles (1963) desenvolva uma obra em constante mutação, com ênfase nas dádivas do imprevisto e do espontâneo. Iniciada por um vídeo experimental sobre a poetisa brasileira Ana Cristina Cesar (*Poesia é uma ou duas linhas, por trás uma imensa paisagem*, 1986), passou pelo documentarismo televisivo (*China, o império do centro*, 1987, *América*, 1989, *Blues*, 1990, *Notícias de uma guerra particular*, 1999, codireção de Kátia Lund) até explorar os cânones do cinema direto em filmes sobre comunidades específicas (*Santa Cruz* e *O vale*, 2000, ambos codirigidos por Marcos Sá Corrêa), sobre o mais renomado pianista brasileiro (*Nelson Freire*, 2003) e sobre a primeira campanha presidencial vitoriosa de Luis Inácio Lula da Silva (*Entreatos*, 2003). Retomando mais de uma década depois o material filmado e arquivado com o idiossincrático mordomo da mansão de sua família no Rio de Janeiro, que retrabalha sob uma perspectiva crítica à maneira dos cine-ensaios de Chris Marker, realiza *Santiago* [2007], um marco na história do documentário reflexivo muito além do contexto brasileiro.

[Publicado originalmente em José Souza Martins, Cornelia Eckert e Sylvia Caiuby Novaes (orgs.). *O imaginário e o poético nas ciências sociais*. Bauru: Edusc, 2005, pp. 57-71.]

A dificuldade do documentário

O problema

Um livro sobre documentário publicado há poucos anos por uma prestigiosa editora universitária da Inglaterra começa assim: "A natureza da não ficção e do filme de não ficção provou ser absolutamente desorientadora para gerações de cineastas e acadêmicos".[1]

1 Carl R. Plantinga, *Rhetoric and Representation in Nonfiction Film*. Cambridge (UK): Cambridge University Press, 1997, p. 2.

Não é um início auspicioso. Não devem ser muitos os livros de exegese que anunciam, logo nas primeiras linhas, que terão pela frente um objeto "absolutamente desorientador". No caso do documentário, porém (e infelizmente), descrições semelhantes podem ser encontradas por qualquer um que se disponha a correr a bibliografia do gênero. Quase sempre elas aparecem nas páginas iniciais, mas de uns tempos para cá andam surgindo também nas últimas, à guisa de conclusão. É como se estivéssemos fadados a não saber quem somos.

Qual a natureza da dificuldade?

Num primeiro exame, verificamos que o documentário não é uma coisa só, mas muitas. Não trabalhamos com um cardápio fixo de técnicas nem exibimos um número definido de estilos. É claro que o mesmo pode ser dito do cinema de ficção, mas no nosso caso a instabilidade é incomparavelmente maior. Como observou Carl Plantinga, o autor que abre este texto, o gênero documentário, ao contrário do cinema ficcional clássico, jamais contou com a força estabilizadora da indústria para impor convenções estilísticas e padrões narrativos relativamente homogêneos.[2]

2 Id., ibid., p. 106.

Esse polimorfismo é apenas a face aparente da nossa dificuldade. É o sintoma. O que conta, na verdade, é o que está, ou não está, por trás de tanta variedade. Dito de outra maneira: existiria um denominador comum entre a saída da fábrica registrada por Lumière, as cenas que o major Reis rodou nos sertões do Mato Grosso, o filme *Nanook, o esquimó* [*Nanook of the North*,1922], do americano Robert Flaherty, *Noite e neblina* [*Nuit et brouillard*,1955] de Alain Resnais e *Cabra marcado para morrer* [1964-84] de Eduardo Coutinho?

Sim e não.

Sim, porque os cinco exemplos dizem respeito a fatos que ocorreram no mundo. Diante desses filmes, realizador e espectador estabelecem um contrato pelo qual concordam que tais pessoas existiram, que disseram tais e tais coisas, que fizeram isso e aquilo. São declarações sobre o mundo histórico, e não sobre o mundo da imaginação. Para que o documentário exista, é fundamental que o espectador não perca a fé nesse contrato.

Como poderia perdê-la?

Eis aqui um diálogo de Flaherty com Nanook na véspera da filmagem de uma das cenas mais importantes de *Nanook, o esquimó*, tido por todos os historiadores como o filme que inaugura o gênero documentário:

> – Você e seus companheiros sabem que talvez tenham de deixar de matar o animal, caso isso interfira no filme? Você vai se lembrar de que o que eu quero são cenas de vocês caçando o leão-marinho? Que a carne do animal abatido é secundária?
>
> – Sim, sim. A filmagem vem em primeiro lugar – Nanook me garantiu com toda sinceridade. – Nenhum homem se mexerá, nenhum arpão será lançado até que o senhor dê o sinal. Tem a minha palavra.
>
> Apertamos a mão e combinamos começar no dia seguinte.

O diálogo não está à disposição do espectador de *Nanook, o esquimó*. Não faz parte do filme. Pode ser encontrado apenas nos diários de Flaherty.[3] Mas digamos que um sujeito ranzinza soprasse a história no ouvido do espectador. É possível que ele, espectador, encarasse a revelação como uma quebra de contrato – e se não do contrato inteiro, ao menos de algumas das suas cláusulas. E caso o sujeito fosse adiante e explicasse que fazia anos que Nanook e seus companheiros não se alimentavam mais da caça, que desde a chegada das armas de fogo já não usavam o arpão, a ponto de terem despendido vários dias até reaprender a manejá-lo, é muito provável que o espectador, agora certo de ter sido enganado, decidisse abandonar o cinema.

3 Robert Flaherty apud Arthur Calder-Marshall, *The Innocent Eye: The Life of Robert Flaherty*. Nova York: Harcourt, Brace & World, 1963, p. 80.

E, no entanto, *Nanook, o esquimó* é o primeiro documentário da história do cinema. Antes de tentar responder por quê, é importante notar que desde o início, já no primeiro filme, a questão estava posta: o que é um documentário? Encenações para a câmera são permitidas? O que é real? Devemos ou não ter compromisso com a verdade? Compromisso de que natureza, e qual verdade? Evidentemente, o fato de as perguntas estarem postas não significa que tenham sido respondidas. Afinal, não são perguntas modestas. A filosofia as discute há pelo menos 25 séculos. Quanto a nós, documentaristas, só estamos aqui há oitenta anos. Nossas respostas ainda são medíocres, e muitas vezes nem isso.

Vou comentar a seguir algumas das respostas mais recentes. Dado o limite de espaço, deixarei de lado as definições mais canônicas de documentário, que talvez sejam também as mais ingênuas, com sua ênfase na objetividade, no acesso não contaminado à realidade, no filme como um espelho voltado para o mundo. É importante ressaltar que essas concepções poucas vezes foram defendidas pelos próprios diretores de documentário. São antes o resultado do senso comum, de certos meios jornalísticos e também da crítica desinformada, distante do longo processo de montagem, da experiência de escolher lentes, de definir enquadramentos e principalmente do trabalho de descartar, selecionar e inverter horas e horas de material bruto.

Ficção / não ficção

Começarei pela seguinte resposta: documentários são o produto das empresas e instituições que fazem documentários.

É a explicação tautológica, que não é tão tola quanto parece. Os teóricos que a empregam partem do princípio de que a moldura institucional em que os filmes são exibidos é determinante. Documentário seria contexto. Se a BBC, o canal Discovery ou Eduardo Coutinho chamam seus programas e filmes de documentários, então essas obras recebem tal rótulo muito antes que se inicie o trabalho de decodificação do espectador.[4] Serão vistas como documentários porque foram assim definidas pelas instâncias competentes.

4 Bill Nichols, *Introduction to Documentary*. Bloomington: Indiana University Press, 2001, p. 21.

Aliás, os primeiros minutos de um filme não ficcional também desempenham um papel importante nesse processo de contextualização. Antes de apresentar Nanook a seus espectadores, Flaherty utiliza três cartelas e dois mapas. Com eles, afirma: num lugar verdadeiro habita um homem real, Nanook. Trata-se de ancorar o filme no mundo histórico. "Eis Nanook, ele existe." Oitenta anos depois, o dispositivo continua a ser empregado. Variam apenas os recursos. Locuções, por exemplo, podem substituir cartelas. É o caso de *Edifício Master* [2002], de

Eduardo Coutinho, cuja fala inicial, na voz do próprio diretor, assegura ao espectador a veracidade do que será visto: "Um edifício em Copacabana, a uma esquina da praia. Duzentos e setenta e seis apartamentos conjugados. Uns quinhentos moradores. Doze andares. Vinte e três apartamentos por andar. Alugamos um apartamento no prédio por um mês. Com três equipes, filmamos a vida do prédio durante uma semana".

Uma segunda concepção é esta: documentário é a maneira como o espectador vê o filme.

Aqui a ênfase não recai sobre a emissão, mas sobre a recepção. Há pouco tempo, uma revista semanal brasileira deu o seguinte título à resenha de um filme em que Tom Cruise faz o papel de assassino profissional: "Agora ele está de cabelos grisalhos". *Ele*, evidentemente, não se refere ao personagem do filme, mas ao ator Tom Cruise, homem de carne, osso, voz e cabelos. Diante da ficção e da não ficção, preferiu-se destacar, no filme, não o que era personagem da trama, mas dado do mundo histórico: o ator grisalho, na meia-idade. Pelo menos durante alguns momentos o real se impôs à ficção; a famosa suspensão da descrença não ocorreu, e o *thriller* policial se transformou em documento, no qual se pode ler a passagem dos anos no rosto de um homem.

Usei a palavra *documento*, e não *documentário*, porque de fato existe uma diferença importante entre uma coisa e outra. Não cabe aqui enveredar pela natureza dos documentos; basta ressaltar que eles possuem a característica essencial de serem índices do mundo real. Os documentos mantêm uma relação de contiguidade com a realidade. A revolução digital está prestes a eliminar as fronteiras entre realidade e simulação, mas enquanto isso não acontece a imagem de Tom Cruise na tela significa uma afirmação incontestável de que Tom Cruise existe no mundo real, e isso independe de toda interpretação. Quando ele fala na tela, "o grão de sua voz"[5] é consequência direta de ele ter aberto a boca e emitido algum som no passado.

5 Expressão usada por Bill Nichols, op. cit., p. 36.

Pois bem, todo filme, seja de ficção seja de não ficção, é um documento e pode ser lido assim. E não seria muito difícil, segundo essa mesma abordagem, avançar uma casa e transformar toda ficção em documentário.

Num livro de ensaios, o editor de documentários Dai Vaughan faz uma observação interessante a propósito de um filme de o Gordo e o Magro a que ele assistiu na televisão, numa exibição comentada.[6]

Trata-se de um pequeno clássico de 1929 em que os dois comediantes fazem o papel de vendedores ambulantes de árvore de Natal. Às tantas a dupla chega na casa de um sujeito rabugento. O homem não gosta de ambulantes e bate a porta na cara dos dois. Eles tornam a tocar a campainha, o homem abre novamente a porta, agora mais furioso, e a história se repete, numa escalada de mau humor e violência que culmina na destruição quase total da casa.

O que Dai Vaughan nos conta é que, a certa altura, o locutor da TV informou que um grave erro havia sido cometido durante as filmagens: a casa que a produção alugara para ser destruída ficava do outro lado da rua, não era aquela. Vaughan comenta que bastou essa informação para transformar uma comédia de ficção em documentário – no caso, um documentário sobre uma equipe de filmagem que sem querer destrói com grande volúpia a casa de um proprietário ausente.

Agora o que passamos a ver não é apenas um índice da realidade, mas o processo pelo qual uma casa é destruída, com início, meio e fim. É um enredo, uma organização retórica que avança segundo as exigências de uma estrutura narrativa sólida. Não importa que a história do "grave erro" seja apócrifa (e provavelmente é). O ponto-chave é que, segundo a escola do contexto e da recepção, bem mais do que conteúdos ou estratégias narrativas, o que faz um filme ser um documentário é a maneira como olhamos para ele; em princípio, tudo pode ou não ser documentário, dependendo do ponto de vista do espectador.

Mas é claro que essa explicação é insatisfatória. Como observa Plantinga, sem dúvida *O mágico de Oz* [*The Wizard of Oz*, Victor Fleming, 1939] também pode ser assistido como documentário – no caso, um documentário sobre o estilo de atuação de Judy Garland por volta de 1939.[7]

Entretanto, sabemos intuitivamente que existe uma diferença profunda entre *O mágico de Oz* e, digamos,

6 Dai Vaughan, *For Documentary*. Berkeley: University of California Press, 1999, p. 84.

7 Cf. C. R. Plantinga, op. cit., p. 19.

Cabra marcado para morrer; tão profunda que faz cada um desses filmes ser irredutível ao outro.

É útil aqui fazer uma distinção entre compreensão não ficcional e artefato não ficcional. A compreensão não ficcional nos permite perceber o que há de indicial em toda imagem, até mesmo naquelas que pertencem ao campo da ficção. Já o artefato não ficcional – e o documentário certamente é um deles – independe dos usos individuais que se façam dele. Ele é uma convenção, um fenômeno social. É possível que, numa aula a respeito das técnicas vocais de atrizes americanas durante os anos de ouro do musical americano, *O mágico de Oz* possa ser analisado como documentário, mas seria um erro conceitual classificá-lo assim.[8] Ele é, e será sempre, um filme de ficção no qual as pessoas cantam. É a história do cinema que diz assim. Por sua vez, *Nanook, o esquimó* nunca deixará de ser um documentário.[9]

8
Cf. id., ibid., p. 20.

9
Id., ibid., p. 63.

Voltamos então à pergunta: por que *Nanook, o esquimó* é um documentário? E ainda: por que é considerado o primeiro documentário, se a história do cinema nasce com uma cena claramente não ficcional, a saída da fábrica de Lumière?

Podemos responder assim: porque o filme de Flaherty não é apenas o registro do esquimó Nanook. É uma história construída, que pega o espectador pela mão e o leva fábula adentro (a palavra não está empregada inocentemente) até a conclusão final. Essa estrutura narrativa é uma das características essenciais do documentário. É ela que impede que se dê o mesmo nome aos filmes de variedades que já existiam antes de Flaherty. Como teria afirmado o escocês John Grierson, outro grande pioneiro do cinema não ficcional, "Flaherty percebeu que o cinema não é um braço da antropologia nem da arqueologia, mas um ato da imaginação".[10]

10
Empreguei o futuro do pretérito, um tempo verbal menos peremptório, por não ter conseguido localizar a fonte da citação. A frase aparece, sem indicação de origem, em notas pessoais reunidas há alguns anos.

Precisamente essa imaginação narrativa – que Flaherty decerto possuía, alguns dizem até que em excesso – é o que faz dele o pioneiro do documentário. Ele não descreve; constrói.

Faltou essa intuição ao major Reis. Seu filme, *Ao redor do Brasil* [1932], composto de cenas rodadas entre 1912 e 1917 – anteriores, portanto, a *Nanook* –, é um importante registro das coisas que viu, mas apenas isto:

um registro. As imagens se justapõem sem nenhuma necessidade interna. Diferentemente de Flaherty, Reis não percebeu que, para um documentarista, a realidade que interessa é aquela construída pela imaginação autoral, uma imaginação que se manifesta tanto no momento da filmagem como no processo posterior de montagem. Talvez por isso ele seja mais admirado pelos antropólogos do que pelos documentaristas.[11]

Flaherty apropriou-se da gramática do cinema ficcional e com ela escreveu seu filme. Como mostra Silvio Da-Rin, "ao optar por concentrar-se na vida de um esquimó e sua família, [Flaherty] estava partindo de um princípio próximo ao das ficções cinematográficas".[12]

Ele filma pensando no valor não da imagem, mas da sequência. O sentido não reside mais no registro avulso, e sim na cena construída. Pontos de vista, montagens paralelas, campos e contracampos, panorâmicas, continuidades geradas por arbítrio de direção, olhar e movimento – todo o arsenal da cinematografia clássica aperfeiçoada por Griffith é posto à disposição de uma história "sem atores, sem estúdio, sem roteiro", nas palavras da esposa de Flaherty.[13]

Certa vez, Jean-Luc Godard disse que "todos os grandes filmes de ficção tendem ao documentário, assim como todos os grandes documentários tendem à ficção [...] E quem opta a fundo por um encontra necessariamente o outro no fim do caminho".[14]

Pois bem, isso certamente é verdade para o primeiro documentário da história. Na origem do gênero, a fronteira que separa ficção e documentário já carecia de nitidez.

De modo geral, desde Flaherty podemos dizer que todo documentário encerra duas naturezas distintas. De um lado, é o registro de algo que aconteceu no mundo; de outro, é narrativa, uma retórica construída a partir do que foi registrado. Nenhum filme se contenta em ser apenas registro. Possui também a ambição de ser uma história bem contada. A camada retórica que se sobrepõe ao material bruto, esse modo de contar o material, essa oscilação entre documento e representação constituem o verdadeiro problema do documentário. Nossa identidade está intimamente ligada ao convívio difícil dessas duas naturezas.[15]

11
Cf. João Moreira Salles em Agnaldo Farias et al. *Ilha deserta: filmes*. São Paulo: Publifolha, 2003, pp. 154-58.

12
Silvio Da-Rin, *Espelho partido: tradição e transformação no documentário*. São Paulo: Azougue, 2004, p. 47.

13
Frances Hubbard Flaherty, *The Odyssey of a Film-Maker: Robert Flaherty's Story*. Urbana (IL): Beta Phi Mu, 1960, p. 17.

14
Apud S. Da-Rin, op. cit., p. 17.

15
C. R. Plantinga, op. cit., p. 32 e B. Nichols, op. cit., p. 38.

Há mais de sessenta anos, John Grierson forneceu uma das definições mais clássicas de documentário. Segundo ele, documentário era "o tratamento criativo da realidade".[16] Detendo-nos no substantivo *tratamento*, notamos que a palavra indica uma *transformação*; quanto ao adjetivo, basta notar, como contraponto, que Grierson não fala em tratamento *especular* da realidade, mas em tratamento *criativo*.

16 John Grierson apud Richard Meran Barsam, *Nonfiction Film: A Critical History*. Nova York: E. P. Dutton, 1973, p. 2. Para uma formulação mais elaborada, ver John Grierson, "First Principles of Documentary", in Ian Aitken (org.), *The Documentary Film Movement: An Anthology*. Edimburgo: Edinburgh University Press, 1998, p. 83; também neste volume, pp. 20-35.

Uma maneira de falar

Segundo Dai Vaughan, a diferença entre cinema e realidade seria a seguinte: todo filme é sobre *alguma coisa*, enquanto a realidade não. Historicamente, a tradição crítica buscou o sentido do documentário nesta *coisa* sobre a qual o filme discursa. Minha posição, que acompanha algumas tendências mais recentes, é que não deveríamos olhar para o substantivo, mas para a preposição, para o *sobre*; não para a matéria, mas para o modo como o filme aborda a matéria. Dito de outra maneira, o documentário não é uma consequência do tema, mas uma forma de se relacionar com o tema.

Para alguns teóricos (embora não para mim), esse relacionamento específico se restringe ao discurso, à maneira de falar. O documentário seria, sobretudo, um determinado tipo de retórica. A diferença em relação à ficção – e toda vez que se faz a pergunta "O que é um documentário?", é isso que se pretende esclarecer – residiria no modo assertivo como o filme se dirige aos espectadores, assegurando-lhes que aquilo que está sendo exibido na tela de fato ocorreu no mundo histórico.

É importante notar que essa posição não identifica necessariamente o documentário a algum tipo de realismo. Filmes de natureza, por exemplo, costumam trazer sequências em câmera lenta, um modo irreal de se movimentar, e nem por isso deixam de ser reconhecidos como documentários. O mesmo pode ser dito do uso de trilha sonora, da edição não cronológica e até da animação. Tais recursos não são técnicas da ficção, mas técnicas de cinema. Estão à disposição tanto do cinema clássico como dos filmes experimentais, e também do documentário.[17]

17 Cf. Carl R. Plantinga, op. cit., pp. 97, 215.

Aqueles que negam a existência de uma diferença essencial entre ficção e documentário geralmente partem do princípio equivocado de que o documentário, caso existisse, deveria oferecer acesso direto e não contaminado à coisa-em-si. Como isso não é possível, preferem então declarar que todo filme é ficcional.[18] Estão errados. Manipular o material não significa aproximá-lo da ficção.

18 Id., ibid., p. 11.

Plantinga, defensor da tese do documentário como retórica, escolhe o seguinte título para um dos capítulos do seu livro: "Expressão, não imitação; retórica, não representação". É uma maneira sintética de dizer que os documentários não pretendem reproduzir o real, mas falar sobre ele. De um lado, o espelho; do outro, o martelo. Na frase de John Grierson: "A ideia de um espelho voltado para a natureza não é tão importante [...] quanto a de um martelo que forje essa natureza. É como martelo, e não como espelho, que tenho procurado usar o meio que caiu nas minhas mãos inquietas".[19]

19 J. Grierson apud S. Da-Rin, op. cit., p. 62.

O problema do martelo é que ele é comum aos ficcionistas. Quanto à afirmação, um tanto solene, de que os fatos retratados dizem respeito a eventos ocorridos no mundo histórico, ela parece ser um critério necessário, mas insuficiente, para distinguir ficção de não ficção. Ninguém confundiria o filme *Olga* [Jayme Monjardim, 1993] com um documentário, e sabemos muito bem, no mínimo intuitivamente, por quê. Mas o que dizer de filmes como *A batalha de Argel* [*La battaglia di Algeri*, 1966], do italiano Pontecorvo? Quem chega dois minutos atrasado no cinema e não lê a cartela inicial, a advertência de que o filme não emprega imagens de arquivo – ou seja, de que tudo o que se vê é encenado –, em certos momentos não saberá dizer se está assistindo a um documentário ou a uma ficção. (O mesmo tipo de dúvida assalta quem assiste ao admirável *Iracema – uma transa amazônica* [1975], de Jorge Bodanzky.) O fato de *A batalha de Argel* afirmar que os eventos ali representados ocorreram no mundo histórico, como efetivamente ocorreram, não permite filiá-lo automaticamente à categoria de não ficção. Um documentário precisará de algo mais.

Em síntese, as respostas mais recentes à pergunta clássica – "O que é um documentário?" – também parecem falhar. Tentarei então, a partir de agora, tomar outro caminho.

Obrigações

A fórmula tradicional do documentário pode ser resumida a *eu falo sobre você para eles*. Existe o documentarista, *eu*, existe o personagem, *você*, e existem *eles*, os espectadores. Na maioria das vezes, entretanto, essa fórmula na verdade significa *eu falo sobre ele para nós*, uma vez que o público de documentários é sempre mais parecido com o documentarista do que com o índio, o menino de rua, o nordestino da seca, o artista popular, o bandido ou o esquimó que formam o elenco-padrão do gênero. O grande documentarista e etnógrafo Jean Rouch escreveu: "O cinema é a única arma que possuo para mostrar ao outro como eu o vejo".[20] Percebe-se que documentários não são exatamente sobre os outros, mas sobre como documentaristas mostram os outros. A representação de qualquer coisa é a criação de outra coisa. No caso, *essa outra coisa criada é um personagem.*

20 Jean Rouch apud David MacDougall, *Transcultural Cinema.* Princeton: Princeton University Press, 1998, p. 26.

Estamos nos aproximando daquilo que, para mim, constitui o cerne do documentário. O antropólogo e documentarista David MacDougall descreve assim as sucessivas metamorfoses sofridas pela pessoa filmada ao longo do processo que a transforma, de pessoa, em personagem de filme: "Uma pessoa filmada por mim é um conjunto de imagens partidas: primeiro, a pessoa vista, ao alcance da mão, do olfato, da audição; um rosto percebido na escuridão do visar; uma lembrança, às vezes fugidia, às vezes de uma clareza lapidar; um conjunto de fotogramas numa ilha de edição; algumas fotografias; e finalmente a figura se movendo na tela do cinema".[21]

21 J. Rouch apud D. MacDougall, op. cit., p. 25.

MacDougall lembra que, uma vez pronto, o filme representa tudo para o espectador; já para o diretor, pode representar muito pouco. Para este que teve o personagem diante de si, que respirou o mesmo ar que ele; que sentiu com ele calor, se estava calor, ou frio, se estava frio, e que junto com ele se aborreceu quando uma sirene de ambulância interrompeu a fala; que riu, que se interessou ou se irritou com o que foi dito, o filme é uma redução da complexidade, uma diminuição da experiência. Ou, para não sermos tão sorumbáticos, é no mínimo a construção de outra experiência. Nela, a pessoa, cada vez mais distante, cede lugar a algo próximo, o personagem. Ao longo desse processo em que uma pessoa é transformada em personagem, inevitavelmente dados vão sendo perdidos. A ausência na tela do aperto sincero de mão quando chegamos sonega a informação de que o personagem foi gentil, e assim também a água oferecida, ou o café que foi buscar na cozinha. Todo diretor, quando mostra seu filme na televisão de casa, tem necessidade de falar: "Ela nos recebeu assim mesmo, arrumada, maquiou-se..."; "Logo depois desse corte ele disse que..."; "Isso foi logo depois que chegamos"; "Nessa hora passou um avião e tivemos que interromper"; "Aqui ele começou a perceber que precisávamos terminar". O drama – que só nós conhecemos – é que a pessoa filmada só terá os poucos momentos em que a câmera estiver ligada para dizer quem é. *Ela* não sabe disso.

Depois de algumas semanas na ilha de edição, o diretor se torna refém do filme. A compreensão do tema impõe suas prioridades e a estrutura conduz a narrativa por caminhos determinados, nos quais certos desvios se revelam impraticáveis. É com pena que o documentarista abandona todos esses outros filmes hipotéticos. São possibilidades não realizadas, derrotadas pela lógica do filme e por exigências da estrutura. O paradoxo é este: potencialmente, os personagens são muitos, mas a pessoa filmada, não obstante suas contradições, é uma só. Aqui – precisamente aqui – reside para mim a verdadeira questão do documentário. Sua natureza não é estética, nem epistemológica. É ética.

Uma das características do discurso cinematográfico é fixar os personagens naquilo que MacDougall chama de constelações dramáticas. Essas constelações se apresentam como pares de opostos – o oprimido e o opressor, o amado e o amante, o caçador e a caça, o vitorioso e o derrotado –, e é quase inevitável que todo personagem, de um modo ou de outro, acabe submetido a essa dialética. Vou tomar como exemplo uma entrevista que fiz em 1997.[22] Nela, seu Ivanildo, pai do jogador Iranildo, nos fala sobre como administra o dinheiro do filho:

22 Para a série *Futebol*, dirigida em parceria com Arthur Fontes.

– Economia, economia, economia, sempre tudo dele é na minha mão. Só falo pra ele o que ele gasta, o que ele está gastando. Certo? Pra que ele tenha um controle, vamos supor, se ele ganha 10 mil eu vou dizer a ele que ele ganha 4, que ele está ganhando 4, porque ele vai passar a gastar 1.

– O senhor recebe o salário dele?

– É, claro, fui agora. Passo pra minha conta. É aquilo que eu te falei: vou deixar mil, porque 3 foi pro gasto, disse a ele que gastei. Por quê? Porque ele não teve tempo pra aprender a administrar qualquer coisa que pertencesse a ele. Então eu não podia dizer assim: "Iran, toma aí... Você está ganhando 20 mil". Como é que ia ficar a cabeça dele? Então eu segurei isso uns tempos, né? Hoje em dia eu já passo pra ele, "Ó, você ganha tanto, você recebe tanto, você tá gastando tanto, você tá gastando demais". Quando ele chega em casa, "Pai, eu vou sair"; eu digo: "Tudo bem, quanto é que você precisa?". "É tanto." "Toma." Talão de cheque, não, fica comigo. "Tirou alguma coisa, passou algum cheque?" Não. Tudo é controlado. Hoje eu estou dando a ele, ele está recebendo o que eu, na época, não podia dar, entendeu? Que ele está me dando também coisas que eu não tinha, que meu pai não pôde me dar. Esses carros. Essa casa. Consegui uma casa, fiz... Terminei agora uma casa no primeiro andar, maior do que essa, lá em Pernambuco. Tenho quinze terrenos já, perto da praia. Tudo divididozinho, entendeu? Se eu compro seis terrenos, dois meu, dois dele, dois do irmão. A gente tem que aproveitar o momento, né? Porque realmente o salário dele é um salário que dá pra se viver, mas não dá pra ficar rico, não dá pra fazer uma independência assim de uma hora pra outra, isso leva tempo. Mas se vier futuramente uma proposta [de fora], se realmente acontecer, aí é que faz uma independência. Vamos supor: se for vendido por 6 milhões, ele tem 15% fora a luva, fora o salário que a gente vai fazer lá...

A primeira crítica a sair sobre esse documentário elogiava a capacidade dos diretores da série em mostrar como grande parte dos atletas eram explorados pela família. O exemplo era justamente essa cena. Não ocorreu ao resenhista que talvez o pai tivesse razão – que o filho talvez não fosse capaz de cuidar do próprio dinheiro, que deixado à própria sorte ele provavelmente perderia tudo em pouco tempo. E mais: não foram levados em conta os sacrifícios que o pai fizera em nome do filho; tinha vindo do Nordeste para o Rio na carona de um caminhão, morara numa favela violenta, trabalhara dia e noite para sustentar a família enquanto o filho não conseguia passar numa das inúmeras peneiras às quais, incansavelmente, ele o levava nas folgas do trabalho, sempre em nome de uma espécie de contrato pelo qual, em benefício do futuro, o presente precisava ser vivido com sacrifício: caso o filho fosse bem-sucedido, a família descansaria.

Algumas dessas informações estão no filme; outras, talvez a maior parte, não. Mas ainda que estivessem, seria quase inevitável que o pai fosse submetido à redução que lhe reservou o papel de aproveitador, e eis um grande perigo. Porque ele talvez seja isso, mas talvez não, ou talvez, quem sabe, seja um pouco das duas coisas, pai que se sacrifica, pai que se beneficia.

O que nós documentaristas temos de lembrar o tempo todo é que a pessoa filmada possui uma vida independente do filme. É isso que faz com que nossa questão central seja de natureza ética. Tentando descrever o que fazemos numa formulação sintética, eu diria que, observada a presença de certa estrutura narrativa, será documentário todo filme em que o diretor tiver uma responsabilidade ética para com seu personagem. A natureza da estrutura nos diferencia de outros discursos não ficcionais, como o jornalismo, por exemplo. E a responsabilidade ética nos afasta da ficção (responsabilidade ética em *relação ao personagem*, bem entendido).

Um dos benefícios dessa definição é que ela rejeita qualquer formalismo ideológico, ou seja, não acredita que determinados modelos narrativos sejam inerentemente superiores a outros. Se a prova dos nove for a natureza da relação que se estabelece entre documentarista e documentado, cada escola produzirá seus desafios específicos. Mas nesse ponto é preciso fazer uma observação importante: nos últimos anos, o cinema documental vem tentando encontrar modos de narrar que revelem, desde o primeiro contato, a natureza dessa relação. São filmes sobre encontros. Nem todos são bons, mas os melhores tentam transformar a fórmula *eu falo sobre ele para nós* em *eu e ele falamos de nós para vocês*. Desse encontro talvez nasça uma relação virtuosa entre episteme e ética. Filmes assim não pretendem falar do outro, e sim do encontro com o outro. São filmes abertos, cautelosos no que diz respeito a conclusões categóricas sobre essências alheias. Não abrem mão de conhecer, apenas deixam de lado a ambição de conhecer tudo.

Consuelo Lins, professora, documentarista e colaboradora de Eduardo Coutinho, observa essa boa reticência na cena final de *Edifício Master*. Ela escreve:

> A jovem estudante que dá o último depoimento – perguntando a Coutinho "O senhor é quem?", afirmando que é muito difícil pensar no que vai ser na vida e dizendo "Não me imagino na verdade nada" – [...] produz uma fala final que se inscreve plenamente na trajetória de todos os seus filmes. Uma frase aparentemente anódina, que faz eco à convicção do diretor de que é impossível concluir, no sentido de dar um "fechamento", não apenas a um documentário, como também a um personagem.[23]

23 Consuelo Lins, *O documentário de Eduardo Coutinho: televisão, cinema e vídeo*. Rio de Janeiro: Jorge Zahar, 2004, p. 156.

Carl Plantinga, citado nas primeiras linhas deste artigo, encerra assim sua argumentação:

> Filmes e vídeos de não ficção detêm muito poder na cultura ocidental. Eles desempenham uma função bárdica. Negociam valores e significados culturais, disseminam informação (e desinformação), provocam mudança social e geram debates culturais fundamentais.[24]

24 C. R. Plantinga, op. cit., p. 2.

Essa crença – descabida – na força do documentário como instrumento importante de transformação social explica boa parte dos problemas éticos nos quais incorremos. Diante das eventuais conquistas no atacado, ficam justificados os pequenos pecados do varejo – mostrar esse menino cheirando cola, essa senhora comendo restos de lixo, esse homem chorando o filho morto. Parafraseando Auden, seria bom se nos convencêssemos de que um documentário não faz nada acontecer. Seria um modo de errar menos. Durante muito tempo pensou--se que o documentário teria utilidades. Infelizmente essa é uma ideia que ainda não caiu inteiramente em desuso, e para muita gente o filme não ficcional deve desempenhar um papel social, político ou pedagógico. Documentário teria usos. Talvez, mas meu argumento é que não conseguimos definir o gênero pelos seus deveres para fora, mas por suas obrigações para dentro. Não é o que se pode fazer com o mundo. É o que não se pode fazer com o personagem.

Índice onomástico

Índice de filmes

Agradecimentos do organizador

Este volume comemorativo da 20ª edição do É Tudo Verdade – Festival Internacional de Documentários seria apenas um sonho não fossem a generosidade e a paixão comum pelo gênero de inúmeras pessoas dos quatro cantos do mundo, credoras de minha infinita gratidão.

Gostaria de agradecer a todos que atenciosamente autorizaram a republicação dos textos desta antologia, em especial aos cineastas e seus herdeiros e às instituições e editoras abaixo citadas.

Meu agradecimento especial à produtora Daniela Wasserstein, responsável pela coordenação do intenso trabalho de busca de autorizações que tornou este livro possível. Neste mesmo sentido, agradeço muito também a Anna Glogowski, em Paris.

Expresso ainda minha gratidão aos funcionários da Cinémathèque Française, sede de parte de minha pesquisa.

No É Tudo Verdade, agradeço imensamente a Mônica Guimarães, assim como a toda equipe do festival.

Na Cosac Naify, gostaria de agradecer ao empenho e à excelência de Florencia Ferrari, Livia Lima, Milton Ohata e a toda equipe da editora.

Muito obrigado a:
Alan Berliner, Andre Stufkens, Andres Di Tella, Anna Glogowski, Anne Marie Kurstein, Artavazd Pelechian, Avi Mograbi, Bernardo Ajzenberg, Daniel Peluci Carrara, Eduardo Escorel, Ela Bittencourt, Erika Kramer, Fernando Birri, Fernando Solanas, Frederick Wiseman, Fujioka Asako, Grigory Libergal, Ingrid-Mery Haziot, Isabel Monteiro, Jane Balfour, Jia Zhangke, Jill Drew, Joachim Bernauer, João Moreira Salles, Jocelyne Rouch, Jonas Mekas, Jørgen Leth, Karl Magee, Kees Bakker, Kevin Macdonald, Lázara Herrera, Leonardo Cruz, Luís Felipe Flores, Luis Felipe Labaki, Luis Rangel, Marcel Ophuls, Marceline Loridan-Ivens, Maria Carlota F. Bruno, Maria Kieslowski, Marina Goldovskaia, Mira Burt Wintonick, Mônica Guimarães, Naum Kleiman, Noshka van der Lely, Otavio Frias Filho, Patricia Rebello, Patricio Guzmán, Philippe Costantini, Rebekah Maysles, Rithy Panh, Samuel Titan Jr., Sérgio Muniz, Tue Steen Mueller, Valerie Lalonde, Viktor Kossakovski, Yano Kazuyuki

Centro Cultural Banco do Brasil, Cinemateca Portuguesa, Danish Film Institute, Drew Associates, Editora Edusc, Editora Faber & Faber

Editoria Lua de Papel, Ideale Audiance, IDFA – International Documentary Film Festival Amsterdam, Instituto Goethe, Joris Ivens Foundation.

La Cinémathèque Française, Polish Film Institute, POV Magazine, PVH Films, Universidade de Stirling, VideoFilmes, Yamagata Documentary Film Festival, Zipporah Films

Créditos das imagens

Coordenação editorial Livia Lima
Preparação Cláudia Cantarin
Revisão Ana Lima Cecílio
Projeto gráfico Paulo André Chagas
Tratamento de imagem Wagner Fernandes
Produção gráfica Mariana Tavares Geraldo

Nesta edição, respeitou-se o novo Acordo Ortográfico da Língua Portuguesa.

Dados internacionais de catalogação na Publicação (CIP)

Labaki, Amir (org.) [1963-]
A verdade de cada um: Amir Labaki (org.)
São Paulo: Cosac Naify, 2015; vários tradutores
288 pp., 6 ils.

ISBN 978-85-405-0873-6

1. Documentários: Ficção e realidade: Cinema
I. Título

CDD 791.437 (21)

Índices para catálogo sistemático:
I. Documentário: Cinema 791.437 (21)

Cosac Naify
rua General Jardim, 770, 2º andar
01223-010 São Paulo SP
cosacnaify.com.br [11] 3218 1444
atendimento ao professor [11] 3218 1473
professor@cosacnaify.com.br

fonte Apercu
papel Pólen soft 80 g/m²
impressão Geográfica